España 2040

un proyecto de Bien Común para la próxima década

España 2040

un proyecto de Bien Común para la próxima década

Ignacio Cosidó Gutiérrez
María Alférez Sánchez
(editores)

Centro para el Bien Común Global

6

Madrid 2025

Colección
Centro para el Bien Común Global

Director
Ignacio Cosidó Gutiérrez

Comité Científico Asesor
Vicente Garrido Rebolledo
Eva Ramón Reyero

Primera edición:

ISBN edición impresa: 979-13-87731-48-9

ISBN edición digital: 979-13-87731-49-6

Depósito legal: M-21825-2025

Preimpresión: MCF TEXTOS, SA

Este texto ha sido sometido a una revisión ciega por pares.

Índice

Introducción: España 2040: un proyecto de Bien Común
para la próxima década 11
   Ignacio Cosidó y María Alférez

1. Medidas para la regeneración democrática en España 23
   Javier Redondo

2. Las nuevas fronteras de la libertad 33
   Óscar Elía

3. La justicia en España 47
   Francisco J. Hernández

4. Una economía competitiva: las reformas económicas
   que España necesita 57
   José María Rotellar

5. La descentralización interminable: algunas
   (im)pertinencias sobre nuestra cuestión territorial 67
   Roberto L. Blanco

6. La política exterior 81
   Florentino Portero

7. España en Europa 91
   Juan Francisco Carmona

8. Una España segura 101
   José Vicente Herrera

9. La Defensa que España necesita 113
   Ignacio Cosidó

10. Retos demográficos de España: análisis y respuestas 121
    Jesús Javier Sánchez Barricarte

11. Inmigración legal, segura y controlada 147
    Luis de Mergelina

12. Un futuro para el mundo rural en España 159
    Luis Calderón

13. Claves de una Administración pública proactiva
e innovadora al servicio del bien común 169
José Luis Moreno

14. Por una España con un suministro de energía seguro,
sin emisiones y competitivo 183
Nemesio Fernández Cuesta

15. El desafío de la Educación 193
Luis Peral

16. La España del conocimiento: IA, innovación y tecnología 213
Ana Lazcano

Apéndice. Informe España 2040: 8 retos y 83 ideas para
un proyecto de Bien Común 223

Conclusión 247

España 2040: un proyecto de Bien Común para la próxima década

Introducción: España 2040: un proyecto de Bien Común para la próxima década

Ignacio Cosidó y María Alférez
Centro para el Bien Común Global (UFV)

E L DÍA DE SANTIAGO DE 2024, patrono de España, tomamos conciencia de que España tiene un doble desafío. Por un lado, existe un profundo pesimismo que sitúa a nuestra Nación camino inevitable del desastre, cuando no de su propia desaparición, sin que exista salvación alguna. Por otro, el debate político y la deliberación pública en nuestro país está cada vez más enfangada en la crispación, la polarización y el enfrentamiento entre bandos irreconciliables creando un ambiente donde no hay posibilidad de acuerdo ni de construir consenso alguno.

Esa misma tarde, escribimos a un grupo de profesores y analistas vinculados de una forma u otra a nuestro Centro para el Bien Común Global con el doble propósito de hacer un diagnóstico de los principales retos que afronta nuestro país y proponer políticas alternativas a largo plazo que den respuesta satisfactoria a esos desafíos. El resultado de esa propuesta se condensa en este libro. Queremos comenzar agradeciendo a todos los autores su generosidad, su honestidad y su valentía para encarar este proyecto.

No podemos obviar que nuestro país atraviesa una grave crisis nacional, constitucional, moral, política y social que amenaza su propia supervivencia. Pero precisamente por eso España necesita perentoriamente una alternativa ambiciosa e ilusionante, generar nuevas ideas y diseñar un proyecto para el bien común de nuestra Nación capaz de superar el inmovilismo y el catastrofismo que nos atenaza.

Esta no es solo una tarea para los políticos. Es más, aún más importante que la acción política es necesario afrontar con carácter previo una batalla cultural y un cambio en la mentalidad ciudadana capaz de superar la crisis actual. Lamentablemente el debate es hoy un tanto frustrante en España. Se caracteriza por una clara polarización que hace a veces imposible un diálogo inteligente, una cortedad de miras que impide mirar al futuro con luces largas, un pesimismo histórico que conduce al fatalismo, un tactismo que nos inhabilita para un pensamiento estratégico, una división que busca el enfrentamiento y hace imposible cualquier visión compartida sobre el futuro de la Nación y una deliberación pública en la que el relato sustituye a la verdad. En esta obra hemos intentado, no juzgamos con qué grado de éxito, salir de esa espiral autodestructiva, para ofrecer una mirada más amplia, más profunda, más estratégica y positiva sobre España.

Sin caer en la depresión es importante tomar conciencia de la grave crisis que atravesamos y que tiene múltiples dimensiones: la miseria moral de la corrupción y de la mentira que anegan hoy nuestro espacio público; la ruptura de la nación a que conduce el odio de algunos y la cesión constante al chantaje de quienes ciega el ansia de poder; la quiebra constitucional que provoca la ocupación e instrumentalización partidista de las instituciones del Estado, el deterioro de la convivencia a la que conduce la estrategia de dividir a los españoles y levantar muros; la negación de la política que provoca la desafección de los ciudadanos y la imposibilidad de trabajar juntos por el bien común; el suicidio demográfico que causa el hundimiento de la natalidad y la despoblación del mundo rural; la ruina económica futura que asegura un endeudamiento desbocado y la creciente falta de competitividad.

Mirando más allá de nuestras fronteras debemos hacer frente a su vez a una crisis global que afecta a todo el planeta, pero de forma particular a nuestro continente europeo. La destrucción del orden mundial liberal que habíamos construido en el último siglo y que ahora es sustituido por una nueva era del desorden; la quiebra de la disuasión que provoca la proliferación de conflictos y la violación de fronteras en todo el mundo; la guerra comercial que supondrá un empobrecimiento generalizado y acervará las tensiones geopolíticas; el retraimiento de la democracia y el surgimiento de nuevos regímenes totalitarios con mayor capacidad de represión de millones de ciudadanos; la creciente competencia entre grandes potencias que imposibilita la necesaria cooperación internacional para hacer frente a los desafíos globales; la expansión del terrorismo, el crimen organizado y las amenazas hibridas por todo el planeta; los riesgos tecnológicos asociados a la ciberseguridad y al uso irresponsable de la inteligencia artificial; el aumento del riesgo de confrontación nuclear como consecuencia de la proliferación de armas atómicas y la nuclearización de las doctrinas nacionales de seguridad. Estos son solo algunos de los principales desafíos externos a los que España deberá hacer frente como miembro relevante de la comunidad internacional.

Esta grave crisis nacional, envuelta en un entorno global más incierto, inestable y peligroso, en lugar de situarnos en el lamento y la frustración nos obliga a reaccionar para ser capaces de identificar cuáles son las oportunidades que nos brinda esta crisis global y cómo podemos al mismo tiempo superar nuestros propios retos internos. Caer en la desesperanza, en el miedo o en un pesimismo paralizante es el camino más seguro a un nuevo desastre histórico. Por el contrario, es un momento para sacar lo mejor de nosotros mismos, ponernos en marcha y mirar al futuro con decisión y esperanza. En estas páginas aportamos algunas ideas para ese proyecto de bien común para todos los españoles capaz de generar seguridad, progreso y justicia.

En el primer capítulo se reconoce que España ha sufrido un deterioro en la calidad democrática en la última década, reflejado en el abuso de poder, la polarización política y la creciente desconfianza ciudadana en las instituciones. La división de poderes se ha debilitado, especialmente con la politización del Poder Judicial y con la falta de transparencia en el proceso legislativo. Se ha normalizado el uso del discurso divisivo y la manipulación de la verdad en el debate público, lo que mina la confianza en la política. La corrupción se ha convertido en algo rutinario que cada vez causa menos indignación. Para regenerar nuestra democracia, se propone limitar el uso del decreto y garantizar un mayor control parlamentario sobre el Ejecutivo. Se sugiere reformar el sistema de selección de líderes políticos para mejorar la calidad de la representación. También se plantea reforzar la independencia del Poder Judicial, eliminar los indultos por corrupción y mejorar la rendición de cuentas. Se debe fortalecer el periodismo de calidad y reducir la influencia de la propaganda partidista en los medios públicos.

En el segundo capítulo, señalamos la paradoja de que siendo la libertad un valor ampliamente reivindicado en España, su comprensión se ha distorsionado, reduciéndola a una visión individualista sin vínculo con la comunidad ni con la responsabilidad cívica. La sobreprotección estatal y la expansión de un Estado paternalista han debilitado la autonomía del individuo y la participación ciudadana en la vida política. La crisis de valores ha llevado a una sociedad más dependiente de los subsidios y menos comprometida con el deber ciudadano. Como solución a esta pérdida de autonomía, el profesor Elía propone recuperar un concepto de libertad que implique tanto derechos como responsabilidades. Se debe fomentar una educación en valores que refuerce la participación cívica y la cultura del esfuerzo. Es clave reducir la dependencia estatal y promover un marco legal que garantice mayor autonomía individual. Se recomienda reformar la regulación laboral y fiscal para que la libertad económica sea una realidad accesible para todos, impulsando el emprendimiento y la innovación.

No puede haber democracia ni libertad si no existe Estado de Derecho. La Justicia en España se enfrenta a dos grandes problemas: su falta de independencia y su ineficacia estructural. La politización del Consejo General del Poder Judicial y del Tribunal Constitucional ha generado desconfianza en la imparcialidad de los jueces. Además, el sistema judicial está colapsado, con una elevada congestión de casos y tiempos de espera excesivos. La digitalización es insuficiente y las reformas aprobadas han sido parches sin abordar el problema de fondo. Se requiere por tanto una reforma del sistema de nombramientos judiciales para garantizar su independencia. Es necesario aumentar la dotación de recursos humanos y tecnológicos para reducir la sobrecarga de los juzgados. Se plantea digitalizar los procesos judiciales para mejorar su agilidad y eficacia. Se debe garantizar que el Ministerio Fiscal actúe con autonomía del Gobierno y que el Tribunal Constitucional sea un órgano estrictamente jurídico y no político.

La prosperidad de la Nación es otro requisito fundamental del Bien Común. La economía española muestra signos de debilidad estructural debido a una baja productividad, una carga fiscal elevada y una falta de reformas profundas. El desempleo sigue siendo uno de los más altos de Europa y el tejido empresarial sufre por la falta de incentivos para la inversión. El endeudamiento público es insostenible y la inflación ha afectado gravemente el poder adquisitivo de los ciudadanos. Un crecimiento más sano y sostenible exigiría reducir la carga fiscal a empresas y trabajadores para fomentar la inversión y el empleo. Es imprescindible flexibilizar el mercado laboral, permitiendo contratos más adaptados a la realidad del mercado. Se recomienda reducir el gasto público ineficiente y priorizar la inversión en sectores estratégicos. Es clave mejorar la formación profesional y la educación para garantizar que la mano de obra española sea más competitiva.

El desafío territorial es sin duda uno de los más urgentes y trascendentes para el futuro de España porque pone en jaque nuestra propia supervivencia como Nación y como Estado. Nuestro país ha llevado la descentralización al extremo, generando desigualdades entre comunidades autónomas y debilitando la cohesión nacional. El sistema autonómico ha fomentado un clientelismo político que afecta la eficiencia de la administración. La falta de coordinación entre administraciones ha generado duplicidades y un gasto público descontrolado. Todo ello alimentado por un nacionalismo desleal que busca la independencia como solución final a todo este proceso y pone en cuestión la viabilidad de nuestro proyecto común. Para hacer frente a este desafío se debe reformar el modelo territorial para garantizar una descentralización más eficiente y equitativa. Es necesario reforzar el papel del Estado en competencias estratégicas como educación, sanidad y justicia. Se plantea revisar el sistema de financiación autonómica para evitar privilegios a determinadas regiones y asegurar la cohesión territorial.

El cambio de época que afrontamos globalmente añade desafíos externos cruciales a los que tenemos internamente. España ha perdido influencia en la escena internacional. Su diplomacia ha sido reactiva en lugar de estratégica y ha mostrado excesiva debilidad ante potencias rivales. La falta de una política exterior coherente ha afectado el posicionamiento del país en conflictos internacionales y en la defensa de sus intereses económicos. Pero esta nueva era que comienza supone también nuevas oportunidades para nuestro país. España debe recuperar un papel activo en la geopolítica global y definir una estrategia exterior basada en sus intereses nacionales. Se debe reforzar la presencia diplomática en América Latina y el mundo anglosajón. También es necesario potenciar la diplomacia económica y la cooperación en defensa con aliados estratégicos.

En particular es necesario redefinir el papel de nuestro país en el futuro de la Unión Europea. España ha perdido influencia en las decisiones clave de la Unión y se ha convertido en un actor secundario dentro del bloque. La falta de una estrategia clara y la debilidad diplomática han impedido que el país juegue un papel de liderazgo. Además, el modelo europeo enfrenta crisis como la falta de cohesión fiscal, la tensión migratoria y la incertidumbre geopolítica derivada del conflicto con Rusia. España, en lugar de impulsar soluciones, ha sido reactiva, dejando pasar oportunidades para liderar reformas. Es necesario por tanto recuperar el protagonismo en Europa mediante una diplomacia más activa y la construcción de alianzas estratégicas con países clave. Se recomienda fortalecer la presencia española en las instituciones europeas y negociar una política fiscal y energética que beneficie a la economía nacional. También se debe defender una mayor transparencia en la toma de decisiones y garantizar que la voz de España se escuche en asuntos clave como la transición energética, la política migratoria y la autonomía estratégica del bloque.

La seguridad es otro de los pilares fundamentales del Bien Común. España enfrenta nuevas amenazas a su seguridad, desde el crimen organizado hasta el terrorismo y los delitos tecnológicos. La sensación de inseguridad ha crecido entre los ciudadanos debido al aumento de la delincuencia en ciertas áreas urbanas y a la insuficiente respuesta de las instituciones. La ciberseguridad es una de las principales amenazas, pero España no ha desarrollado aún una estrategia robusta para afrontarla. Además, la falta de recursos en los cuerpos de seguridad ha limitado su capacidad de reacción. Para afrontar este reto sería precisa la creación de una Agencia Nacional de Ciberseguridad para coordinar esfuerzos y mejorar la resiliencia digital. También se debe fortalecer la cooperación entre organismos de inteligencia y aumentar los recursos destinados a la seguridad pública. Es clave mejorar la formación y dotación de las fuerzas de seguridad para que puedan hacer frente a nuevas amenazas. Además, se plantea una revisión del Código Penal para endurecer penas contra el crimen organizado y el terrorismo.

En relación con su seguridad exterior España ha subestimado la importancia de la defensa durante décadas, lo que ha provocado una pérdida de capacidades militares y una dependencia excesiva de nuestros aliados sin asumir nuestras propias responsabilidades. La falta de inversión ha dejado a las Fuerzas Armadas con equipos obsoletos y una plantilla insuficiente. Además, el país carece de una cultura de defensa que conciencie a la población sobre la importancia de la seguridad nacional en un mundo cada vez más peligroso. Para poner fin a esta anemia militar se propone aumentar el presupuesto de defensa, en línea con los compromisos internacionales adquiridos en la OTAN y en la Unión Europea. Es necesario transformar nuestras Fuerzas Armadas para garantizar una disuasión eficaz y una capacidad de combate real. Para ello es preciso potenciar los dominios de tierra, mar y aire, a la vez que se desarrollan nuevas capacidades en los nuevos dominios cibernético, espacial y cognitivo. También es preciso una estrategia para reforzar la industria de defensa española y garantizar así una mayor autonomía estratégica nacional. Se debe impulsar la educación en seguridad y defensa para generar una mayor conciencia ciudadana sobre estos temas y generar una reserva operativa. Pero sobre todo es preciso un cambio de mentalidad en los ciudadanos para afrontar este nuevo desorden mundial.

El reto demográfico es sin duda uno de los más trascendentes que tenemos por delante y paradójicamente uno de los que menos atención recibe. Es incuestionable que España enfrenta una grave crisis demográfica, con una tasa de natalidad de solo 1,16 hijos por mujer, muy por debajo del nivel de reemplazo generacional. El envejecimiento de la población amenaza la sostenibilidad del sistema de pensiones y del estado del bienestar. Además, la baja natalidad no se ha compensado con una inmigración suficientemente estructurada, lo que genera un déficit en la población activa. Las políticas actuales no han logrado revertir esta tendencia, y el problema se agrava con la precariedad laboral y la falta de incentivos para formar familias. Para superar este reto se propone una estrategia integral para fomentar la natalidad, incluyendo incentivos fiscales para las familias, mayor apoyo a la conciliación laboral y la ampliación de las ayudas para la crianza. También se sugiere reformar el sistema de pensiones para hacerlo más sostenible a largo plazo. En cuanto a la inmigración, se plantea un modelo basado en la cualificación y la integración efectiva en el mercado laboral. Es clave que las políticas demográficas sean una prioridad nacional.

La inmigración es de hecho una de las cuestiones más complejas, controvertidas y delicadas que afronta España y el conjunto de la Unión Europea. El elemento más distorsionador en esta cuestión es el fuerte incremento en la inmigración irregular, lo que ha generado problemas de integración y ha puesto presión sobre los servicios públicos. La falta de control en las fronteras, la existencia de redes ilegales de tráfico de personas y nuestra incapacidad para devolver a aquellos que entran ilegalmente en nuestro país, han dificultado la gestión migratoria. Además, el sistema de asilo ha sido utilizado de manera fraudulenta, lo que ha colapsado el proceso administrativo. En este sentido parece imprescindible reformar la Ley de Extranjería para agilizar los procedimientos de expulsión y mejorar la capacidad de acogida de inmigrantes legales. Se debe reforzar la cooperación con los países de origen para establecer mecanismos de migración regulada. También se plantea endurecer las sanciones contra las mafias de tráfico de personas y mejorar la seguridad en las fronteras. Además, es fundamental fomentar la integración de los inmigrantes a través de programas educativos y de empleo.

En el marco de este reto demográfico España afronta un problema especialmente grave de despoblación rural, con municipios que pierden habitantes cada año y que enfrentan dificultades para ofrecer servicios básicos. La falta de empleo, la escasa conectividad y la centralización de la economía en las grandes ciudades han hecho que miles de pueblos estén en riesgo de desaparecer, generando un importante desequilibrio y vaciando buena parte de nuestro territorio. Para luchar contra esta despoblación rural se propone una estrategia de repoblación que incluya incentivos fiscales para quienes decidan trasladarse a zonas rurales. Es necesario mejorar la infraestructura y la digitalización para atraer empresas y trabajadores a estas áreas. También se plantea fomentar la agricultura y la ganadería sostenible como motores económicos del mundo rural. Se recomienda impulsar programas de vivienda y educación que faciliten la llegada de nuevas familias.

Sin un sector público dinámico y eficiente, que no lastre la actividad económica, es imposible abordar el proyecto de modernización de España que proponemos. La burocracia en España es excesiva y ralentiza la gestión pública. Muchas normativas son obsoletas y generan trabas innecesarias a ciudadanos y empresas. La digitalización ha avanzado, pero sigue habiendo retrasos en la implementación de soluciones tecnológicas eficientes. La falta de evaluación de políticas públicas también impide la mejora continua del sistema administrativo. Para lograr esta reconversión administrativa se recomienda una profunda reforma para reducir los trámites innecesarios y mejorar la eficiencia de los servicios públicos. Es clave impulsar la digitalización total de la administración y simplificar la regulación para hacerla más clara y accesible. También se plantea un modelo de gestión basado en la evaluación de resultados para optimizar el uso de los recursos. La formación de los funcionarios en nuevas tecnologías y en atención al ciudadano debe ser una prioridad.

El reto energético se puso de máxima actualidad como consecuencia del apagón que dejó sin luz a toda España durante varias horas a finales de abril de 2024. Nuestro país depende en exceso de la importación de energía, lo que encarece los precios y genera vulnerabilidad ante crisis internacionales. La transición a energías renovables es fundamental, pero debe realizarse sin comprometer la estabilidad del sistema eléctrico ni lastrar nuestro crecimiento económico. La política energética de la UE ha impuesto regulaciones que no siempre se adaptan a la realidad española, dificultando la competitividad del sector. Para abordar este reto se recomienda impulsar la producción de energías renovables sin afectar la competitividad de la industria. Es fundamental prolongar la vida de las centrales nucleares para garantizar una transición energética sin sobresaltos. Se debe reducir la dependencia de fuentes externas. También se plantea una reforma en la regulación del mercado eléctrico para reducir costes y garantizar precios estables. Es clave fomentar la inversión en almacenamiento de energía, infraestructura y nuevas tecnologías que mejoren la eficiencia del sistema.

En la base de todo este proyecto de Bien Común para España se encuentra la educación como pilar más estratégico. El sistema educativo español sufre problemas estructurales como el fracaso escolar, la baja calidad en la enseñanza y la desconexión con el mercado laboral. La falta de libertad de elección de centro educativo y la excesiva burocracia limitan la capacidad de innovación en la educación. La educación universitaria no está alineada con las necesidades del sector productivo, lo que genera una sobre cualificación en algunas áreas y déficit de talento en otras. Como elementos esenciales para la necesaria reforma educativa que España necesita se propone mejorar la calidad del profesorado mediante una mayor exigencia y formación continua. Es clave reforzar la formación profesional y adaptar la universidad a las necesidades del mercado laboral. Se debe fomentar la educación en valores y el pensamiento crítico, así como garantizar la libertad de elección de centro educativo. Se recomienda reducir la burocracia en el sistema educativo para permitir mayor autonomía a los centros.

Sería imposible cerrar esta propuesta sin hacer referencia a la innovación tecnológica, y en particular a la Inteligencia Artificial, que marcan esta nueva era. España está rezagada en innovación tecnológica y en el desarrollo de inteligencia artificial (IA). Falta una estrategia nacional clara para fomentar la digitalización y la inversión en I+D. La burocracia y la regulación excesiva dificultan el crecimiento de startups y empresas tecnológicas. Además, el país depende demasiado de tecnologías extranjeras, lo que limita su competitividad en sectores estratégicos. Se hace necesario por tanto diseñar una estrategia nacional de inteligencia artificial y digitalización. Se deben incentivar fiscalmente la innovación y la inversión en tecnología. Se propone reducir las trabas burocráticas para la creación de empresas tecnológicas y reforzar la colaboración entre las universidades y el sector privado. España debe aspirar a ser líder en ciertos nichos tecnológicos, como energías renovables y biotecnología.

Hay sin duda algunos retos que han quedado fuera de este proyecto, pero es indudable que todos los desafíos abordados resultan pilares fundamentales para el bien común de nuestro país. En todos los capítulos de este libro no solo hay un diagnóstico preciso de donde se encuentra España en este 2025, sino también de donde se quiere llegar en los próximos años.

El libro está inspirado además por el valor de la esperanza. Esperanza por una España mejor capaz de superar todas las amenazas, desafíos y retos que tiene planteados. Tras 500 años de historia común nuestra Nación ha dado muestras sobradas de fortaleza, unidad y capacidad para superar todas las crisis, los fantasmas del pasado y las incertidumbres del futuro.

En este nuevo proyecto nacional hay dos tareas que resultan particularmente urgentes y trascendentes: la primera es recuperar

Ignacio Cosidó y María Alférez

el dominio de nuestro propio destino, el segundo será encontrar un nuevo propósito histórico como Nación. Recuperar el dominio sobre nuestro propio destino implica hacernos más fuertes, asumir nuestra historia, unirnos más y recuperar nuestra autonomía para hacer frente a los desafíos de esta nueva época. Encontrar un nuevo propósito como Nación implica recuperar un liderazgo internacional que nos permita superar los retos mundiales del cambio de era que afrontamos y contribuir desde España al Bien Común Global.

1. Medidas para la regeneración democrática en España

JAVIER REDONDO

Profesor de Sociología Política en la Universidad Francisco de Vitoria

E N LA ÚLTIMA DÉCADA España ha perdido calidad democrática: el discurso público se ha deteriorado y la mentira no penaliza. Los distintos índices que miden la salud de las democracias ofrecen variaciones sensibles y no demasiado significativas —se mueven en márgenes muy estrechos— y además son pendulares. Estos índices han servido para establecer una clasificación basada en los valores dominantes en el mundo libre desde la segunda posguerra mundial hasta comienzos de este siglo. Resultaban también muy útiles para medir la evolución y transformación política y económica de los países del Este de Europa. Por ejemplo, Freedom House expone que su metodología se basa en la aplicación a 195 países de la Declaración Universal de Derechos Humanos, de la cual establecen tres categorías: países libres, parcialmente libres y no libres. Por su parte, *The Economist* reconoce cuatro categorías: democracias plenas, deficientes, regímenes híbridos y autoritarios.

El consenso de posguerra estableció los parámetros con los que identificar las democracias: elecciones libres y competitivas, que incluyen la aceptación pacífica de la alternancia política; el respeto y salvaguarda de los derechos individuales y libertades civiles; la independencia de la Justicia y las políticas de redistribución de rentas. Estos medidores añadieron también aspectos muy importantes relacionados o derivados de todos los anteriores, entre ellos, la libertad de prensa, información expresión y opinión y el progreso y bienestar económico. Se emplean indicadores como la industrialización, urbanización, renta per cápita, libertad de empresa, niveles de alfabetización, respeto de la propiedad privada, consolidación de clases medias o muertes violentas (no es extraño que Israel o Estados Unidos salgan peor paradas que las aparentemente plácidas democracias europeas). Todo bajo el paraguas de una definición comúnmente compartida de Estado de Derecho, imperio de la ley y división de poderes. En suma, en un mundo bipolar y atravesado por cuatro ejes identificativos (capitalismo-socialismo; democracia-dictadura) era razonablemente fácil definir una democracia[1]. Sin embargo, ese mundo ya no existe. Y esos índices resultan incompletos e incluso pueden desorientarnos. La ciencia política no ha dejado de tratar de medir la democracia, incluyendo, como citábamos arriba, indicadores para evaluar la satisfacción. Otros asocian satisfacción, legitimidad y participación. Cuando aparecen estas variables, todo se torna más difuso: la insatisfacción se fabrica. Si en Occidente disfrutábamos de democracias plenas, por qué de repente la democracia parece en crisis. Hay una respuesta intuitiva que provee la corriente de pensamiento dominante: porque ha decaído el progreso y bienestar económico y se ha dañado el mecanismo de redistribución de rentas, lo cual ha arrastrado a las instituciones. Pero es insuficiente.

Primero, porque margina aspectos que tienen que ver con los cambios culturales y, segundo, y en relación con esto, porque si el funcionamiento de las instituciones retroalimentaba y revertía sobre la calidad de la democracia, por qué se las señaló como culpables de provocar, inadvertir o no responder adecuadamente a la crisis. Los críticos ofrecen su respuesta: las instituciones dejaron de funcionar cuando se supeditaron a las leyes de mercado, de modo que la reforma de las instituciones debe, según esta corriente, orientarse hacia el fomento de la participación ciudadana y la regulación del mercado. Por esta línea argumentación se instalaron en la agenda pública las crisis de representación y legitimidad.

Lo que quiero decir es que en la última década han emergido fuerzas y propuestas antipolíticas —antiliberales— sobre la base de una retórica de promoción de las crisis —económica y política—. Dicho de otro modo, las crisis no desencadenan populismos, sino que también los populismos provocan crisis. Lo cual genera una disonancia, una confusión entre lo real y lo representado. Las crisis de legitimidad y de representación son producto de la retórica. En democracia, siempre resultará fácil encontrar grietas por las que colar la insatisfacción. Es decir, existían las democracias plenas, aunque no existiera la satisfacción plena. Al trocar la satisfacción relativa en insatisfacción, las democracias parecen haber dejado de funcionar, y se identificó a la crisis de deuda como la pistola humeante. Cuando las propuestas antipolíticas persuadieron a la opinión pública de que las democracias no funcionaban satisfactoriamente o eran incompletas, corrompieron las instituciones para transformar su narrativa en realidad. Si las instituciones no funcionan es porque han sido roídas por candidaturas antipolíticas.

En este contexto, algunos autores han planteado las tesis de la desconsolidación y el descontento democrático: las democracias se debilitan. Las demandas cambian junto con la consideración de los liderazgos y los atributos que se les exige. Aparecen significantes dotados de significados renovados: la eficacia y la seguridad[2].

La democracia en España: algunas medidas regeneradoras

Así las cosas, en comparación con países donde se persigue a periodistas, se encarcela a los miembros de la oposición, no hay control judicial de las decisiones del Ejecutivo o existen regiones sometidas a las bandas armadas y redes de narcotráfico, nuestra democracia es un oasis. Por eso ampliar el foco —como hacen los índices citados—, en este caso, descentra más que contextualiza. Un observador circunstancial no apreciaría amenazas significativas. Pero una observación detenida genera inquietud, tanta como escuchar que las instituciones no funcionan. Son mejorables, pero sin tocarlas, las mejoran o empeoran los cargos que las ocupan. Si en España se maltrata la verdad, se emplea un discurso divisivo, se abusa del poder Ejecutivo, se alimenta una retórica antipolítica y contra los jueces y se mercadea con un prófugo no es porque las instituciones no funcionen. En todo caso no funcionan los filtros de selección de los líderes que diseminan estos discursos. Y sobre todo, no podemos obviar que el filtro fundamental de selección son las urnas. Desde esta perspectiva, lo que no funciona es el proceso de reclutamiento de élites políticas. Y los fallos y taras coinciden con la introducción de mecanismos de democracia directa en los partidos.

De modo que no creo tanto en las reformas institucionales para propiciar una regeneración sino en los cambios culturales y actitudinales. Sin embargo, puede haber algunas iniciativas que, al margen de su dudoso y, en todo caso, complejo encaje legal, contribuyan a mejorar las dinámicas políticas. Por otra parte, no soy partidario de la *hiperregulación* sino de la contención institucional de los líderes políticos.

- Delimitar y circunscribir exhaustivamente por ley los contenidos y requisitos para impulsar un decreto ley. Incluso podría contemplarse la introducción de una limitación del número de decretos ley que puedan ser aprobados por periodo de sesiones. El refuerzo de los poderes Ejecutivos —Parlamento racionalizado— fue una respuesta a la excesiva fragmentación parlamentaria. El recurso ha funcionado más de medio siglo. En España se ha convertido en una práctica torticera.
- Fijar por ley el plazo y forma en que el presidente del Gobierno debe dar cuenta al Parlamento —reunido en Pleno— de los consejos europeos, cumbres internacionales (OTAN, G20) y reunión con máximos dirigentes políticos (potencias G8). De este modo, se trasladaría a la opinión pública la importancia de la política transnacional y se trataría de facilitar que la oposición participara de las discusiones sobre cuestiones internacionales.
- La introducción de un riguroso examen parlamentario a la propuesta del Gobierno del fiscal general del Estado. Con la posibilidad de que pueda cesar en sus funciones por mandato parlamentario en casos muy precisos. La situación del fiscal general del Estado es una anomalía democrática que los índices de evaluación de la calidad de las democracias no contemplan. Por casos como estos creemos que esos índices a los que hacemos referencia en el primer apartado ya no operan eficazmente: no detectan o no evalúan determinadas maniobras políticas que restan calidad a la democracia.
- Supresión de la posibilidad de aprobar indultos a personas condenadas por delitos cometidos durante el ejercicio de una actividad

pública o mientras se ocupa cargo público (de elección, libre designación u oposición). De este modo, no se considera que existen delitos políticos en una democracia, sino que no se indulta a políticos o cargos públicos que hayan incurrido en abuso de poder, malversación, desviación de poder y otros delitos relacionados con el ejercicio de sus funciones.

- Las referencias al pasado y gobiernos precedentes en las exposiciones de motivos en las leyes deben emplearse únicamente para citar otras leyes o antecedentes legales; en ningún caso se hará en ellas referencia o interpretación de políticas aplicadas por los gobiernos anteriores. Se trata de que las exposiciones de motivos tengan un carácter técnico y no doctrinario, como han hecho durante las dos últimas legislaturas los dos gobiernos de coalición. La medida es un brindis al sol. En una democracia emocionalmente sana, no sería necesario incluir una medida de este tipo.

- Los candidatos de los partidos asumen el principio de no reelección, limitando sus mandatos a dos para el Gobierno de la nación y los parlamentos autonómicos [en el ámbito municipal podría ampliarse a tres mandatos] [las legislaturas fraccionadas contarían como una completa]. La medida está orientada a limitar los cesarismos en los partidos, renovar los cuadros dirigentes de los partidos y la circulación de las élites. Medidas de este tipo destensan los partidos y la confrontación política.

- No he encontrado el modo de que fuera legalmente viable, pero sería muy recomendable que, si el Gobierno de la nación fracasa en su intento de sacar en tiempo y forma dos presupuestos (consecutivos o alternativos), debe disolver las Cortes y convocar elecciones. Se entiende que no goza de la confianza de la Cámara. El obstáculo para aplicar esta medida no es solo legal, también es de orden práctico: la ruptura del bipartidismo y la convocatoria de elecciones en noviembre y diciembre han interferido en el proceso legislativo, lo que ha impedido que los Presupuestos se rijan por los tiempos establecidos en la Constitución.

- Prefiero no hacer extensiva esta medida a los parlamentos autonómicos porque soy partidario de la economía electoral. Que los parlamentos autonómicos tengan cada uno su propio ritmo electoral contribuye a crear un clima de campaña permanente que favorece el tacticismo y cálculo electoral. Retiraría a los presidentes autonómicos la potestad de disolver las Cortes, juntas y asambleas regionales. Es decir, se establecería un calendario único para la renovación de las cámaras regionales. Se trata de rebajar la incertidumbre y confrontación política.

- Prohibición expresa de incluir en leyes destinadas a un objeto medidas que no tienen que ver con el objeto de regulación. Esta práctica es habitual, con el agravante de que, desde 2018, las medidas que se cuelan de tapadillo son cada vez más sensibles o decisivas. El caso más escandaloso ocurrió en diciembre de 2022, cuando, mediante enmiendas al Código Penal el Gobierno de coalición y su mayoría parlamentaria trataron de modificar las Leyes Orgánicas del Consejo General del Poder Judicial y la Ley Orgánica del Tribunal Constitucional.

- En relación con el punto anterior, especialmente llamativo resultó que el Gobierno arrebatara al Senado la facultad de vetar los objetivos de estabilidad presupuestaria y deuda pública, lo que se conoce como techo de gasto, y cuya aprobación es previa a la elaboración de los Presupuestos Generales del Estado. PSOE y Sumar incluyeron una enmienda conjunta al proyecto de Ley Orgánica de Representación Paritaria y Presencia Equilibrada de Mujeres y Hombres en el verano de 2023. En este sentido, urge devolver al Senado la competencia y participación en esta materia. Igualmente, incidimos que los índices de calidad internacional no están pendientes de estas «pequeñas» añagazas; sólo la prensa libre y, en su caso, la oposición.

- Introducir la figura de la reprobación al presidente del Gobierno cuando propague datos falsos. En este sentido, arbitrar procedimientos de rectificación cuando los miembros de la Cámara difundan datos falsos. Se trata de prestigiar la verdad y la palabra. Asimismo, conceder a la oposición, en las preguntas al presidente, la posibilidad de repetir la pregunta si no se da por satisfecho con la respuesta y réplica.

- Retirar a la presidenta de las comisiones del Congreso la potestad de convocarlas arbitrariamente para tramitar decisiones de la mesa. Reglar y pautar los plazos de convocatoria de comisiones y limitar los usos arbitrarios y filibusteros de las comisiones (hay casos en que, habiendo decaído determinadas enmiendas o después de aprobarse que se proceda a incluir otras, la presidencia de la comisión evita convocar de nuevo la comisión correspondiente para dejar en el limbo los acuerdos adoptados en sesión anterior).

- Al menos la comisión de Defensa del Congreso debe dar cuenta en el Pleno, una vez al año —como mínimo—, de los asuntos tratados y acuerdos adoptados. Se trata de visibilizar la importancia de la Defensa (Inteligencia y Seguridad) en las sociedades actuales y facilitar los acuerdos y la transparencia. Este punto tiene un inconveniente: mal entendido, puede provocar lo contrario de lo que se persigue y teatralizar la trifulca política en una materia tan sensible como la Defensa.

- En cierto modo, va contra el espíritu del Parlamentarismo original, pero quizás pueda argumentarse que no contra la esencia del parlamentarismo, si entendemos que entre esas esencias se haya la búsqueda del equilibrio y la defensa de las minorías: se propone que la Presidencia de la Cámara la ejerza un representante del primer partido de la oposición. La medida tiene un inconveniente sustancial: la presidencia y mesa del Congreso se elige antes de que se forme Gobierno. Podría nombrarse una mesa interina —ampliar el mandato de la mesa de edad— cuyo mandato decayera al producirse la investidura. Esta medida muestra a la perfección la tesis que seguimos en este texto: no falla la institución ni el método de elección sino el uso espurio. Más allá de situaciones puntuales, sólo las presidencias de Patxi López y Cristina Armengol han mostrado una evidente e impúdica inclinación partidista.

- Conceder un estatus legal al líder de la Oposición. De modo que se formalice su tratamiento en actos protocolarios, espacios físicos para sus intervenciones públicas y despachos con el Rey.

- Por último, no soy especialmente crítico con la ley electoral pero, consciente de que genera mucha controversia, me pronuncio en una única línea de reforma. Dando por hecho que es inviable proponer un sistema mayoritario (requiere una reforma constitucional) que acabara con los hiperliderazgos en los partidos; la reforma que podría implementarse sin tocar la Constitución es a la *griega*: conceder una prima de hasta 50 escaños al partido ganador. Una vez que la quiebra del bipartidismo ha propiciado situaciones de bloqueo político y construcción de mayorías negativas, se propiciaría que los partidos mayoritarios recuperaran la aspiración de constituirse en partidos hegemónicos en su lado del espectro, que recuperaran su vocación mayoritaria. Lo habitual es que gobernase el ganador de las elecciones. Y, en todo caso, en circunstancias muy concretas y de mucha igualdad entre los dos primeros partidos, la coalición de Gobierno tendría muy difícil gobernar frente al partido que ganase las elecciones.

Insisto, la mera voluntad personal de los líderes de propiciar políticas centrípetas convertiría en prescindibles y superfluas estas medidas. Muchas de ellas, como se ha dicho, no son viables, o bien requieren una reforma de la Constitución o exigen de tanta ingeniería y cirugía legal que podrían generar un efecto contrario al deseado. Buscamos con ellas agilizar la política, generar dinámicas para el acuerdo y promover la vida parlamentaria en detrimento de la supremacía del Ejecutivo. Se trata de promover la transparencia sin entorpecer los procesos de toma de decisiones ni restar fluidez a los procedimientos. Buscamos sobre todo generar actitudes de respeto al adversario y tolerancia.

Por otra parte, estas medidas parecen meramente cosméticas ante el calado de las amenazas, pues uno de los mayores riesgos para nuestra democracia es la narrativa creada en torno a ella. Las palabras tienen consecuencias. Así pues, la regeneración es ética. Y los partidos tienen una cuota de responsabilidad elevada a este respecto. Sin embargo, me muestro contrario a cualquier regulación en materia de partidos políticos que les imponga procesos de selección. En todo caso, limitaría mucho más sus competencias la libre designación de cargos.

En este sentido, queda un último punto por abordar: los medios de comunicación. Lo más urgente es la reforma completa del modelo de RTVE. Aceptando la necesidad de su existencia (excepto RTVE Play, que habría que cerrar), suprimiría todos los formatos de entretenimiento, excepto, si acaso, el cine. Sobre todo, para evitar la creación de redes clientelares en la cultura y reducir su presupuesto. Asimismo, establecería mecanismos menos flexibles para la contratación de periodistas que no han superado la oposición. El límite esencial que debería regir la incorporación de periodistas fichados por el Consejo sería salarial, con ingresos equivalentes a altos cargos de la Administración. Es inadmisible que una periodista de informativos gane medio millón de euros. Si quiere ganarlos, que se lo pague una empresa privada. Si prefiere trabajar en un servicio público, deberá hacerlo por 90 000 euros, por ejemplo. RTVE no está para competir por la audiencia sino para prestar un servicio público. Si en el ámbito político la regeneración consiste en prestigiar las instituciones, en el periodístico consiste en prestigiar el medio, para lo cual hay que rebajar la chabacanería y tosquedad.

Por último y a modo de conclusión: la pendiente por la que se desliza nuestra democracia muestra lo dicho arriba; sin contención institucional y compromiso cívico de los dirigentes políticos, cualquier medida es cosmética o puede resultar papel mojado. Si un presidente del Gobierno no está convencido de que no puede hacer todo lo que no le está expresamente prohibido, no hay medidas regeneradoras que detengan el curso autocrático de los tiempos.

CITAS BIBLIOGRÁFICAS

1. R. Dhal, *La poliarquía. Participación y oposición*, 1956; W. J. M. Mackenzie, *Elecciones libres*, 1958; S. M. Lipset, «Algunos de los requisitos sociales de la democracia: desarrollo económico y legitimidad política», 1959; J. Blondel, *El Gobierno, estudios comparados*, 1969.

2. Foa y Mounk, 2016 y 2017.

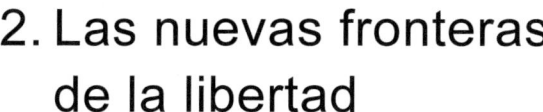

2. Las nuevas fronteras de la libertad

Óscar Elía

*Director del Grado de Filosofía, Política y Economía
de la Universidad Francisco de Vitoria*

Introducción

S I HAY UNA PALABRA que se repite en las sociedades contemporáneas, incluida la española, es la palabra *libertad*. El discurso público contemporáneo está dominado por ella: se reivindica la libertad de los pueblos, la libertad sexual, la libertad de mercado, la libertad de expresión, la libertad religiosa. En el mundo de la cultura, en el de los medios de comunicación, en el de los gobiernos e instituciones, en la educación o en el de los partidos políticos, la palabra libertad resulta indiscutible. Por su carácter incuestionable y fundamental en el funcionamiento diario de nuestras sociedades podemos calificar a la libertad, y a la identificación de ésta con la democracia, como un verdadero dogma[1].

Más aún: nuestras sociedades son las primeras de la historia que tienen en la libertad, como en la igualdad, el principio de la organización política. La Constitución Española cita 33 veces las palabras libertad y libertades, y en el discurso público se define al régimen político actual como *régimen de libertades*. Su defensa une en las instituciones a los representantes de todos los partidos, a izquierda y derecha y no hay ministro ni representante público que no anuncie, llegado al poder, un avance más en la expansión de las libertades:

«toda la fuerza del Estado se dedicará a defender los valores democráticos y las libertades y los derechos. Ni un solo retroceso, ni una sola involución, ni un paso atrás», anunciaba Pedro Sánchez en su discurso de investidura del 17 de noviembre de 2023[2].

La presencia apabullante de la palabra de libertad y su triunfo en el discurso político español no evita determinados problemas. Aquí subrayaré dos. El primero va asociado al hecho de que las sociedades más liberales de la historia de la humanidad son al mismo tiempo las sociedades más insatisfechas en relación con esa misma libertad. Hay una ruptura, cada vez más abrupta, entre la libertad proporcionada por los regímenes políticos contemporáneos y la demanda de sus propios ciudadanos. Nunca las libertades han estado tan reconocidas en la historia de la humanidad por los poderes políticos, y nunca ha sido tanta la insatisfacción, la discusión y la polémica acerca de ellas. España no escapa a esta dialéctica típica de las sociedades occidentales[3].

El segundo problema se deriva del anterior y es que como suele ocurrir con todas las palabras fetiche, hay enormes equívocos en relación a *lo que sea realmente* la libertad. El caso español es paradigmático porque, como he afirmado, en nombre de la libertad las clases dirigentes toman decisiones distintas e incluso contradictorias. El debate público es en España una cacofonía desordenada en torno a la palabra libertad. Usualmente los españoles tienden a solucionar este problema aceptando el equívoco: o, lo que es lo mismo, mediante la afirmación de que lo que sea la libertad depende de la libertad de cada uno para definirla. Lo insatisfactorio de la respuesta salta a la vista, porque simplemente sitúa el problema un poco más allá sin dar salida a la verdadera cuestión: el discurso público español no es capaz de definir el concepto sobre el que se asienta la vida política.

Hay un problema, por lo tanto, en la definición misma de libertad, o más bien en la dificultad que los españoles, como otros occidentales, tienen para definir la palabra sobre la que se asienta y de la que hay uso y abuso en el discurso público. Las consecuencias del equívoco son evidentes: estridencias políticas y culturales, hostilidad creciente en el ámbito de la política, desconfianza generalizada en las instituciones.

Definir algo es fundamentalmente distinguir, es decir, trazar sus límites. La paradoja aquí es de inicio: para las sociedades democráticas su más preciado concepto implica precisamente la ausencia de límites, siquiera intelectuales. No parece legítimo definir la libertad, porque eso implica limitar la libertad. Este es uno de los problemas esenciales de sociedades como la española, porque definir qué sea la libertad implica necesariamente señalar sus límites y éstos se presentan, para el español contemporáneo, ilegítimos. Proporcionar definiciones claras y precisas cuadra mal con la idea que habitualmente tienen los españoles de libertad, que es precisamente ausencia de cualquier límite riguroso a la propia voluntad individual. Esto es propio precisamente de sociedades individualistas: aquellas en las que se considera ilegítima cualquier instancia que se sitúe por encima de la voluntad autónoma del individuo, o al margen de las preferencias mostradas por éste y compartidas por la mayoría. Pero si queremos señalar las fronteras o los límites de la libertad en España en el primer cuarto del siglo XXI, hemos de comenzar precisamente por aquí.

La libertad como frontera interna

La libertad de elegir del hombre es un hecho. Pertenece a la naturaleza propia del ser humano elegir su propia vida: esto lo hace esencialmente diferente a cualquier otro ser. Pero al igual que al resto, esta forma de ser le ha sido impuesta. El hombre no es libre de ser libre y aquí viene el primer problema para nuestras sociedades, porque esto significa de entrada que la libertad del hombre posee este límite infranqueable: no somos libres de ser libres. Reconocer la verdadera dimensión de la libertad del ser humano, reconocer su verdadera naturaleza, pasa por reconocer que la misma libertad no es libre. O dicho de otra manera, que no todo en la vida espiritual del hombre es libertad de elección.

A este aspecto trágico, sobre el que se constituyó en el siglo XX cierta filosofía existencialista también en España[4], le sigue naturalmente otro aspecto poco atractivo para las *sociedades abiertas*, esto es sin límites: La libertad implica necesariamente tres elementos, deliberación, decisión y deber. Sólo el hombre necesita deliberar conscientemente sobre los medios; sólo carga con la losa de decidir un rumbo respecto a otros; y sólo él actúa movido por lo que se le aparece como una obligación.

Deliberar, siguiendo la sencilla definición aristotélica en el libro VI de la Ética a Nicómaco, implica sopesar el fin que debemos buscar, el medio que debemos emplear, y el tiempo en que es preciso que lo hagamos[5]. Ninguno de los tres elementos es propiamente elegido: por un lado, el fin al que dirigimos nuestra acción o conducta se nos impone como finalidad o como objetivo último, lo que significa que es exterior, anterior y superior a nuestra propia voluntad. No deliberamos sobre algo si no es para lograr algo que no poseemos que se nos presenta como valioso. Más aún: el origen de nuestros actos libres no es un acto libre, sino un fin impuesto.

Por otro lado, el medio empleado no responde a nuestra elección. Ni las sociedades ni las personas eligen el medio en el que se lleva a cabo su libertad. Volveremos más adelante sobre este aspecto crucial para entender la situación actual de la libertad de los españoles, pero por ahora lo importante es recalcar que las circunstancias en las que se desarrolla nuestra libertad no son tampoco de libre elección: «Hemos de buscar a nuestra circunstancia, tal y como ella es, precisamente en lo que tiene de limitación, de peculiaridad», afirma Ortega[6]. Deliberar es, desde este punto de vista, sopesar los medios a nuestra disposición, que no son los deseados ni los que hubiésemos elegido por nosotros mismos. En esta deliberación, la razón práctica se amolda a los límites propios de las circunstancias.

Por fin, la cuestión del tiempo, para personas y sociedades es elemento central de la libertad: en ella el ser procedente del pasado se proyecta hacia el futuro. En los asuntos del hombre, ser temporal y limitado, el tiempo es esencial al menos en un aspecto: las decisiones más importantes en nuestra vida, aquellas en las que la libertad es objetivamente más importante, son aquellas que tienen consecuencias temporales más profundas.

La libertad va unida, en segundo lugar, al hecho de decidir. Toda elección, de un individuo o de una sociedad, implica la adopción de una posibilidad y el descarte de otra: en latín, *decidere* significa precisamente cortar o separar. En el acto de decidir se descarta una posibilidad, que ya no será real, para optar por otra. O dicho de otra manera, decidir implica renuncia, es decir limitación: no se puede elegir todo, y elegir implica precisamente renunciar. Es decir, limitar nuestros proyectos.

Deliberación y decisión nos llevan al tercer elemento, el más profundo y el más problemático: el concepto de deber. En las sociedades contemporáneas, el deber aparece como lo contrario a la libertad: es aquella instancia exterior que la limita o que la constriñe. Es éste quizá uno de los errores más comunes y graves de sociedades como la española, que ven en el deber algo extraño a nosotros mismos: el deber aparece como lo contrario a la libertad. Pero es más bien al revés. A diferencia de los animales, que no poseen obligaciones ni deberes, el hombre los tiene, empezando por el deber fundamental: el de elegir sobre su propia vida. La libertad va unida al deber de elegir bien: «la verdadera libertad no es cosa de sacudirse de la ley externa; la libertad es la conciencia de la ley», afirma Unamuno[7].

Por eso precisamente la ciencia que versa sobre el uso de la libertad fue llamada por los griegos *etiké*, esto es, la relativa a las costumbres y los hábitos. El concepto fue traducido del griego por los romanos como morales, forma de vivir: lo propio del hombre es adquirir su propia forma de vivir, su propia forma de ser a través del uso de su libertad. Lo que uno es y llegará a ser depende de las decisiones tomadas a lo largo del tiempo. Éste es el verdadero alcance de la libertad, que no tiene que ver con la simple capacidad de elegir: el uso de la libertad tiene que ver con el hacerse a sí mismo, y aquí se descubre la profundidad y trascendencia de la cuestión. Todo elegir es elegirse y por eso a la libertad así considerada se le llama libertad moral, que es mucho más que la simple libertad de elección.

La libertad se encuadra así en el crecer como persona hasta alcanzar aquello que se puede llegar a ser. Ejercitar la libertad, desarrollarse hasta alcanzar la plenitud se expresa en español con otra palabra: *cultivarse*. Lo propio del hombre es cultivarse a sí mismo. Ahora bien, como todo cultivar, el cultivarse del hombre exige un medio, un entorno dado en el que se produce. Es el significado profundo de la palabra *cultura*, no por casualidad con idéntica raíz. La cultura es el conjunto de realidades materiales, sociales y espirituales en las cuales la persona se cultiva, se desarrolla en cuanto tal y pone en juego su realidad.

No hay libertad sin nación

No hay cultivo en abstracto. Al igual que en el cultivarse del campo se ponen en juego las circunstancias heredadas de la naturaleza con la libertad creadora propia del agricultor, el caso de la cultura implica la necesidad de un adecuado y heredado campo de cultivo. Ámbito unido a las libres manifestaciones del espíritu: lengua, religión, costumbres, tradiciones, instituciones históricas constituyen la realidad preexistente de las cuales se nutre la libertad. Ya hemos visto que son condiciones básicas para la libertad, y en cuanto tal generan amor y agradecimiento: es el origen de lo que los clásicos llamaban virtud del patriotismo[8]. Y esta virtud es precisamente aquella que busca proyectarlas hacia el futuro a través de la innovación y la creación.

La nación política tal y como aquí la interpretamos es precisamente esto: la actualización de la nación cultural, del sistema de manifestaciones sociales y espirituales heredera del pasado, de las instituciones culturales en las cuales el hombre elige y se elige a sí mismo. Actualización en el presente con el objetivo de salvaguardar lo valioso en el futuro, que por definición es el ámbito de lo no escrito. La política así entendida es a la nación heredada lo que la agricultura a un determinado cultivo: la mejora y el cuidado del pasado con vistas a su supervivencia en el futuro. La nación política es el punto de unión entre la nación pasada, que ya es, y la nación futura que es ella misma proyectada hacia el porvenir.

Así entendida la cuestión, hay tres formas de malograrse el cultivarse propio del hombre. La primera es cuando la cultura o la nación no posee ya la vitalidad ni la profundidad necesaria para generar nuevas manifestaciones: cuando esto ocurre, la nación se encierra en su pasado, gira sobre él y acaba muriendo, atrofiando la libertad de los hombres que la habitan. Los nacionalismos vasco y catalán son un buen ejemplo de esta patología. La segunda forma es, por el contrario, cuando el cultivarse rechaza raíces o rompe con ellas y se desarrolla en el vacío. A esta categoría pertenecen el cosmopolitismo o el globalismo democrático contemporáneos, en sus vertientes liberal o socialdemócrata[9].

Tal y como aquí la entendemos, la nación pasada es condición de posibilidad de la nación futura y, lo que es más importante, condición necesaria para el cultivarse del hombre porque, como todo cultivar, el del hombre exige un entorno y unas raíces. Salir de sí mismo, una de las formas fundamentales de libertad, es sólo posible mediante la seguridad de ese sí mismo. En palabras de Ortega, que es probablemente el filósofo español más internacional del siglo xx, ser libre implica un deber: «Hemos de buscar a nuestra circunstancia, tal y como ella es, precisamente en lo que tiene de limitación, de peculiaridad, el lugar acertado en la inmensa perspectiva del mundo. No detenernos perpetuamente en éxtasis ante los valores hieráticos, sino conquistar a nuestra vida individual el puesto oportuno entre ellos. En suma: la reabsorción de la circunstancia es el destino concreto del hombre»[10].

La historia, la religión, el arte, la geografía constituyen el ámbito propio en el que se expande o hacia el que se abre la voluntad de ser humanos. «Mi salida natural hacia el universo se abre por los puertos del Guadarrama o el campo de Ontígola», repite Ortega más adelante. O lo que es lo mismo: se empieza a ser hombre siendo español, y sólo siendo ese algo se es realmente libre. Sólo partiendo de ahí, de una patria que nos es dada y que debemos recibir con agradecimiento puedo integrarme y ser plenamente yo mismo, repite Ortega.

La frontera de la libertad de los españoles

Llegamos así a la tercera de las formas en la que se malogra la libertad del hombre, que se deriva de las dos anteriores. Sólo cabe genuina libertad política cuando se decide desde el pasado hacia el futuro de la nación, y ese decidir sólo es posible cuando se ama y se agradece ese pasado recibido. O dicho de otra manera, la actualización de la nación pasada en la nación futura exige el compromiso y la participación: participar significa tomar partido y comprometerse con algo bueno y valioso, de lo cual depende la propia existencia o la calidad de la propia existencia. A través de la participación lo participado se hace presente en el partícipe, mejorándolo. De ahí que desde el punto de vista de este último sea bueno participar: lo que es lo mismo lo participado se aparece como algo bueno, algo que no se posee y que permite el libre ejercicio del hombre.

Si la libertad, el cultivarse propio del hombre, es posible por la nación heredada, la máxima libertad se debe alcanzar precisamente cuidándola, impulsándola, proyectándola hacia el futuro. La filosofía española contemporánea ha recalcado la idea de nación como proyecto[11]: pero en un sentido plenamente humano, el compromiso y la participación activa en ese proyecto común constituye de por sí un proyecto de vida personal. El verdadero proyecto no es simplemente el de la nación, sino el de la persona que tiene como proyecto la pervivencia de la nación: decidir sobre la nación es más importante que decidir sobre sí mismo, y ahí es donde la libertad alcanza su máxima expresión.

La virtud clásica del amor a la patria, el patriotismo, se deriva precisamente de esto: el compromiso con una realidad previa y superior a sí mismo y la participación en su pervivencia y mejora suponen la más importante de las virtudes. La que la constituye como persona y hace de su libertad algo más elevado, al ponerse al servicio de la patria. Así se entiende que la verdadera libertad del ciudadano sea participar políticamente de la cosa pública: comprometerse más íntimamente en la proyección de España, impulsándola desde el pasado hacia el futuro, mejorándola y al mismo tiempo preservándola para los que llegan después.

Por eso no cabe la verdadera participación política cuando de lo que se parte es de la pura voluntad individual de los ciudadanos. Cuando el individuo es simplemente soberano y su libertad se concibe desarticulada de lo heredado, no hay manera de justificar su participación en una comunidad que no le aporta nada: a lo sumo se está en política para evitar la influencia de ésta sobre uno mismo; y para mantener o acrecentar el poder o los intereses frente a los demás. Sin el reconocimiento a la nación y sin el compromiso con ella, la participación política pierde su sentido; y tras ella, la libertad tal y como aquí la entendemos, se atrofia.

¿Qué significa esto desde el punto de vista de las libertades de los españoles del siglo xxi? Lo que caracteriza el último medio siglo español es precisamente la desaparición progresiva de la nación y sus instituciones: de la religión, de la familia, de las costumbres, de la lengua, de la propia historia[12]. Desde 1978, la última ocasión en la que los españoles han podido proyectar la nación pasada hacia el futuro, las instituciones que constituyen la condición de posibilidad para el desarrollo de la libertad de los españoles han ido desapareciendo progresivamente. La España contemporánea no sólo se ha tratado de constituir frente a la España de los últimos veinte siglos, sino que parece definirse frente a ella.

Desde luego que este fenómeno no es exclusivo. El régimen constitucional español de 1978 no surgió de manera aislada respecto a lo que estaba ocurriendo en otros países[13]. Desde los años sesenta y setenta la sociedad española estaba ya abierta al resto de sociedades occidentales, apertura cada vez más profunda y acelerada: no había problema, solución, vicio o virtud occidental que no impactase ya en la España de final de siglo. Lo que significa que las mismas crisis sociales, económicas, culturales y morales que afectaban a franceses, italianos, alemanes o británicos ya afectaban también a la opinión pública española. Pero a diferencia de aquellos, a los españoles lo hacía en un momento histórico especialmente sensible: el constituyente.

Al clima general de crisis cultural y nacional en los países occidentales se unieron los españoles en 1978 con una nueva constitución que tendía a reflejar esa crisis: la democracia fue entendida por amplias capas de la sociedad española cómo la negación misma de cualquier realidad distinta a la de la pura voluntad individual de los ciudadanos, a la libertad sin límites: como un rechazo de todo pasado que tendía a identificarse con el inmediato, el franquismo. La democracia, para ser verdadera, tendría que ser un régimen, no ya de libertades, sino *de libertad*: y en cuanto tal sin encontrar límite ni necesidad alguna en la nación existente hasta ese momento. Si en sentido institucional el pacto constitucional supuso una reforma de la ley a la ley, en términos de cultura política e institucional se interpretó casi desde el principio como una ruptura, no con el franquismo, sino con todo el pasado histórico, cultural y social español. El régimen constitucional ha sido interpretado como un partir de cero, como un cultivo sin terreno.

La consecuencia de este partir de cero ha sido un equívoco mayúsculo, porque la libertad de los españoles ya no se ejerce en unas circunstancias en las que se cultiva a sí misma mediante el compromiso y la participación, sino que ha pasado a constituir un fin en sí mismo, sin límites y sin limitación. Rompiendo con el pasado, rompiendo con la nación heredada, los españoles han tratado de sustituir la nación por otros conceptos más *democráticos*: el consenso, la convivencia, la misma idea de libertad o el Estado de Bienestar.

Pero ninguno de ellos se presta a ser participado y en ninguno puede arraigar la libertad. Todo consenso es una solución de compromiso, tiende necesariamente a rebajar las exigencias cívicas y morales de una comunidad y se busca para evitar males mayores: no puede concitar una participación sincera a medio o largo plazo. Algo parecido puede decirse respecto a la convivencia: solamente aparece como objetivo de una comunidad política cuando aparece dividida o desgarrada, lo que a su vez ocurre cuando no existe una verdadera participación de la persona en la comunidad. O dicho de otra manera, cuando la participación es real y libre, lo es porque se busca algo más que la convivencia.

La propia libertad como hemos visto no puede ser participada, especialmente cuando se la considera como autonomía o independencia del individuo. Cuánto es así no hay nada exterior a la propia voluntad en lo que merezca la pena participar. En las democracias occidentales se ha tratado de entender la participación como un esfuerzo por limitar la influencia sobre los partícipes, lo que a todas luces resulta un contrasentido porque implica una participación obligada y no libre contra la existencia de algo participado.

Un cuarto ámbito en el que los españoles de las últimas décadas tratan de anclar una libertad plena es en el desarrollo y expansión del Estado de Bienestar: la misma Constitución habla ya en su Artículo 1 de *Estado Social y democrático de Derecho*, y éste es objetivo común a todas las fuerzas políticas españolas. Pero el compromiso con el Estado de Bienestar es por definición limitado, por dos razones. Primero porque es material, y lo material no puede ser compartido, sino repartido; y segundo porque el compromiso con algo material sólo puede terminar con la simple posesión individual, siempre frente a otras personas o grupos sociales.

Lo que es aún más grave: depositar el compromiso en el simple bienestar implica la progresiva atrofia de la libertad al ámbito del bienestar material. Implica, por un lado, la reducción de la libertad a sus niveles más innobles, por no espirituales. E implica también la progresiva eliminación de la participación del ciudadano en las grandes cuestiones relativas a sanidad, educación o seguridad ciudadana, que recaen en técnicos o expertos administrativos.

Ni el consenso, ni la convivencia, ni la libertad ni el Estado de Bienestar son susceptibles de verdadera participación política y de cultivo de la libertad. Por eso lo que caracteriza la vida pública actual es una degradación en la participación política de los españoles, que corre paralela a una atrofia de su libertad en su sentido más profundo: si la nación heredada no es digna de ser participada, la participación carece de sentido; y con la participación sin sentido, llega la degradación de la libertad, en dos direcciones distintas pero relacionadas que apuntan a un único hecho: la reducción de la frontera de la libertad de los españoles.

Primero, desde el punto de vista cuantitativo la sociedad española hoy participa menos en las grandes cuestiones sociales que hace varias décadas: hay una desaparición de las comunidades, de las familias, de las instituciones que los sociólogos llaman intermedias en los grandes asuntos sociales: en la educación, en la cultura, en la economía, el ocio, el deporte, la salud hay una deserción progresiva de los españoles y una cesión progresiva a la única institución presente para recogerla: el Estado. Éste se ha ido haciendo cargo de ámbitos de la vida de los ciudadanos impensables hace cinco décadas, haciéndose cargo de deberes y de derechos propios del cultivarse humano. Desde este punto de vista, la pérdida de la nación y el auge del individualismo conlleva la degradación de la *frontera externa* de la libertad de los españoles: la desaparición del ámbito natural de despliegue de la libertad de los españoles, y su sustitución por el aparato burocrático-administrativo propio del Estado, del Estado de las Autonomías y de las instituciones locales.

Segundo, desde un punto de vista cualitativo, la libertad de los españoles, como la del resto de ciudadanos de países occidentales, se va degradando progresivamente concentrándose en sus expresiones más banales o mezquinas. Desde este punto de vista, *la frontera interna* de la libertad se ha estrechado hasta confinarse en los ámbitos menos elevados del alma humana: el simple entretenimiento, el disfrute sexual, el ocio turístico, las redes sociales, la televisión a la carta, la cháchara político-mediática. Si el ámbito de libre despliegue de los españoles se ha reducido con un crecimiento desorbitado de las administraciones estatal, autonómica y local, se ha degradado en su calidad, hasta reducido a la elección en asuntos de nula trascendencia.

Sin una correcta comprensión de qué sea la libertad, ésta acaba girando sobre las más bajas pasiones. Fue probablemente Tocqueville quien en el conocido pasaje del segundo libro de *La Democracia en América* describió primero esta tendencia típicamente democrática: «veo una multitud innumerable de hombres iguales y semejantes, que giran sin cesar sobre sí mismos para procurarse placeres ruines y vulgares, con los que llenan su alma»[14]. Sólo hay algo que impide que la libertad de los hombres se atrofie, afirma Tocqueville. Y es la virtud basada en la religión y en los sentimientos morales: pero como ya hemos visto, la libertad de los españoles actuales se basa precisamente en su rechazo. Al rechazar la herencia de las creencias y valores recibidos, carece de sentido participar en ellos, mucho menos cuidarlos.

Esto explica que la libertad de los españoles gire hoy sobre sí misma ocupando un ámbito reducido y cada vez más degradado. En este sentido, el caso de la institución familiar en España es quizá el más evidente: su presencia en la vida pública, el protagonismo de los padres se ha ido limitando conforme la administración se ha hecho cargo de ámbitos más amplios de la educación de los hijos; y fuera de esto, el ejercicio de la libertad se ha degradado hasta el punto de que éstos ejercen la libertad en ámbitos cada vez más mezquinos, de simple ocio o diversión.

El hueco, sigue Tocqueville, sólo puede llenarlo «un poder inmenso y tutelar que se encarga sólo de asegurar sus goces y vigilar su suerte. Absoluto, minucioso, regular, advertido y benigno, se asemejaría al poder paterno, si como él tuviese por objeto preparar a los hombres para la edad viril; pero, al contrario, no trata sino de fijarlos irrevocablemente en la infancia y quiere que los ciudadanos gocen, con tal de que no piensen sino en gozar. Trabaja en su felicidad, mas pretende ser el único agente y el único árbitro de ella; provee a su seguridad y a sus necesidades, facilita sus placeres, conduce sus principales negocios, dirige su industria, arregla sus sucesiones, divide sus herencias y se lamenta de no poder evitarles el trabajo de pensar y la pena de vivir»[15].

Ahora estamos en condiciones de entender los problemas derivados de entender, a la manera los españoles y los europeos actuales, la libertad como simple ausencia de límites a la voluntad individual: el empequeñecimiento de sus fronteras. Durante las últimas décadas se ha producido en España un proceso agudo eliminación de las condiciones de posibilidad de la libertad humana, que son precisamente aquellas que hacen posible que esta florezca. La consecuencia es doble: el retraimiento de la libertad a ámbitos cada vez más pequeños, lo que hemos llamado *fronteras externas de la libertad*; y la atrofia en su uso, confinado a elecciones banales y triviales, lo que hemos llamado *fronteras internas* de la libertad.

¿Es posible afianzar las fronteras de la libertad, interrumpir el proceso que Tocqueville llamaría despotismo democrático? La enseñanza de las últimas décadas es clara: el rechazo a la nación y sus instituciones tradicionales conduce a la limitación real de la libertad. Reconozcamos que el proceso está tan avanzado que resulta complicado imaginar que la deriva pueda interrumpirse. Pasa, en todo caso, por reconocer que la libertad en su sentido más profundo tiene que ver con el hacerse propio del hombre, y que éste sólo es posible cuando se lleva a cabo en una nación recibida y heredada de los padres que no sólo no se discute o combate, sino que se ama, se cuida y se busca proyectar hacia el futuro. Está nación, como ha apuntado José María Marco en su *Después de la nación* aún pervive, en el subconsciente de los españoles, especialmente en los más jóvenes. Es precisamente allí donde quizá resida el futuro.

Citas bibliográficas

1. Alvira, Rafael: *El dogma democrático. La sociedad civil y su gobierno*, RIALP, Madrid 2024.

2. *Diario de sesiones del Congreso de los Diputados, pleno y diputación permanente*, núm. 7, 15 de noviembre de 2023.

3. Raymond Aron ya reconoció en este hecho una de las desilusiones típicas de la modernidad (Aron, Raymond: *Les Désillusions du progres. Essai sur la dialectique de la modernité*, Calman-Lèvy, París 1994.

4. Marías, Julián: *El existencialismo en España*, Universidad de Colombia, Bogotá 1053.

5. Aristóteles: *Ética a Nicómaco*, Gredos, Madrid 2014.

6. Ortega y Gasset, José: *Meditaciones del Quijote*, edición de Julián Marías, Cátedra, Madrid 2005.

7. Unamuno, Miguel de: *Del sentimiento trágico de la vida*, Austral, Madrid 2011.

8. «La pátria no nos ha engendrado y educado para nuestro bien particular, sino para tener derecho sobre las mejores facultades de nuestra alma, de nuestro ingenio, de nuestra razón» (Cicerón: República, Alianza, Madrid 2014).

9. Véase Manent, Pierre: *La razón de las naciones: Reflexiones sobre la democracia en Europa*, Escolar y Mayo, Madrid 2012.

10. Ortega, *Meditaciones sobre el Quijote.*

11. Siguiendo la conocida expresión de Ortega en *La España invertebrada* (Austral, Madrid 2011).

12. Marco, José María: *Después de la nación. La democracia española de 1978,* Ciudadela, Madrid 2024.

13. Gauchet, Marcel: *L'avènement de la démocratie (tomo III) À l'épreuve des totalitarismes (1914-1974),* Gallimard, París 2017.

14. Tocquevile, Alexis de: *La democracia en América*, IV Parte, capítulo VI, Edición Eduardo Nolla, Trotta, Madrid 2018.

3. La justicia en España

FRANCISCO J. HERNÁNDEZ
Abogado

DECÍA QUEVEDO QUE «Donde hay poca Justicia es un peligro tener razón». ¿Es España, en la actualidad, un país peligroso para tener razón?

Según el avance de datos del Barómetro del CIS de octubre de 2024, la Administración de Justicia no es uno de los principales problemas para los españoles. Se va cerca al puesto trigésimo en el rango de preocupación de nuestros compatriotas. Sin embargo, es de ver cómo en los principales problemas que, según el CIS, ocupan la mente de los españoles, la influencia de la Administración de Justicia es decisiva. Así, la inmigración, la vivienda, la corrupción y el fraude, la inseguridad ciudadana, por ejemplo, son problemas en los que el funcionamiento de la maquinaria de la Justicia es esencial para agravar o mejorar el problema.

Por eso, no es de extrañar que el CIS, en diciembre de 2023, publicara una encuesta que puso de manifiesto que, mientras 7 de cada 10 españoles se encontraban satisfechos con los servicios de seguridad ciudadana (policía, bomberos, protección civil), el 76 % se encontraba descontento con el funcionamiento de la justicia. Esto no venía sino a ratificar la opinión sostenida en los últimos años. Esto es, el español piensa que la Justicia funciona mal. Pero, es más, el español no percibe que su sistema judicial sea independiente. Según el Eurobarómetro, en el periodo de 2016-2023 la media de españoles que tenían esa opinión era muy superior a la de la Unión Europea.

España se configura constitucionalmente, artículo 1.1 de la Constitución de 1978, como un Estado social y democrático de Derecho. En lo que hace a ser un Estado de Derecho, supone básicamente dos cosas: sometimiento del poder público en su actuación a la Ley, comenzando por la propia Constitución, que es verdadera fuente normativa, y no un documento programático. El propio artículo 1.1 del texto constitucional establece los valores que deben informar el ordenamiento jurídico: libertad, justicia, igualdad y pluralismo político.

¿Por qué la desconfianza? ¿Por qué la mala opinión? La situación de la Administración de Justicia sufre un grave deterioro en términos de confianza y de valoración de la sociedad. Ello, básicamente, por dos motivos. Existe una colonización por parte del poder ejecutivo y legislativo de las instituciones de gobierno de los jueces, lo que ha provocado una situación de bloqueo del Consejo General del Poder Judicial, que se ha alargado más de cinco años. Esto es una situación que, más allá de la minusvaloración en términos de opinión pública, tenía una incidencia directa para la ciudadanía. A principios del presente año se acumulaba un 30 % de plazas vacantes en el Tribunal Supremo, que acumulaba 46 000 asuntos pendientes.

De igual modo, la utilización que del Ministerio Fiscal viene haciendo la actual presidencia del Gobierno, con alarde expreso de ello, ha puesto en cuestión el propio funcionamiento de la institución, cuya misión es la de defender la legalidad (el Estado de Derecho), los derechos de los ciudadanos y el interés público, garantizando la independencia de los tribunales y la imparcialidad de sus actuaciones. El actual Fiscal General del Estado está imputado por la presunta comisión de un delito de revelación de secretos, íntimamente relacionado con la disputa política del Gobierno con la Presidenta de la Comunidad de Madrid. Es claro que, sea cual sea el resultado del procedimiento penal, el daño a la institución es colosal. De hecho, podríamos asegurar que el principal problema de la Justicia española es su politización. La Justicia, si no se percibe imparcial e independiente, no se percibe justa.

Por último, y en este primer motivo de desvaloración, el funcionamiento del Tribunal Constitucional, viene a abundar en el descrédito de la Justicia. Sabido es que el Alto Tribunal no es Administración de Justicia como tal, que no es un órgano jurisdiccional, ni una última instancia. Es un órgano de control constitucional. No obstante ello, su composición, con una poco edificante relación política de los magistrados nombrados con los partidos políticos que los han propuesto, hacen que, necesariamente, la idea de independencia sólo pueda ser sostenida por los muy optimistas, o los demasiado ingenuos. En la actualidad, ocho de los doce magistrados que componen el Tribunal Constitucional han ostentado anteriormente cargos públicos, tanto que, por ejemplo, forman parte del mismo un antiguo fiscal general del Estado, un exministro o una exdirectora general del Gobierno, o un exvocal del CGPJ. El Eurobarómetro nos da un dato llamativo en este punto. Frente a un 11 % de europeos que cree que el estado de la independencia judicial es muy bueno, en España sólo lo creen el 3 %. Razonablemente bueno, lo creen el 42 % de europeos, frente al 31 % de españoles. Pero cuando se trata de valorar la independencia judicial como mala o muy mala, es el 56 % de los españoles el que opina así, frente al 36 % de los europeos.

El segundo motivo de descrédito es el propio funcionamiento de la Administración de Justicia. El retraso se acumula en nuestros tribunales, y en asuntos especialmente sensibles para los ciudadanos, es una realidad mucho más sangrante. Según el CGPJ, la tasa de congestión judicial se establece en 2023 en el 1,61, cuando en 2013 estaba en el 1,3. Esta tasa mide la relación entre los asuntos que se resuelven frente a los que entran nuevos.

Por ello, según la Unidad de Atención Ciudadana del CGPJ en el año 2023 el 73,80 % de reclamaciones de los ciudadanos fue relativo al funcionamiento de juzgados y tribunales, con un incremento respecto del año 2022, del 22,49 %. Atendiendo a los motivos de queja referentes a la Carta de Derechos de los Ciudadanos ante la Justicia, el 67,83 % de las reclamaciones fueron por «Una Justicia ágil y tecnológicamente avanzada», y dentro de este apartado, el 54,95 % reclamando el derecho a la tramitación ágil de los asuntos que la afecten, y a conocer las causas de los retrasos. Según los datos del CGPJ, en el primer trimestre de 2024 los órganos judiciales españoles registraron dos millones de asuntos, un 20,8 % más que en el primer trimestre de 2023.

Resulta muy significativo que los órganos más afectados por las quejas, son los juzgados más cercanos a los ciudadanos: en un 38,24 %

los Juzgados de Primera Instancia e Instrucción; en un 28,89 % los Juzgados de Primera Instancia, y en un 9,40 % los Juzgados de Instrucción. Es decir, el ciudadano, en sus asuntos cotidianos ve cómo la Administración no le resuelve con celeridad su problema, o no le presta su servicio en un tiempo razonable.

Cualquiera que se asome a un Juzgado de los mencionados, puede hacerse cargo de la situación. Casi tres meses para registrar una demanda en decanato, otros dos meses para incoar un procedimiento por falta de personal, o seis meses de demora en el señalamiento por falta de agenda. Se podría pensar que el problema es la falta de inversión. Sin embargo, España es el noveno país de la UE en gasto en juzgados y tribunales por habitante, por encima de países como Italia o Francia, y justo por detrás de Alemania. Sin embargo, este esfuerzo presupuestario es manifiestamente ineficiente, constituyendo el atasco judicial, es decir, el volumen de asuntos pendientes, un problema estructural. Como ejemplo, en los últimos 20 años, Portugal redujo su volumen de asuntos pendientes en un 60 %, mientras que España lo aumentó en un 59 %. A finales de 2023 se fijaban en casi 4 millones de asuntos pendientes, lo que significó un aumento respecto del año anterior de un 17,1 %.

Cuando se enfrenta este problema, cuyo diagnóstico es objetivo, se suele hacer referencia a la necesidad de inversión en medios. El estado de la cuestión es que, según los datos de la Comisión Europea para la Eficacia de la Justicia (CEPEJ), del Consejo de Europa, en el 2022, el continente sólo gastó sobre el 0,31 % de su PIB en Justicia, lo que viene a suponer unos 85,40 € por habitante y año de media. Según CEPEJ, España en 2022 gastó 96,8 € por habitante y año de media, por encima de Francia, Noruega, e inmediatamente debajo de Italia, con 100,6 €. Los países que más gastaron fueron Suiza (245,6 €), Mónaco (217,4 €), Luxemburgo (193 €), o Andorra (146,2 €).

Consecuentemente, parecería que no sólo se requiere una mayor inversión, sino que se precisa una inversión eficiente. Todo ello acompañado de una mejora deseable en la labor legislativa. Debe abandonarse lo que en principio era una excepcionalidad: el abuso del decreto-ley, lo que supone un menoscabo de la labor parlamentaria. El 27 % de las normas aprobadas en 2022 fueron decretos leyes, y esta cifra aumentó hasta el 32 % en 2023. A ello debemos de añadir el hecho de que ninguno de los decretos-leyes tramitados como proyectos de ley, terminó siendo aprobado como ley en 2022 y 2023. De igual modo, debe finalizar la práctica del decreto «ómnibus», sobre las más dispares cuestiones. De los veinte decretos-leyes aprobados en 2022, siete tienen tal consideración. En 2023, de los ocho decretos-leyes, fueron cinco los que pueden ser considerados como tales.

Por tanto, el diagnóstico puede resumirse en que tenemos una Justicia atascada, poco eficiente y con un alto grado de contaminación política. Es claro que la Administración de Justicia se configura no sólo como la herramienta decisiva en la defensa y control del Estado de Derecho, sino que supone un activo eficaz en aras de construir una sociedad dinámica, que genere riqueza y palíe desigualdades. Así las cosas, ¿qué hacer?

Creemos que debe apostarse por un sistema objetivo, transparente y meritocrático tanto en los nombramientos del órgano de gobierno de los jueces, como en los principales nombramientos de la carrera judicial.

Debe reformarse el Estatuto del Ministerio Fiscal con el fin de reforzar su autonomía frente al mandato del Gobierno.

Es preciso afrontar un plan de choque frente al atasco judicial, que paseo por la aplicación de lo establecido en el artículo 437.2 de la LOPJ, en orden a la creación de unidades procesales de apoyo a órganos jurisdiccionales unipersonales con excesivo volumen de trabajo.

De igual modo, es preciso aumentar el número de juzgados por ciudadanos, para acercarnos a la media europea (21 jueces por 100 000 habitantes, mientras que en España el número es de 11).

También resulta necesario ampliar el número de funcionarios en las oficinas de tramitación judicial, evitando la temporalidad en las mismas, y creando un plan de formación que redunde en la agilización de la tramitación procesal.

Es necesario adoptar nuevas medidas de agilización de la Justicia, en parte en la línea ya establecida por el RDL 6/2023, de medidas urgentes para la modernización de la Justicia, pero con una aplicación real y urgente. Así, por ejemplo, hacer realidad la implantación del expediente judicial electrónico, o Carpeta Justicia, que permita tener acceso a los profesionales a los autos de forma telemática.

En este orden de cosas, crear un hábitat de relación telemática y de acceso a notificaciones común en todo el territorio nacional, resulta determinante. En el ámbito procesal, ampliación de las funciones de operadores como los procuradores, con mayor intervención en las ejecuciones, con acceso al Punto Neutro Judicial.

De igual modo, resulta necesaria una nueva Ley de asistencia jurídica gratuita, con equiparación de manera inmediata a todo el territorio, mejorando las compensaciones económicas a los profesionales del turno de oficio.

Y todo ello, en el marco de un necesario pacto de Estado por la Justicia, que la despolitice, y la deje al margen de los avatares partidistas.

Sin embargo, al margen del pacto de Estado, en los estertores del 2024, el bloque que sustenta la alianza gubernativa aprobó la denominada Ley Orgánica de medidas en materia de eficiencia del Servicio Público de Justicia. Esta norma se publicó a modo de inauguración del 2025, dando lugar a la LO 1/2025, de 2 de enero, con el presente texto camino de la impresión.

La Exposición de Motivos de la nueva Ley Orgánica evidencia la realidad: la Justicia «padece desde hace décadas de insuficiencias estructurales, algunas de las cuales, sin justificación, han dificultado que ocupe plenamente el lugar que merece en una sociedad avanzada». Y cree que la principal causa no ha sido la falta de recursos, sino la ineficiencia de las soluciones que sucesivamente han venido aplicándose, desde la Ley Orgánica del Poder Judicial de 1985. Según la referida exposición, los ejes vertebradores de la reforma son la especialización, la homogeneidad y la capacidad organizativa.

Y la norma supone una transformación radical del sistema de planta judicial que ha venido rigiendo en España, con sus matices y modificaciones, desde finales del siglo xix. La Ley Orgánica 1/2025 supone la defunción de los tribunales de instancia, en el orden civil. La ley contempla la creación de los Tribunales de Instancia, que integrarán los actuales juzgados unipersonales en una estructura colegiada por partido judicial. Esta transformación reducirá los más de 3800 juzgados existentes a 431 Tribunales de Instancia, promoviendo la especialización, la uniformidad en los criterios judiciales y una distribución más equitativa de las cargas de trabajo. Además, se establecen las Oficinas de Justicia en los Municipios, que funcionarán como enlaces directos entre los ciudadanos y la Administración de Justicia, facilitando la realización de trámites tanto presencial como telemáticamente.

Francisco J. Hernández

Cada Tribunal de Instancia podrá estar integrado por Secciones de Familia, Infancia y Capacidad, de lo Mercantil, de Violencia sobre la Mujer, de Violencia contra la Infancia y la Adolescencia, de lo Penal, de Menores, de Vigilancia Penitenciaria, de lo Contencioso-Administrativo y de lo Social. Materias como el nombramiento de la presidencia de esos tribunales, o la coexistencia de jueces de carrera con jueces de otra índole, serán determinantes para calibrar el éxito de una reforma que parece más un ejercicio de maquillaje (de hecho, es una reforma de la LO del Poder Judicial, que incluye, además, como es habitual, la reforma de decenas de otras normas con mayor o menor relación).

La otra gran pata de esta reforma, nacida de la mayoría parlamentaria, pero con la mitad del Congreso y el Senado en contra, es la creación de organismos de conciliación obligatoria a los que acudir con carácter previo a la jurisdicción. Esto materializa una vieja idea, siempre recurrente, consistente en evitar el atasco judicial, evitando, a su vez, que los temas lleguen a los Juzgados. ¿Cómo? Dificultando un poco más el proceso al ciudadano, obligándole a acudir a los denominados medios adecuados de solución de controversias, MASC. De forma que, con carácter general, se presenta como un requisito de procedibilidad haber acudido a dichos medios, y acreditarlo. Tal y como viene ocurriendo en el orden social, desde tiempo inveterado.

Así las cosas, y sin ánimo de juicios (nunca mejor dicho) prematuros, podemos constatar que es una ley que obedece a los viejos vicios de técnica legislativa de nuestro parlamento, con una estructura que aparentemente resulta incapaz de cimentar la titánica, y seguramente necesaria, tarea de la reforma judicial. En realidad, es una amalgama de reformas legislativas, por trozos, que tocan los ámbitos más variopintos. El texto modifica 36 leyes, de las que sólo 8 tienen que ver con la estricta reforma judicial proclamada. Es una ley creada para satisfacer a la muy dispar base parlamentaria que sustenta este gobierno. Así, *ad exemplum*, modifica la Ley de régimen electoral general (para garantizar fondos con carácter retroactivo a fuerzas políticas que hayan conseguido grupos parlamentarios, con independencia de haber alcanzado suficiente apoyo en urna o para flexibilizar los requisitos de control sobre las cuentas en los traspasos de fondos de grupos a partidos), se elimina la Golden Visa, se modifica el Estatuto orgánico del Ministerio Fiscal para hacer más dependiente, se modifica la ley de contratos de aprovechamiento por turno, o la ley de propiedad horizontal sobre los pisos turísticos, o la Ley 50/1997, de Gobierno, para cambiar el trámite de audiencia e información pública reduciendo aún más la transparencia en la tramitación normativa y evitar así que el Tribunal Supremo «tumbe» algunos reglamentos.

No parece la mejor carta de presentación para el instrumento que pretende transformar la Administración de Justicia en España.

Por lo demás, se percibe una falta de dotación económica o profesional para hacer realidad la reforma. Los MASC no están regulados, la digitalización brilla por su ausencia, y se hace todo de espaldas a las Comunidades Autónomas, muchas de ellas con competencias en la materia.

La ley no parece que vaya a contribuir a la seguridad jurídica, más cuando viene avalada por quienes han hecho del ataque a los jueces, de la denigración de la Justicia y del sometimiento del Ministerio Público, su herramienta política. Habrá que esperar para tener un juicio más riguroso.

> «Oh justicia, oh verdad, oh virgen bella!
> ¿cómo entre tantas manos y opiniones
> puedes llegar al tálamo doncella?».
>
> LOPE DE VEGA
> («A la molestia de los pleitos»)

PS. Cuando estas líneas van camino de su edición e impresión, el gobierno de España pone en evidencia que 2025 es un año crucial en su empeño en derribar el edificio institucional edificado sobre la base constitucional del 78. Es necesario que, aunque sea de soslayo y urgencia, mencionemos que el 21 de enero de 2025 el Consejo de Gobierno ha aprobado el Anteproyecto de Ley Orgánica para la Ampliación y Fortalecimiento de las Carreras Judicial y Fiscal. La justificación de la misma es muy llamativa: promover la igualdad de oportunidades en el acceso de los profesionales del sistema judicial; buscar la excelencia y diversidad de los miembros de la Administración de Justicia; mejorar su carrera profesional; e impulsar la pluralidad y la transparencia de sus estructuras. Todo lo cual quiere decir que en la actualidad los jueces y fiscales se han prevalido de excepcionales circunstancias para acceder a su carrera; todos ellos obedecen a los mismos patrones, entendemos que ideológicos (no son diversos); sus estructuras son opacas y «contubérnicas», y por supuesto, singulares y no plurales.

Desconozco cómo se plasmará el anteproyecto en norma. Pero no puede considerarse al margen del acometimiento que el Gobierno de España ha decidido dirigir contra el Poder Judicial, ora por las vicisitudes judiciales que protagonizan algunos de sus miembros, por sí mismos, o por sus familiares más cercanos, ora por los casos judiciales en los que están involucradas las instituciones manipuladas por el poder político. Es opinión mayoritaria en el sector judicial (así lo manifiestan las asociaciones judiciales que representan el 58 % del sector) que la reforma supondrá la proliferación de jueces sustitutos y fiscales interinos, sin la debida formación pero con la debida obediencia, así como la puesta en cuestión de los criterios de igualdad, mérito y capacidad.

No sé qué pensaría Lope, pero a uno se le antoja que la justicia hace mucho tiempo que dejó de ser doncella.

4. Una economía competitiva: las reformas económicas que España necesita

José María Rotellar

Profesor de Economía. Director del Observatorio Económico de la Universidad Francisco de Vitoria

Introducción

NOS ENFRENTAMOS A UN HORIZONTE económico muy complicado desde hace años, y así sigue siendo, con un recrudecimiento de las perturbaciones en el plano económico, que están generando una elevada desestabilización económica. Puede que la economía haya evitado, hasta ahora, la recesión de forma técnica, incluso que haya ciertos repuntes en el cortísimo plazo en algunos trimestres, pero eso no es lo realmente importante —ni hace un año ni ahora—, sino la tendencia estructural de la economía, y dicha tendencia no muestra signos de mejora. Hay momentos de rebote, que parecen de reanimación, pero muy sujetos a hechos coyunturales concretos, que no van más allá de repuntes esporádicos, como digo. Es más, dichas variaciones, que luego pierden su impulso, no hacen sino acentuar el carácter volátil que vivimos en la economía.

Adicionalmente, la guerra comercial desatada por Estados Unidos introduce, como se ha señalado, un elemento negativo para el desarrollo económico, pues la restricción comercial perjudica a la actividad económica, al empleo y a los precios, además de que la errática decisión de Estados Unidos sobre qué aranceles aplicar, con cambios permanentes en los mismos, añaden inseguridad, incertidumbre y, con ello, una elevada volatilidad en los mercados, que son elementos clave para canalizar el ahorro hacia la inversión y, por tanto, hacia el crecimiento económico.

Todo ello, sucede con una economía nacional sujetada por el gasto público, que la mantiene, como se ha mencionado, aparentemente activa, pero con una estructura económica deteriorada, con un reseñable efecto expulsión de la inversión, con una importante pérdida de poder adquisitivo por parte de los agentes económicos, y con unos niveles de deuda muy elevados, que en ausencia de reformas dejan a la economía española con una pobre capacidad de crecimiento estructural en el medio y largo plazo, es decir, con un bajo nivel de crecimiento potencial de su economía.

Por eso, resulta sumamente importante analizar la economía con un horizonte más amplio que el de la constante variación de los indicadores que se van publicando, que si bien son elementos que conforman la evolución económica, no se pueden analizar ni por separado ni como hechos concretos mensuales o trimestrales, ni para mejorar ni para empeorar las previsiones, porque de hacerlo tan aisladamente se corre el riesgo de estar variando las previsiones con cada dato publicado, de forma que no serían realmente unas previsiones fiables, que es algo que se está observando últimamente ante la fiebre de la inmediatez en la que ahora vivimos.

No se trata, por tanto, de subir o bajar dos, tres o cuatro décimas en cada previsión de crecimiento por un cambio coyuntural en un indicador, sino que si se modifica ha de ser porque marca un claro cambio en la tendencia a medio y largo plazo, ya que, de lo contrario, con la publicación del siguiente dato habría que recorrer el camino inverso, que haría que las previsiones dejasen de tener validez a largo plazo, siendo, así, efímeras y empobreciendo el conjunto de herramientas de análisis disponible para poder tomar decisiones, tanto de política económica, como empresariales, como de las de las economías domésticas. Es cierto que hay revisiones obligadas por un mero efecto estadístico, como el incremento del crecimiento en el último trimestre de 2023 en la economía española, que, automáticamente, eleva el crecimiento interanual de los tres primeros trimestres de 2024, que incrementa, por efecto base, el crecimiento anual de 2024, o el mejor comportamiento del ITR-2024, que eleva también automáticamente el interanual del último, tal calcularse como la media aritmética del crecimiento interanual de los cuatro trimestres. Ahora bien, más allá de eso, hay que trazar las previsiones más estables posibles, sin modificaciones constantes, ya sean al alza o a la baja.

Situación

Dicho esto, la situación económica nacional e internacional sigue siendo compleja, más, incluso, que hace un año, como se ha dicho, con múltiples perturbaciones que pueden estallar y afectar a la economía mucho más negativamente de lo que hoy se percibe, que requiere, a mi juicio, otra política económica diferente a la aplicada hasta ahora —tanto a nivel nacional como en el conjunto de la UE—, que han estado basadas en el gasto público, el déficit, la deuda y la ausencia de reformas, en medio de una expansión monetaria de más de una década que, como dijo Draghi en julio de 2012, sólo podría ser de ayuda si los gobiernos realizasen reformas estructurales, que nunca hicieron, y que ha tocado a su fin tras el largo retardo interno motivado por la equivocación de los bancos centrales —especialmente, del BCE— a la hora de considerar la profundidad del riesgo inflacionista, que permitió que la inflación se enrocase en toda la cadena de valor y que los precios hayan escalado a unos niveles exponenciales, que tras haberse relajado ahora parecen repuntar, especialmente en España, donde según se van retirando las subvenciones a los productos energéticos y a los combustibles, los precios se aceleran en su tendencia, en una muestra de la divergencia que empieza a retornar entre la economía de la media de la Unión Europea (UE) y la economía española.

Esto puede ser especialmente preocupante para España, ya que si el Banco Central Europeo (BCE) profundiza mucho en la relajación de la política monetaria, iniciada en junio de 2024, porque los precios de la media de la zona euro se acercan al objetivo del 2 % y, sin embargo, España se mantiene alejada en materia de inflación, dicha rebaja del precio del dinero alimentará más la inflación española. De ahí la importancia de los criterios de convergencia para unirse al euro, que no eran un capricho, sino los elementos que daban estabilidad, al asegurar una convergencia económica una vez que se entregaban las políticas monetarias nacionales al BCE. La relajación del pacto de estabilidad y crecimiento, en su momento, y la suspensión de las reglas fiscales durante cuatro ejercicios, han provocado que los países menos disciplinados desboquen su deuda y se alejen de la convergencia de la eurozona, con los problemas que puede suponer para el país afectado y para la media de la eurozona por el impacto de dicho país en ella.

La política monetaria, que había virado hacia el lugar correcto, aunque sin reducir el balance de manera decidida, puede, como decía antes, intensificar la senda de la bajada de tipos, aunque parece que el BCE se muestra más cauto ante la resistencia de la inflación a ir hacia el objetivo del 2 %, además de por la mayor cautela de la Reserva Federal, cuya actuación el BCE debe seguir para evitar un problema de devaluación del euro. Sin embargo, los riesgos claros de estanflación en Estados Unidos, debido a la guerra arancelaria, con el efecto que puede tener en Europa, introduce a la Política Monetaria en un laberinto con un difícil reto.

No obstante, si el BCE sigue acelerando su relajación monetaria por debajo del tipo de referencia (2 %), contendría dosis elevadas de riesgo, pues el BCE ya se equivocó en el tratamiento de la inflación, al no reaccionar a tiempo y dejar que la subida de precios se enroscase estructuralmente, que le ha llevado —al igual que le sucedió a la Reserva Federal, aunque ésta reaccionó algo antes— a tener que aplicar una política monetaria restrictiva de mayor intensidad y durante mayor tiempo. Si ahora el BCE se precipita en la intensidad de la bajada de tipos y los precios repuntan, puede generar un problema todavía mayor. La Fed, por su parte, que también abanderaba hace unos meses una mayor rapidez en la relajación de la política monetaria, había sido más cauta ante los últimos datos de inflación, pero el nuevo escenario generado por la guerra comercial hace replantearse todo.

Adicionalmente, es probable que todavía no hayamos visto todo el impacto de la política monetaria contractiva en la economía, dado que, cuando menos, suele tardar alrededor de dieciocho meses en trasladarse, que puede ser algo más debido al alargamiento antes comentado de los retardos. Por tanto, por mucho que haya signos de desaceleración, el BCE, insisto, debe ser cauto, porque si la inflación repunta de nuevo con fuerza puede ser mucho peor. Hay que recordar, además, que el único objetivo del BCE es velar por la estabilidad de precios, no por el crecimiento económico. Es recomendable que trate de no causar daños innecesarios al crecimiento, pero debe ser prudente para evitar una equivocación en política monetaria como la que tuvo durante meses al desdeñar la importancia del impacto inflacionista, porque podríamos sufrir graves consecuencias.

Estados Unidos, por su parte, entra en un escenario de incertidumbre debido a la política comercial del presidente Trump. Aumenta la probabilidad de que llegue una recesión, así como de que el aumento de los precios de importación, fruto de los aranceles, terminen generando unos efectos de segunda ronda que incrementen todos los precios y que lleve, todo ello, a una estanflación.

Por su parte, la economía china sigue despertando muchas dudas, con el elevado riesgo de su actividad inmobiliaria, que de colapsar podría afectar gravemente a la economía mundial. En cuanto a la zona euro, aunque muchas instituciones prevén una mejoría de la misma, Alemania sigue en atonía y, con ello, peligra cualquier recuperación del conjunto de la UE.

En el caso concreto español, el componente del crecimiento es insano, pues el gasto público ha expulsado en algunos ámbitos a la inversión productiva privada, de manera que en un contexto de recuperación de reglas fiscales y ajuste del gasto, al haber perdido capacidad productiva real, el crecimiento estructural se resiente. Sigue apoyado por el gasto público y el sector exterior, pero puede que de manera efímera, pues en ambos casos hay perturbaciones que los hacen peligrar (elevado endeudamiento y necesidad de cumplir con los objetivos de estabilidad, por una parte, y merma de la renta de los socios comerciales y mercados emisores de turistas de España, por otra).

Por otro lado, las guerras en Ucrania y Oriente Próximo constituyen elementos no sólo preocupantes en lo principal, las vidas humanas, sino también en la desestabilización económica que suponen, con riesgos latentes en el aspecto energético, del que la UE es tan dependiente por negarse a emplear la energía nuclear de manera decidida —especialmente, Alemania y España— y el gas —con la prohibición del *fracking* en España—, que restan competitividad a la economía —cuando el gas que se compra a Estados Unidos y que llega en metanero se extrae de esa manera—. La ya comentada guerra comercial, aunque potencialmente afectará menos a España, por su menor exposición al comercio con Estados Unidos, puede mermar a su crecimiento entre una y tres décimas, pero, sobre todo, si la contestación se produce con más gasto público, puede deteriorar más la estructura económica de España y aumentar el efecto expulsión.

En este contexto de incertidumbre, insisto de nuevo en que no debería modificarse la política monetaria de manera apresurada, que pudiese dar lugar a una nueva equivocación en materia de inflación, tan nociva para la buena marcha de la economía, y deberían realizarse reformas estructurales que disminuyesen costes, agilizasen los mercados, significativamente el de trabajo y, especialmente, en España, y permitiesen que mejorase la competitividad económica, impulsada por ganancias de productividad. Sin ello, la atonía económica y laboral pueden adueñarse del horizonte. Los números de empleo del mercado español no son tan deslumbrantes como parecen, puesto que las horas trabajadas descienden, los contratos a tiempo completo disminuyen y el empleo, más que crearse, se reparte, sobre la base de una productividad muy baja.

Adicionalmente, el restablecimiento de las reglas fiscales en el seno de la UE debe ser decidido y no un mero brindis al sol, ni puede buscarse ahora con la guerra comercial —tras el coronavirus y Ucrania— la enésima coartada para no abrazar la disciplina fiscal, en un autoengaño al dejar fuera del cómputo del saldo presupuestario a efectos del cumplimiento del pacto de estabilidad al necesario gasto en Defensa. Dicho gasto hay que incrementarlo, pero disminuyendo otras partidas innecesarias. La economía internacional tiene un problema severo de endeudamiento, con la UE en una situación más preocupante y con el caso español en el que dicha preocupación alcanza un nivel exponencial. Una cosa es que la deuda sobre el PIB no pueda reducirse al ritmo establecido anteriormente y que ahora se trate de adecuar para que sea creíble, porque con los niveles a los que se ha llevado el endeudamiento esa disminución podría hacer colapsar la economía, y otra es que no se imponga un ajuste severo, con una disciplina férrea de cumplimiento, que obligue no sólo a estar por debajo del 3 % de déficit del pacto de estabilidad, sino que hasta que la deuda retorne a los niveles del 60 %, debería obligarse a cerrar en equilibrio presupuestario e incluso en superávit que permita ir amortizando deuda en valores absolutos, cosa que ya sabemos que no se va a exigir. Como digo, no bruscamente, pero sí disciplinadamente y de manera convencida. Debe quedar claro que la deuda es el problema, no la solución.

Reformas

En este contexto, la economía española necesita de una serie de reformas urgentes, para hacerla sostenible por ella misma, algunas de las cuales deberían aplicarse también en el conjunto de la UE:

1. Flexibilizar el mercado laboral. Es imprescindible contar con un mercado laboral dinámico, que elimine trabas a la contratación, que la incentive sin elevados costes que disuadan a las empresas de realizar dichas contrataciones. Es esencial, dentro de una reforma amplia del sistema tributario, de la Seguridad Social y del sistema de pensiones, rebajar la carga de cotizaciones sociales, para lograr, así, incentivar la contratación y el aumento del empleo. Del mismo modo, hay que abandonar toda tentación de reducir la jornada laboral semanal sin disminución de salarios, porque sólo destruiría empleo por aumento de costes laborales, que serían inasumibles para muchas empresas, especialmente para las pymes.

2. Es necesario ajustar el gasto público a lo necesario y conseguir equilibrar el presupuesto e incluso alcanzar superávit para reducir la deuda en valores absolutos, ya que dichos niveles de endeudamiento son insostenibles sin el respaldo del BCE y generan un claro efecto expulsión de la economía, como demuestra el hecho de que mientras que el gasto público ha crecido exponencialmente, en términos constantes, desde el IVTR-2019, la inversión apenas ha recuperado, en esos términos constantes, su nivel anterior a la pandemia, y su recuperación modesta se debe a la revisión extraordinaria del PIB de 2021.

3. Hay que modernizar la función pública, como palanca de ganancias de productividad en su sector, que tanto lastra la productividad media de la economía española. Deben contemplarse retribuciones por objetivos de forma clara y con medición del cumplimiento rigurosa, que no sea un mero trámite, al tiempo que, garantizando los derechos y condiciones de los empleados públicos que tienen ya ganada una plaza, pueda reformarse, para las nuevas incorporaciones en el futuro, el sistema de función pública, dejando reservadas las actuales condiciones para las nuevas incorporaciones sólo a los cuerpos que administran soberanía, quedando el resto sometidos a la legislación laboral ordinaria.

4. Hay que disminuir las cargas impositivas —además de las de las cotizaciones a la Seguridad Social, antes apuntadas—, porque generan un elevado coste laboral y empresarial, que encarece productos y servicios y merma competitividad, haciendo perder a las empresas españolas nuevos mercados o cuota en los ya existentes.

5. Hay que llevar a cabo un cambio normativo para garantizar una verdadera unidad de mercado que impulse la eficiencia y que acabe con el proceloso mundo burocrático de distintas licencias, autorizaciones y permisos para una misma actividad según se esté en una región de España o en otra. Con la unidad de mercado se podrá ayudar a la generación de economías de escala y, con ello, a las ganancias de competitividad.

6. Hay que crear un clima de confianza para la inversión, tanto nacional como extranjera. La economía española necesita inversión y la inseguridad jurídica actual y las numerosas trabas y elevados costes derivados de impuestos y burocracia improductiva está ahuyentando la generación de inversión, tanto nacional como extranjera —que ha caído de manera intensa—. Es imprescindible allanar el camino a las inversiones productivas y transmitir seguridad jurídica que haga atractiva a la economía española para llevar a cabo una inversión, que generará actividad y puestos de trabajo.

7. Hay que estar preparados para el profundo cambio que supone y que supondrá el desarrollo de la inteligencia artificial, para lograr adecuar nuestra estructura económica para que dicha inteligencia artificial nos sirva para impulsar la economía y el empleo.

8. Hay que incidir en la responsabilidad individual de los agentes económicos como elemento esencial para avanzar por una cultura del esfuerzo, trabajo y sacrificio que persigan incrementar la actividad económica y evitar, así, deslizarse por una actitud resignada, basada en el subsidio, que empobrecería a la economía.

9. Hay que mejorar la eficiencia de la estructura económica nacional para conseguir notables incrementos de productividad, mal crónico del que adolece la economía española.

10. Hay que abordar con sensatez la perspectiva medioambiental, sin alarmismos y sin medidas que sólo consiguen empobrecer a la sociedad. No es viable que la UE decida imponerse unas

metas que nadie más se impone y que, con ello, irrealizable, empobrezca a sus ciudadanos. En este sentido, urge apostar por la energía nuclear y abandonar proyectos imposibles y lesivos en el sector de la automoción, derogando la prohibición prevista para los motores de combustión.

Conclusiones

Por tanto, el horizonte económico es preocupante a nivel internacional, con la elevada volatilidad introducida por la guerra comercial iniciada, con riesgos reseñables para España, con muchas potenciales perturbaciones que asoman y que tienen alta probabilidad de cumplirse —petróleo - suministros por el efecto del enquistamiento de las guerras, estanflación por guerra arancelaria—, así como otras realidades, como son el impacto del retardo de la política monetaria, que provocará un efecto de menor crecimiento en la economía menor del esperado, y el fin de los ahorros acumulados durante la pandemia, derivado del encarecimiento del coste de la vida. El retorno de las reglas fiscales, a su vez, obligará a un ajuste fiscal que terminará con el sostén artificial del crecimiento con la anestesia del gasto público. Junto a ello, la caída de la aportación del sector exterior y del turismo, por empeoramiento de la renta disponible de nuestros principales socios y mercados turísticos emisores, atenaza las posibilidades de crecimiento de la economía española; perturbaciones intensificadas por la creciente inseguridad jurídica, que ahuyenta inversiones, tanto extranjeras como nacionales. Una economía estructuralmente más débil, una inflación más persistente de lo esperado, un endeudamiento peligrosamente elevado, incertidumbre creciente y reglas fiscales son los elementos que marcan, actualmente, el camino de la economía, que mantiene una aparente buena cara en el corto plazo, pero que estructuralmente se encuentra en una situación frágil, especialmente en el caso español, que, para fortalecer y aumentar su crecimiento potencial a medio y largo plazo necesita aplicar las reformas antes descritas.

5. La descentralización interminable: algunas (im)pertinencias sobre nuestra cuestión territorial

Roberto L. Blanco

Catedrático de Derecho Constitucional
de la Universidad de Santiago de Compostela

N ADA LLAMA MÁS LA ATENCIÓN cuando se reflexiona sobre el sistema español de organización del poder territorial que una paradoja que todos conocemos: la derivada del hecho increíble de que cuanto más se ha descentralizado nuestro Estado más agónicas han venido siendo las reivindicaciones de los separatistas. De resultar cierto que el nacionalismo aspiraba a la autonomía, según aquel se empeñaría en sostener durante los primeros años de nuestra democracia, era de esperar, en buena lógica, que, a medida que fuese aumentando la descentralización, fuesen también reduciéndose sus exigencias de más poder territorial. A la vista de que ha ocurrido justamente lo contrario cabe maliciarse, sin ser por ello malicioso, que el nacionalismo aspiraba desde el principio —es decir, desde la aprobación de la Constitución de 1978— a lo que ahora considera irrenunciable: la autodeterminación, como instrumento, y la secesión, como objetivo final de un desafío al Estado en la que, hasta hace un decenio y medio, los separatistas habían tratado siempre de engañar a todo el mundo. La estrategia que han seguido es solo ya desconocida por los más ingenuos del lugar: ir ganando poco a poco —o mucho a mucho— poder y competencias, medios ambos para hacer efectiva lo que los nacionalistas mismos han llamado, aquí y en todas partes, la *construcción nacional*, con la vista puesta siempre en la ruptura del país. La descentralización no ha sido nunca, así, más que el trampolín para conseguir la ruptura del Estado. Resulta en consecuencia ingenuo, sino cínico, el supuesto (o real) convencimiento de los que ponen de relieve que, mejorando el funcionamiento de nuestro Estado de las autonomías, daremos solución a la cuestión territorial. Casi cincuenta años de historia demuestran todo lo contrario. Pero es innecesario recurrir a ella para concluir lo que se apunta: los propios secesionistas llevan años, confirmando una y otra vez que la descentralización constituye (constituía) solo un paso para la separación. Por eso he afirmado en más de una ocasión —la verdad es que ya un poco harto de esta historia— que en España no tenemos un problema territorial, sino que, en realidad, tenemos dos. Uno es común a todos los Estados descentralizados del planeta, en los cuales el régimen de gobierno compartido y gobierno dividido funciona a veces peor, a veces mejor, porque ello está en la naturaleza misma del sistema federal. El otro problema —el derivado de la presencia de nacionalismos que a base de obtener concesiones año tras años, se han convertido, si se me permite la expresión, en unos *partidos malcriados*— no tiene más solución que romper de una vez esta dinámica de ¡yo exijo y tú me das! que nos ha llevado a donde estamos: un Estado mínimo, donde los separatistas se han hecho dueños del gobierno nacional, al que chantajean un día sí, y otro también, a cambio de dejar que continúen en el poder quienes han acabado por ser una para ellos una auténtica bicoca.

Pese a la evidencia que acaba de apuntarse, está extendida la opinión de que la resolución del problema territorial —único, al parecer— que tenemos en España depende de reformas legales o constitucionales que permitirían insertar a los nacionalistas (para que *estén cómodos*, se dice, como si el Estado fuese un traje o un salón) en un consenso territorial que los propios nacionalistas se han cansado de rechazar durante los 15 últimos años. Tanto, que el mejor mentís a la suposición que ahora critico procede directamente del abierto rechazo nacionalista de la presunción política sobre la que aquella se sostiene.

La primera de tales reformas sería la referida al Senado de las Cortes Generales. La inexistencia de una cámara de representación territorial —gran peculiaridad, según algunos juristas y líderes políticos del modelo autonómico español, peculiaridad que lo diferenciaría de los genuinos sistemas federales— estaría en gran medida en el origen de la incapacidad de nuestro Estado de las autonomías para integrar a los nacionalistas. Siento discrepar, pero me veo obligado a rechazar la mayor tajantemente: es cierto que el Senado diseñado por la Constitución es, como se afirma con frecuencia, una institución disfuncional, pues su utilidad a lo largo del último medio siglo ha sido nula, tanto desde el punto legislativo como desde la perspectiva del control del poder ejecutivo. Pero no es esa, me temo, la cuestión. De hecho, la propuesta de convertir al Senado en «una auténtica cámara de representación territorial» (formulación a la que puede seguírsele la pista desde inmediatamente después de la aprobación de la Constitución) parte del desconocimiento de una circunstancia sustancial: que en realidad —y con la única excepción del Bundesrat germano— ninguna de las segundas cámaras existentes en el mundo federal tiene ese carácter territorial que a todas se les presume de forma gratuita[1]. En consecuencia, la suposición de que con ello se federalizaría el Estado y se sentarían las bases para resolver en España el denominado *problema nacional* no es más que una mera ilusión de los sentidos. Digámoslo con toda claridad: ni la ausencia de un Senado territorial hace peculiar al Estado de las autonomías entre los de naturaleza federal, hasta el punto de impedir incluirlo en ese grupo, ni hay razones de peso para sostener que una cámara alta *territorializada* podría ser la clave para alcanzar, mediante una mejora sustancial de la cooperación autonómica —sin duda necesaria— la integración de los nacionalismos.

La tesis sobre las presuntas peculiaridades del Estado español de las autonomías se ha extendido también a su sistema de distribución de competencias. Se afirma, y es verdad, que las previsiones al respecto de nuestra ley fundamental exigen contar con mecanismos de cooperación interterritorial que, o no tenemos, o no funcionan como deberían. Y ello tanto para asegurar una cooperación y coordinación eficaces de las Comunidades entre sí, como, sobre todo, de aquellas y el Estado central. Se subraya, además, y creo otra vez que, con razón, que la falta de claridad del sistema de reparto competencial habría dado lugar, además, a una excesiva intervención del Tribunal Constitucional para arbitrar los conflictos derivados de su complejidad. Y se apunta, en fin, lo que también parece obvio, que el reparto de poder entre Estado y Comunidades se diferencia del más habitual en los países federales (Estados Unidos, Australia,

Brasil, Austria o Alemania) cuyas Constituciones incluyen una lista única de competencias (las de la federación) de modo que todo lo no atribuido a aquella, o lo no prohibido a los entes federados, es competencia de estos últimos. En España, por el contrario, tenemos un sistema de doble lista bastante peculiar: en primer lugar porque las competencias regionales no son las previstas en la Constitución, sino sólo la parte de aquellas que cada Comunidad decida atribuirse en su Estatuto respectivo[2]; y, además, porque, como consecuencia de ello, la esfera de competencias estatales, salvo en los poquísimos casos en que son exclusivas de verdad, acaba dependiendo, por eliminación, de las que las Comunidades opten por asumir, bien cuando se constituyen, bien cuando deciden ampliarlas (o, caso muy improbable, reducirlas) dentro del gran margen que para ello les otorga la ley fundamental[3]. Aunque es difícilmente discutible que tal contraste condiciona el funcionamiento del sistema autonómico español, creando problemas que no existen, o existen en menor medida, en otros Estados descentralizados, tampoco reside aquí a mi juicio lo que nos diferencia de aquellos, por más que una racionalización del sistema de distribución de competencias sea una tarea pendiente en el proceso de mejora de nuestro modelo, que es sin duda federal[4].

En resumen, ni el insólito Senado español, ni las deficiencias de nuestros mecanismos de cooperación territorial, ni las particularidades del reparto de competencias autonómicas[5] son, a mi juicio, los rasgos que definen la verdadera peculiaridad del federalismo español en contraste con lo que en los demás es habitual. Ni lo son, en fin, esos hipotéticos hechos diferenciales[6] que, según se sostiene con frecuencia, estarían en el origen de una pretendida asimetría entre las Comunidades españolas. En realidad, sólo uno de ellos la provoca: me refiero, claro, a los regímenes especiales de financiación, es decir, al concierto vasco, al convenio navarro y, en muchísima menor medida, al régimen económico y fiscal de las Islas Canarias, nacido de su posición geográfica ultraperiférica. Los otros supuestos hechos diferenciales no han tenido, a la postre, otra consecuencia que la competencial. Esa ha sido, por referirme sólo a los citados con más frecuencia[7], la auténtica dimensión de las lenguas regionales, que pueden ser cooficiales en sus respectivos territorios y sobre las que sus instituciones regionales tiene lógicamente competencias legislativas, ejecutivas y administrativas; de los derechos civiles forales o especiales, sobre los que aquellas pueden legislar cuando es el caso; y, no digamos ya, de las policías autonómicas, que cualquier Comunidad puede constituir con tal de que se le atribuya tal competencia en su Estatuto. Por tanto, y con la única excepción que acaba de citarse, los llamados hechos diferenciales no serían en ningún caso fuente de *asimetría* (es decir de una diferente posición constitucional de los territorios que presentan tales hechos) sino de una simple *deshomogeneidad* entre las Comunidades españolas[8], sin otra consecuencia que la que afecta a la esfera competencial que corresponde a cada una.

En realidad, nuestro *verdadero* hecho diferencial, la auténtica peculiaridad del sistema federal que hemos construido durante casi medio siglo —peculiaridad que no es jurídica, sino política, y tiene una muy notable transcendencia— reside la existencia en España de fuerzas nacionalistas[9]. Fuerzas que, tras haber conseguido, como consecuencia de su influencia en la política nacional, una posición de privilegio para las Comunidades que han gobernado de forma casi ininterrumpida, acabaron optando por romper la baraja del juego democrático e incluso del respeto a la legalidad y pasaron *del llano al monte* tras la exigencia de un presunto derecho que no existe en parte alguna: el llamado *derecho a decidir*. Ese es, a fin de cuentas, el más relevante contraste entre nuestro federalismo y la mayor parte de los existentes en el mundo. El elemento, en una palabra, que en mayor medida lo singulariza y, que, por lo mismo, determina más que ningún otro los graves desafíos a los que hemos tenido que enfrentarnos tras la deriva soberanista, primero del nacionalismo vasco y, luego, del nacionalismo catalán. A partir de la proclamación del carácter supuestamente nacional de sus respectivos territorios, los partidos nacionalistas, que acabarán por contar con el apoyo de la nueva izquierda populista surgida de la profunda alteración que a partir de 2014 experimentó nuestro sistema de partidos, irían sustituyendo sus iniciales reivindicaciones a favor de la permanente descentralización del Estado por una impugnación de su existencia tal y como aquel se conformó desde los inicios de la Edad Moderna.

La persistencia del que algunos denominan *problema nacional* —que ni ha sido ni es otro que el nacido de la existencia en España desde finales del siglo XIX de fuerzas sociales y políticas que reivindican una reacomodación constante de la estructura territorial del Estado— complicó primero la gestión política del proceso descentralizador y, más tarde, el funcionamiento del Estado. El impulso, la obsesión incluso, por adelgazarlo ha primado sobre el mantenimiento de elementos económicos, políticos y culturales capaces de asegurar su unidad y cohesión. La peculiaridad española no reside como tantas veces se sostiene en que el nuestro sea un país plural —que lo es, sin duda alguna— sino en que, por razones históricas en las que aquí no es posible detenerse[10], y al contrario de lo acontecido en otros Estados igualmente plurales y de formación mucho más tardía, como Italia o Alemania, en algunos de nuestros territorios la pluralidad se ha *construido* políticamente por partidos que tras exigir, primero, un cambio radical de la estructura territorial del Estado, se han lanzado, una vez aquella alcanzada, a la defensa de la confederación o, directamente, de la secesión.

La España que se descentralizó a partir de las previsiones de la Constitución de 1978 y que asumió, consecuentemente, los inevitables conflictos y costes de todo tipo (económicos, entre ellos) que la descentralización traería consigo, con la razonable —y desde hace años sabemos que ingenua— expectativa de que aquella, al dar satisfacción a las demandas políticas de los nacionalistas, sentaría las bases para resolver el *problema nacional,* ha visto como poco a poco se frustraba su objetivo. La pura verdad es que, desmintiendo esas previsiones, y para sorpresa de muchos, las cosas acabaron aconteciendo justamente del revés. El problema territorial, que los partidos nacionales creyeron poder resolver con la solución autonómica y los privilegios concedidos a Cataluña y País Vasco en la adicional 1ª y transitoria 2ª de la Constitución[11], pervivirá, pese a la creación del Estado autonómico que se suponía vendría a darle solución y a la progresiva y rapidísima extensión de la descentralización. Una pervivencia que, por añadidura, vendrá con el transcurso de los años a complicar más y más la posibilidad de administrar de un modo cabal el Estado autonómico en su conjunto. Será, de ese modo, como la permanente insatisfacción de las fuerzas nacionalistas —tanto más incomprensible, pues CiU y PNV gobernaron, respectivamente, Cataluña y el País Vasco durante todo el proceso de alumbramiento, desarrollo y consolidación del sistema autonómico— dará lugar a que el Estado haya vivido, sin tregua, un proceso de descentralización permanente e interminable. Permanente e interminable, sí, porque, cada vez que los nacionalistas han alcanzado la meta que se habían fijado de antemano, han procedido de inmediato a proclamar sus nuevas exigencias. Los gobiernos nacionalistas —pues de eso se ha tratado desde 1979, casi sin excepciones, en los dos territorios que acaban de citarse— han mantenido un constante pulso con el Estado, que ha acabado incapacitando a los restantes gobiernos autonómicos —los controlados por los partidos nacionales— para frenar una dinámica en la que el agravio comparativo (esa carrera de la liebre y la tortuga a la que en su momento se refirió el periodista y editor Javier Pradera[12]) y el afán de imitación acabarían funcionado como la espoleta que producía el estallido de un nuevo aluvión de reclamaciones para que el Estado cediera poder económico y político.

Pero la centralidad que han tenido los partidos nacionalistas en la determinación del régimen político existente en España desde el final de la transición se derivó no sólo de la insaciable voracidad competencial en que vino a traducirse su tan creciente como sorprendente desacuerdo con el modelo autonómico, sino también de una imparable voluntad de superarlo mediante una estrategia claramente antisistema, Esa, y no otra, fue la finalidad del llamado Plan Ibarretxe y, también, del proyecto de Estatuto aprobado por el parlamento catalán en septiembre de 2005. Y esa, y no otra, sería luego el objetivo del *derecho a decidir* que sirvió de base al proceso secesionista, impulsado por el nacionalismo catalán[13] con desastrosos resultados: el último de ellos, una ley de amnistía que, entre otros descalabros políticos y jurídicos, acabaría por ser expresión de la asunción por parte del Gobierno de España de algunos de los postulados ideológicos y políticos del separatismo.

La insaciable reivindicación por los nacionalistas de más y más poder territorial provocó que nuestro sistema autonómico, frustrado el que había sido su principal objetivo primigenio, fuera incapaz de poner freno a esa enloquecida carrera hacia el progresivo adelgazamiento del Estado. Aquí se sitúa, a mi juicio, otra de las razones que permiten comprender la influencia que han tenido los nacionalismos interiores en la peculiar evolución de nuestro sistema federal. El legislador constituyente dispuso un sistema abierto de distribución de competencias que pudo ser útil para iniciar la construcción del Estado de las autonomías. Aquella apertura, origen de una notable flexibilidad, permitió que la descentralización se adaptase inicialmente a las incertidumbres del proceso descentralizador y a sus cambios de criterio, sobre todo tras el giro sustancial que supusieron los *Acuerdos Autonómicos de 1981*. Lo cierto será, sin embargo, que aquel sistema abierto terminó por convertirse en un factor claramente disfuncional para la cohesión de Estado de las autonomías.

Pero, pese a los *agujeros* de un sistema de distribución competencial que quedaba en manos de ¡17 sujetos diferentes!, creo que el sistema resultante hubiera podido funcionar, mal que bien, sin poner en cuestión la unidad y cohesión estatal, de no haber existido partidos nacionalistas que desde muy pronto vieron en aquellos boquetes el lugar idóneo en que colocar su munición, demostrando de este modo estar dispuestos a comportarse con una abierta deslealtad institucional. Ciertamente, ni la posibilidad de que las Comunidades pudieran acometer una reforma estatutaria, ni las increíbles previsiones de la Constitución sobre transferencia o delegación de competencias[14], ni la amplísima potestad que el Tribunal Constitucional ha tenido para favorecer el poder de la Comunidades a medida que aumentaba la presión centrífuga de los territorios regionales, hubieran dado el resultado jurídico y político que hoy está bien a la vista de no haber existido fuerzas nacionalistas dispuestas a sacar todo el partido posible a las fisuras de un sistema concebido desde el convencimiento de que el Estado autonómico sería el mejor antídoto contra la tentación de utilizar el autogobierno de forma desleal.

Para completar tan desolador panorama resulta necesario, en fin, añadir una tercera línea argumental: la influencia de la legislación electoral en la dinámica de nuestro sistema de partidos y los efectos que ésta, a su vez, acabaría provocando sobre la potencial capacidad de presión política e institucional de los nacionalistas. El sistema para la elección del Congreso de los Diputados (la cámara verdaderamente relevante de las Cortes Generales) se tradujo durante un largo período de tiempo en un neto beneficio en el reparto de escaños para los dos partidos que ocupaban la primera y segunda posición en cada distrito electoral. Un fenómeno que, al tiempo que dificultó la aparición de un tercer partido nacional que pudiera actuar como bisagra para facilitar que uno de los dos grandes pudiese gobernar con su apoyo cuando careciese de mayoría absoluta en el Congreso, colocó objetivamente, en tales coyunturas, a las primeras fuerzas nacionalistas del País Vasco y Cataluña (PNV y CiU) en la posición de partidos indispensables para la gobernabilidad. CiU y el PNV concentraban sus votos en unas pocas circunscripciones (cuatro en cada caso) en las que lograban la primera o segunda posición, lo que los favorecía por idénticos motivos que a los dos grandes partidos nacionales en los restantes distritos del país. Esa característica de nuestro sistema de partidos llevó a los nacionalistas a plantear su relación con el gobierno nacional en unos términos que pueden enunciarse en una sencilla proposición: gobernabilidad nacional a cambio de poder regional.

La conclusión de todo ello parece fácil de obtener: durante todo el tiempo transcurrido entre la puesta en marcha del sistema autonómico y el cambio político de 2014, los tres elementos apuntados (partidos nacionalistas, sistema electoral y apertura del sistema de distribución de competencias) fueron encadenándose —es cierto que, con diferente intensidad según las épocas— para generar, en sentido literal, a un auténtico círculo vicioso. Primero, el sistema electoral dificultó desde sus orígenes la aparición de bisagras estatales y puso en manos de los partidos nacionalistas, en las legislaturas sin mayoría absoluta, la gobernabilidad de España. Segundo, los partidos nacionalistas utilizaron su posición privilegiada para obtener más cuotas de poder para sus respectivos territorios. Tercero, cerrando el círculo, ese trueque diabólico (poder territorial por gobernabilidad) vino posibilitado por la apertura de la distribución de competencias, en constante revisión: a través de la doctrina del Constitucional, de las reformas estatutarias y de las leyes de transferencia y delegación de competencias.

Y todo ello en un ambiente en el que se asentó desde muy pronto —en realidad, desde el mismo momento constituyente— la muy errada convicción de que, antes o después, las exigencias nacionalistas acabarían por satisfacerse a base de entregarles todo aquella que pedían. Un grave autoengaño de los dos grandes partidos (UCD y PSOE, primero, y PSOE y PP, posteriormente) que —determinado sólo por el interés de los gobiernos nacionales de seguir en el poder, por la sincera creencia en la final eficacia de ese disparatado toma y daca o por ambas cosas en grados diferentes dependiendo de los casos— ha acabado en el retorcido juego presiones y concesiones que caracteriza la realidad política española desde la llegada al poder en 2018 de un PSOE en evidente minoría parlamentaria. «Intentar frenar el secesionismo a base de ceder en las demandas de una autonomía cada vez mayor es una muestra de debilidad y tiene efectos perversos. Las peticiones de los secesionistas son insaciables porque el objetivo último es la separación: no quieren en realidad más transferencias, sino un país propio. Y cada cesión los anima a seguir reclamando hasta la ruptura final, que se ve como la culminación natural». El entrecomillado no es mío, aunque he expresado tal idea muchas veces con palabras similares. Pero, aquí y ahora, la frase es de Stéphane Dion[15], uno de los impulsores de la ley de claridad de Canadá, que puso fin al desafío secesionista quebequés. Es, para decirlo de una vez, una cita de autoridad: Dion, separatista en su juventud, atracó luego en el puerto de refugio federalismo, lugar tranquilo para arrepentidos de la locura identitaria al llegar su madurez.

No resulta, en suma, difícil de entender que un sistema federal en el que existen partidos nacionalistas constituye una segura fuente de problemas. Ni tampoco que aquellos son también previsibles en un sistema federal con un régimen de distribución de competencias muy abierto. Pero la suma de ambos elementos equivale a echar gasolina sobre el fuego. Esa explosiva conjunción iba a verse potenciada en España, por lo demás, por un fenómeno general observable en el federalismo comparado: el claro contraste entre la dinámica centrípeta de los federalismos por agregación y la deriva centrífuga de los federalismos descentralizadores. El sistema federal nace como un conjunto de técnicas y principios constitucionales y políticos destinados a crear Estados nacionales, desde la diversidad nacida de una situación imperial o colonial, con el fin de conservar parte de la anterior diversidad[16]. No es casual, por eso, que casi todos los grandes Estados federales fueran colonias antes de su constitución (Estados Unidos, Australia, Canadá, India, México, Argentina, Sudán, Brasil, Sudáfrica) o Estados nacidos de territorios caracterizados por una particular situación de vinculación territorial, que no era en sentido estricto la del Estado nación: Alemania, Austria, Suiza, Rusia o Bosnia-Herzegovina. En ese contexto, Bélgica[17] (que, desde su independencia de los Países Bajos, en 1830, se consolida como un Estado unitario y centralizado) y sobre todo España (uno de los Estados unificados más antiguos de Europa) constituyen la excepción a la regla general. Bélgica y España[18] ha sido, en contraste, dos naciones dominadas desde los inicios de sus respectivos procesos de descentralización por fuertes tendencias centrífugas, comunes por lo demás, en varios de los sistemas de federalismo por *devolución*, en los que «los representantes políticos de las nuevas instituciones descentralizadas no han ejercido una especial presión para obtener un papel efectivo en la política nacional porque han estado mucho más preocupados en realidad en acrecentar constantemente sus ámbitos competenciales. Dicho en otras palabras, de los dos aspectos del principio federal, el autogobierno (*self-rule*) y el gobierno compartido (*shared-rule*) han privilegiado el primero de esos aspectos en detrimento del segundo»[19].

El funcionamiento *real* de cada Estado federal depende de factores netamente políticos, entre los cuales la existencia de una cultura federal, de un sistema de partidos que asegure el funcionamiento del sistema en su conjunto y de la *lealtad federal* de los responsables de las instituciones centrales y de los de las entidades federadas juegan un papel decisivo. Lo que la historia enseña hasta el presente es que las técnicas y principios federales no ha servido para destruir Estados, aunque ciertamente podrían haber producido esos efectos, lo que resulta posible en teoría como es fácil de entender, dado que una descentralización sin límites y una centrifugación constante acabaría por hacer desaparecer, antes o después, cualquier Estado del planeta. Y no han servido para ello solo por una sencillísima razón: porque los sistemas federales los han consolidado sociedades y partidos que, más allá de sus diferencias, tenían como objetivo primordial la construcción de un Estado nación y no su destrucción. En los procesos de construcción de la mayoría de los Estados federales el único nacionalismo significativo ha sido el del Estado-nación que pretendía construirse y no los de los territorios que iban a formar parte de él, lo que no significó, por supuesto, que todos los partidos y los sectores de la sociedad estuvieran de acuerdo sobre el grado de centralización, según lo demuestra palpablemente la experiencia americana[20]. La de nuestro país, tras un primer período en que el modelo autonómico parecía haberse encauzado hacia una *paz federal* que podría haber estado en el origen de la definitiva consolidación de esa «patria común e indivisible de todos los españoles» de la que habla el artículo 2º de la Constitución, ha acabado volviendo por sus fueros —los del brevísimo período de la I República y el poco más extenso de la II[21]—, lo que ha estado en el origen de una paradoja tan trágica como difícil de creer: que uno de los Estados más descentralizados del planeta lleve años enfrentándose a crisis secesionistas que se han ido agravando a medida que el Estado de todos se achicaba más y más.

Citas bibliográficas

1. Pueden verse al respecto mis trabajos «El mito político de los senados territoriales (un estudio de derecho comparado)», en VV. AA. *Estado constitucional, derechos humanos, justicia y vida universitaria. Estudios en homenaje a Jorge Carpizo*, tomo IV, vol. I, México, Instituto de Investigaciones Jurídicas, 2015, pp. 297-325 y «La reforma del Senado. Ese oscuro objeto de deseo», en *Claves de Razón Práctica*, número 251, 2017.

2. Santiago Muñoz Machado, *Informe sobre España. Repensar el Estado o destruirlo*, Barcelona, Crítica, 2012, p.34

3. Para entender la trascendencia de este sistema abierto de reparto de competencias y sus problemas debe verse *Informe del Consejo de Estado sobre la reforma constitucional*, Madrid, Centro de Estudios Políticos y Constitucionales, 2006. Y también Francisco Rubio Llorente, «Sobre la conveniencia de terminar la Constitución antes de acometer su reforma» y «Sobre la posibilidad de reformar la Constitución y la conveniencia de hacerlo», ambos en *La forma del poder. Estudios sobre la Constitución*, Madrid, Centro de Estudios Políticos y Constitucionales, 2012, vol. II., pp. 817-824 y 825-834.

4. Así lo he argumentado extensamente en mi libro *Los rostros del federalismo*, Madrid, Alianza Editorial, 2012. Valga, por todas, la manifestación al respecto de uno de los más reconocidos especialistas mundiales en federalismo: «España es una federación en todo menos en el nombre», en Ronald Watts, *Sistemas federales comparados*, Madrid, Marcial Pons, 2006.

5. Imprescindible el magnífico análisis de Eva Sáenz Royo, *Desmontando mitos sobre el Estado autonómico,* Madrid, Marcial Pons, 2014.

6. Juan Fernando López Aguilar, *Estado autonómico y hechos diferenciales*, Madrid, Centro de Estudios Políticos y Constitucionales, 1988.

7. Eliseo Aja, *El Estado autonómico. Federalismo y hechos diferenciales*, Madrid, Alianza Editorial, 2007, pp. 185-190

8. He intentado distinguir con claridad tres realidades que frecuentemente se confunden (diversidad, deshomogeneidad y asimetría) en mi libro *Los rostros del federalismo*, cit., pp. 219-238.

9. Tal es la situación de Bélgica desde los años noventa y la del Quebec en Canadá. Me he referido a ello en *Los rostros del federalismo*, pp. 329-353.

10. José Álvarez Junco, *Mater dolorosa. La idea de España en el siglo XIX*, Madrid, Taurus, 2001.

11. La adicional 1ª determinaba que «la Constitución ampara y respeta los derechos históricos de los territorios forales» y que «la actualización general de dicho régimen foral se llevará a cabo, en su caso, en el marco de la Constitución y de los Estatutos de Autonomía». La transitoria segunda preveía un proceso de acceso privilegiado a la autonomía para los territorios «que en el pasado hubiesen plebiscitado afirmativamente proyectos de Estatuto de autonomía y cuenten, al tiempo de promulgarse esta Constitución, con regímenes provisionales de autonomía», perífrasis con la que se hacía referencia a Cataluña y País Vasco, aunque, *inevitablemente*, benefició también a Galicia. Lo he explicado en mi libro *La Constitución de 1978*, cit., pp. 228-234.

12. Javier Pradera, «La liebre y la tortuga. Política y administración en el Estado de las autonomías», en *Claves de Razón Práctica*, número 38 (1993), pp. 24-33.

13. He reconstruido con gran detalle todos esos desafíos en mi libro *El laberinto territorial español. Del Cantón de Cartagena al secesionismo catalán*, Madrid, Alianza Editorial, 2014, pp. 264 y ss.

14. Artículo 150 de la Constitución. Ver Eduardo García de Enterría, *La revisión del sistema de autonomías territoriales: reforma de Estatutos, leyes de transferencia y delegación, federalismo*, Madrid, Civitas, 1988.

15. Puede verse en la entrevista al político canadiense realizada por Maite Rico y publicada en el diario *El Mundo* el 25 de mayo de 2024.

16. He estudiado con detalle el caso prototípico, el de Estados Unidos, en mi libro *Revolución y Constitución. La lucha por la independencia, los escritos de* El Federalista *y el ejemplo constitucional de los norteamericanos*, Madrid, Alianza Editorial, 2024

17. Anna Mastromarino, *Belgio*, Bolonia, Il Mulino, 2012.

18. He reflexionado sobre las particularidades de los casos belga y español en *Los rostros del federalismo*, cit., pp. 322 y ss.

19. Sofia Ventura, «Federalismo per associazione e federalismo per devoluzione», en Sofia Ventura (Edit.), *Da Stato unitario a Stato federale. Territorializzazione della politica, devoluzione e adattamento istituzionale in Europa*, Bolonia, Il Mulino, 2008, pp. 21-22.

20. He analizado la evolución del federalismo estadounidense en *Los rostros del federalismo*, cit., pp. 239-260. Sobre su formulación original por *los federalistas* puede verse mi libro *Revolución y Constitución. La lucha por la independencia, los escritos de* El Federalista *y el ejemplo constitucional de los norteamericanos*, cit.

21. Joaquín Varela Suances-Carpegna y Santiago Muñoz Machado, *La organización territorial del Estado en España. Del fracaso de la I República a la crisis del Estado autonómico (1873-2013)*, Madrid, Fundación Coloquio Jurídico Europeo, 2013. Y también la I y II parte de mi libro *El laberinto territorial español. Del Cantón de Cartagena al secesionismo catalán*, centradas respectivamente en las experiencias españolas de la I y II República, ob. cit., pp. 23 a 164.

6. La política exterior

FLORENTINO PORTERO
*Investigador senior de la Fundación Civismo
y miembro del Colegio Libre de Eméritos*

DIAGNÓSTICO

EL REINO DE ESPAÑA tiene un sistema político democrático, establecido tras la muerte del general Franco con la aprobación de la Constitución de 1978. La Transición no fue un proceso fácil. Una de las claves para entender su éxito fue el acuerdo casi general —la única excepción fue el Partido Comunista— de situar a España en el seno de las Comunidades Europeas, la fase en que en ese momento se encontraba el proceso de integración europea. La sociedad española de entonces era muy consciente de su debilidad y del limitado arraigo entre nosotros de los valores democráticos, por ello buscaba la protección de un marco institucional sólido que garantizara tanto la estabilidad del nuevo sistema como la aplicación de políticas que promovieran el desarrollo económico y el bienestar social. Si la superación de dos guerras mundiales y del auge de ideologías totalitarias se había canalizado a través de la creación de las Comunidades Europeas, éste parecía el camino lógico para dejar definitivamente atrás la Guerra Civil y los cuarenta años del Régimen de Franco.

No corresponde valorar la Transición, con sus luces y sus sombras, en estas páginas. Pero sí hay que reconocer que los consensos constitucionales dieron paso a políticas de Estado que han permitido a España un importante desarrollo económico y social, pero también cosechar significativos fracasos. Desde muy tempranas fechas fue evidente que los partidos no eran capaces de establecer un acuerdo suficiente para poder desarrollar una política autonómica, educativa o exterior. El deterioro que en la actualidad muestran no es resultado de hechos o decisiones recientes, sino que está en el origen de nuestro sistema político.

España no ha tenido propiamente una política exterior, en el pleno sentido de la denominación. Desde luego dispone de una eficaz administración exterior y hay áreas en las que se constata una mayor continuidad, en las que podemos hablar sin exageración de auténtica política de Estado. Un ejemplo sería el caso de la posición nacional en las instituciones europeas. Pero las diferencias en otros terrenos son significativas, impidiendo la continuidad en la ejecución y sus previsibles efectos positivos.

España forma parte de la Unión Europea y de la Alianza Atlántica y comparte con sus socios y aliados los objetivos de profundizar en el proceso de integración continental y de defender y promover los valores democráticos, como mejor garantía de nuestra seguridad en el marco de un sistema de defensa colectivo. Estos hechos determinan una acción exterior, actuando como parámetros de referencia de nuestra conducta. Sin embargo, por mucho que la Unión o la Alianza aspiren a tener una política común, la realidad es que apenas si logran posiciones suficientemente compartidas. Ni una ni otra tienen una única política exterior, aunque aspiren a ello. La geografía y la historia están detrás de una lógica y previsible diversidad de puntos de vista entre los estados miembros que, aunque en ocasiones nos plantee problemas, está plenamente asumida siempre y cuando no cuestione los objetivos fundamentales. En el caso de España la pertenencia a estas organizaciones ayuda a fijar unas líneas maestras, pero insuficientes para superar las diferencias internas.

Las dimensiones atlántica y mediterránea impregnan el conjunto de nuestra visión sobre el papel que nos corresponde representar en el mundo. Sin embargo, las diferencias entre las grandes formaciones políticas sobre cómo actuar, qué objetivos alcanzar, qué alianzas establecer han sido demasiado importantes, restando continuidad y abocando a una merma de autoridad.

La política exterior no es más que la expresión de la política en un entorno determinado. Las diferencias, evidentes desde un primer momento, se hicieron considerablemente más graves cuando comenzó a resquebrajarse el consenso constitucional. A partir de la llegada de Rodríguez Zapatero el partido socialista sintió la necesidad, o quizás sólo la conveniencia, de establecer una mayoría parlamentaria con formaciones nacionalistas y de extrema izquierda. Ello implicaba tanto el abandono de los consensos no escritos que estaban en el fundamento de la Transición —la superación de la Guerra Civil y el compromiso con garantizar la convivencia— como la correcta y leal interpretación de la Constitución de 1978, mediante una lectura forzada de su texto que debería dar paso a una obligada reforma en clave confederal a medio plazo.

Esta nueva mayoría ha ahondado las diferencias partidistas sobre el papel de España en el mundo, potenciando el acercamiento a movimientos radicales de izquierda en América Latina o islamistas en Oriente Medio, con el consiguiente coste en las relaciones con Estados Unidos y buena parte de los estados europeos. El giro impuesto a la política en el Magreb no ha sido explicado, pero ha dañado sensiblemente las relaciones con Argelia sin con ello lograr una mejora sensible en las aduanas de Ceuta y Melilla. Nunca se ha hecho tan patente la ausencia de una política exterior, hasta el punto de convertirse en un tema recurrente en el debate público.

A la ausencia de una auténtica política exterior, fundamentada en el consenso constitucional, se suma un problema reciente, característico de los gobiernos de Pedro Sánchez: una gestión diplomática de baja calidad. España cuenta con una carrera diplomática con siglos de oficio y experiencia, altamente profesionalizada, de acceso exigente y con una política de personal forjada en la experiencia. Para evitar su influencia se ha optado por sacar del propio ministerio los procesos de toma de decisión, que han pasado a recaer en personas ajenas a la carrera, sitas en el entorno de La Moncloa y dispuestas a anteponer los intereses partidistas inmediatos a los nacionales. De manera creciente asistimos a la utilización de temas internacionales en debates domésticos, sin considerar sus efectos para el conjunto de la acción exterior española.

España no podía quedar fuera del proceso global de socialización de la política exterior. Atrás quedaron los tiempos en los que unas minorías altamente cualificadas gestionaban estos temas, de espaldas a la ciudadanía y siguiendo su particular análisis de cuáles eran los intereses nacionales y cómo defenderlos de la mejor manera posible. Sin embargo, en la actualidad no asistimos en España a un debate social cualificado y responsable. Bien al contrario, estas políticas también han caído en un derrotero populista, carente de la racionalidad y el rigor que cabía esperar de un estado que está en el origen de la propia diplomacia moderna.

Este doble proceso de radicalización partidista y desprofesionalización de la política exterior ha ido en detrimento de procesos de modernización que se encontraban en marcha. La paulatina integración del planeta gracias a los avances de la ingeniería, la denominada globalización, ha exigido al conjunto de las diplomacias el ser capaces de llevar a cabo una política integradora del conjunto de actividades relativas a la dimensión internacional del Estado. Era necesario acompasar la diplomacia clásica con la defensa y ambas con el comercio. En la medida en que la gente común ha ido asumiendo una mayor participación en la política exterior la cultura ha ido ganando peso y no podía proyectarse a otros países sin integrarla en este conjunto, al que en nuestro ordenamiento se ha dado en llamar «acción exterior».

La acción exterior responde a la Estrategia de Seguridad Nacional, desarrollando políticas dirigidas a lograr los objetivos establecidos. Al Ministerio de Asuntos Exteriores compete liderar su ejecución, pues la embajada es la sede de la Administración en el exterior. Sin embargo, la armonización es responsabilidad de la Presidencia, tanto en el diseño de la Estrategia como en la labor, a menudo complicada, de ahormar distintas políticas en una sola acción.

El tema se complica en la medida en que las formas tradicionales de entender la diplomacia se han visto desbordadas tanto por la socialización de los procesos de toma de decisión como por la creciente complejidad de la sociedad internacional, que obliga a una mayor especialización y a responder a los retos que plantean las nuevas tecnologías. Hablamos con normalidad de diplomacia pública cuando nos referimos al conjunto de acciones que un estado realiza para ganarse la voluntad de otra sociedad. Algo fundamental por la citada socialización, pero para la que no están preparados los miembros de la Carrera. Lo mismo podríamos decir de la diplomacia digital, sobre la que se ha teorizado, pero apenas avanzado. Del mismo modo nos referimos a diplomacia de defensa, económica o cultural, para las que nuestros diplomáticos están más preparados, pero que exigen mayor especialización.

Estamos viviendo una revolución industrial, la IV, también denominada Revolución Digital. Sus primeros efectos están teniendo importantes consecuencias en los ámbitos doméstico e internacional. Somos conscientes de que estamos al principio de un proceso que va a provocar cambios de gran magnitud en el planeta y que, precisamente por ello, el concepto contemporáneo de poder gira en torno al control de la innovación vinculada a los procesos críticos y más característicos de esta revolución: los entornos ciber y bio. Vemos como los Ministerios de Defensa reconocen que de los tres «dominios» clásicos —tierra, mar y aire— hemos pasado a seis, añadiendo espacio, ciber y cognitivo. El Ministerio de Defensa español ha ido adaptándose a estas nuevas realidades. Así el Estado Mayor del Aire pasó a llamarse del Aire y del Espacio y sumó a los mandos ya existentes uno nuevo sobre el Espacio. En el Estado Mayor de la Defensa se creó el Mando Conjunto del Ciberespacio y se viene trabajando sobre el dominio más complejo, el cognitivo. Estos «dominios» no son algo exclusivo de la defensa. Son espacios de conflicto que afectan al conjunto de la acción exterior, pero ante los que el Ministerio de Asuntos Exteriores parece no sentir necesidad de adaptarse. De hecho, en algunos temas en los que había comenzado a avanzar, como es el caso del ciber, finalmente se ha dado marcha atrás. Ante el vaciamiento de contenido político estamos asistiendo a una búsqueda de destinos fuera de Madrid por parte de los diplomáticos de carrera y a una lamentable congelación de los procesos de modernización en marcha.

RETOS

España no tendrá una acción exterior coherente si no resuelve el problema básico de la convivencia. Mientras una mayoría parlamentaria trata de forzar una reinterpretación de la Constitución y cercenar el Estado de Derecho es imposible que las fuerzas parlamentarias lleguen a un acuerdo suficiente sobre la dimensión internacional de España. La erección de muros entre los españoles y la vuelta al guerracivilismo generan un efecto gravitacional hacia los extremos.

Más aún, estas situaciones llevan a diferencias entre las formaciones situadas a cada lado del muro y al uso partidista y demagógico de los grandes temas de la agenda exterior. Siendo realista, no parece probable que los muros vayan a ser derruidos en un tiempo breve, ni que estemos próximos a un nuevo consenso constitucional que dé paso a una acción exterior dotada de suficiente respaldo parlamentario. Sin embargo, este es el tema por excelencia de la política española de nuestros días y sobre él deberían volcarse todas las energías, pues el futuro de nuestra libertad, seguridad y bienestar depende de ello.

El proceso de toma de decisión tiene que volver a recaer en profesionales al servicio del Estado. El Ministerio de Asuntos Exteriores tiene que recuperar su papel en la coordinación de la política exterior española, asumiendo las funciones de captación de información, análisis, asesoramiento al presidente y gestión diplomática. Debe quedar atrás este lamentable período de acción partidista e incompetencia, que tanto ha dañado la autoridad de España en el mundo.

Desde su creación durante el gobierno de Rodríguez Zapatero el Consejo de Seguridad Nacional no ha llegado a adquirir el peso que cabía esperar en el proceso de toma de decisiones, si consideramos lo ocurrido en otros Estados de nuestro entorno y ante la necesidad de lograr una mayor y mejor integración de políticas en el conjunto de la acción exterior. Nuestro ordenamiento jurídico recoge este concepto ante la necesidad de cohesionar la política exterior, de defensa, comercial y cultural en un entorno globalizado, donde cada una de estas políticas tiene que crecer y desarrollarse respondiendo a una estrategia única. Si el Consejo no lidera este proceso difícilmente superaremos la etapa de agregación de políticas para finalmente tener una auténtica acción exterior.

Con la creación del Consejo de Seguridad Nacional se inició entre nosotros el mandato de redactar una estrategia nacional con cada legislatura. Es una costumbre que ha calado en nuestro entorno a partir de la II Guerra Mundial y que responde tanto a la necesidad de racionalizar y justificar la acción exterior como a la conveniencia de facilitar el necesario y legítimo control parlamentario. Hasta la fecha los documentos aprobados han tenido en común la ausencia de una estrategia. Un encabezado no determina un contenido. Sigue pendiente establecer intereses nacionales, describir riesgos, retos y amenazas, fijar objetivos, determinar capacidades y, derivado de todo lo anterior, proponer presupuestos. Sin asumir la necesidad de realizar el complejo proceso de llegar a una auténtica estrategia difícilmente podremos dotar a la acción exterior de consistencia.

Si el proceso de redactar una estrategia siempre es necesario, de hecho es un deber, lo es mucho más cuando el entorno estratégico está sufriendo cambios tan importantes como los que estamos viviendo. No es suficiente reivindicar una vuelta a tiempos más tranquilos, cuando la estabilidad política era mayor. Sería un ejercicio de proverbial anacronismo. Esos tiempos quedaron atrás, como el «orden internacional liberal». Hoy nos encontramos ante la necesidad de revisar en profundidad los pilares sobre los que hemos venido construyendo el conjunto de nuestra acción exterior, empezando por la dimensión estrictamente nacional. En un momento en el que no está claro ni el futuro del «vínculo trasatlántico» ni el papel que la Unión Europea quiera o pueda jugar en política internacional, resulta crítico establecer una clara definición de los intereses nacionales. España necesita una Alianza Atlántica fuerte y unida, así como una Unión Europea que consolide el camino recorrido y que avance en sus objetivos con un consenso político suficiente. Pero nada de eso depende solo de los españoles, ni esas organizaciones podrán ser garantía suficiente para nuestra seguridad. Ahora más que nunca necesitamos empezar la casa por los cimientos y revisar en profundidad los fundamentos de nuestra acción exterior.

Sólo sabiendo qué es lo que necesitamos podremos participar en la adaptación, acaso refundación, de la Alianza Atlántica, así como en el desarrollo del proceso de integración europeo de manera acorde con nuestros intereses. El futuro de ambas organizaciones no es sólo un dilema teórico. Es sobre todo una apuesta para reforzar la seguridad de cada uno de sus miembros y eso sólo será posible después de la revisión de cada una de las posiciones nacionales y de un esfuerzo por aunarlas, desde el convencimiento de lo mucho que compartimos y de lo mucho que nos necesitamos. Estos procesos no están siendo fáciles y nos esperan momentos difíciles. Asumámoslo con naturalidad, porque es inevitable.

De este conjunto de procesos deberían surgir las posiciones españolas en las distintas regiones y organismos internacionales. Sin embargo, no podemos dar por sentado que vaya a concluir con éxito. La posibilidad de que los españoles superemos la actual crisis de convivencia es baja, pues son muchos los que, de manera interesada, tratan de erigir muros que nos separen y de alimentar debates que nos enfrenten. En ese caso, como hemos tratado de argumentar previamente, la posibilidad de elaborar una estrategia que aporte sentido al conjunto de nuestra acción exterior es remota. Estaríamos a expensas de la deriva de la Alianza y de la Unión, con todas las incertidumbres que ello conlleva y con el riesgo de llegar a convertirnos en un problema para ambas por el creciente radicalismo de nuestras formaciones parlamentarias.

Las exigencias del presidente Trump sobre inversión en defensa, la amenaza de aumentar los aranceles a productos europeos y la posibilidad de un entendimiento entre Estados Unidos y Rusia sobre Ucrania, a costa de la posición que hasta la fecha se ha venido manteniendo, puede acabar provocando una crisis de confianza en el seno de la Alianza. De ocurrir podría animar al Viejo Continente a seguir el rumbo adoptado por otras regiones, buscando una equidistancia entre Estados Unidos y China.

Por último, las tendencias electorales van hacia un refuerzo de las posiciones de extrema derecha e izquierda, coincidentes en frenar el proceso de integración continental y en devolver algunas competencias a los estados. Si estas tendencias se consolidaran la posibilidad de que la Unión avance hacia una acción exterior más integrada, como se ha venido demandando hasta la fecha, se desvanecerá.

Por su situación geográfica, por su historia, por sus valores e intereses España necesita tener una política exterior claramente definida y con amplio apoyo parlamentario, inserta en una Alianza Atlántica renovada y en una Unión Europea dispuesta a avanzar en su proceso de integración. Hoy en día los tres requerimientos están en cuestión.

Medidas propuestas

1. Renovación del pacto constitucional, fundamento de nuestra convivencia en paz, de nuestra libertad y de la superación de la Guerra Civil y del Régimen de Franco.
2. Compromiso con el respeto al Estado de Derecho, representado por la autonomía del Poder Judicial.

3. Reforma del organigrama de la Presidencia del Gobierno, potenciando la gestión integral de las políticas que conforman la acción exterior y el papel que corresponde al Consejo de Seguridad Nacional.

4. Presentación de un nuevo documento de Estrategia de Seguridad Nacional firmemente enraizado en los principios y valores constitucionales, con el consiguiente compromiso con la defensa de la democracia.

5. El nuevo documento de Estrategia de Seguridad Nacional deberá definir con claridad los intereses nacionales; los riesgos, retos y amenazas a los que nos enfrentamos; los objetivos políticos a alcanzar; y, por último, las capacidades y presupuesto asignados a esos fines.

6. Compromiso con la profesionalización de la política exterior, devolviendo al Ministerio de Asuntos Exteriores el papel que le corresponde en el proceso de elaboración de la política y limitando la intervención partidista, más preocupada por la utilización de esta actividad en el debate nacional.

7. Vinculación formal entre la Estrategia de Seguridad Nacional y la específica del Ministerio de Asuntos Exteriores, que debe derivar de la primera y garantizar su compromiso con los intereses nacionales.

8. Reorganización de la estructura administrativa del Ministerio de Asuntos Exteriores con la finalidad de adecuarla a las nuevas circunstancias internacionales, tanto aquellas derivadas de los cambios geopolíticos como de los nuevos «dominios».

9. Reorganización de la red de embajadas y de sus plantillas, por las mismas razones señaladas en el punto anterior.

10. Potenciación de la Escuela Diplomática, que deberá asumir la responsabilidad de la formación permanente de los miembros de la Carrera y de todos aquellos funcionarios de otros cuerpos de la Administración destinados en el Ministerio o en la red de embajadas y consulados.

7. España en Europa

Juan Francisco Carmona
Profesor de Unión Europea en la Universidad Francisco de Vitoria

Introducción

ENSAR EN UN PROYECTO DE RENOVACIÓN de España es urgente, necesario y un bien moral. Lograrlo con éxito es deseable, incluso posible y hasta probable pero no nos pertenece. Se ofrece pues esta guía sobre la transformación de España en Europa con el espíritu de Miguel de Cervantes cuando decía: *«podrán los encantadores quitarme la ventura; el esfuerzo y el ánimo, es imposible»*.

El hoy puede describirse científicamente, con datos, estadísticas, demostraciones empíricas y dar una imagen desoladora. O puede hacerse fijándose en un movimiento social perceptible y creciente de mejora, común a Europa. Lo más oportuno es combinar ambas descripciones y constatar que de esa realidad deplorable ha surgido un descontento político grave cuyo fruto no será una reforma timorata.

Diagnóstico

El presente puede definirse como la peor situación no de guerra (suponiendo que no acabemos en conflicto directo con Rusia) jamás conocida por España. La más difícil de las situaciones vividas para los españoles de edad madura.

No se trata de economía, aunque estemos muy malparados. El dato que lo expresa mejor que ningún otro es la voluntad de los españoles de extinguirse. La tasa de natalidad española en la actualidad es de un 6 por mil. Aproximadamente 1,16 hijos por mujer, muy por debajo de la tasa de reposición de 2,1. Nunca fue tan baja, al menos desde que existen estadísticas comparables que es 1941. Es decir, era muy superior en la posguerra española, en plena guerra mundial, que ahora. Que este hecho resulte compartido en mayor o menor medida por el resto de Occidente y aun por el resto del mundo, excluyendo a África y parcialmente América, es otro tema. De hecho, no es el dato en sí lo más relevante, sino la escasa atención que parece suscitar oficialmente.

A mayor abundamiento, las antaño llamadas estadísticas de salud social dan la misma indicación. Son todas lamentables: la mencionada natalidad, la población carcelaria, suicidios, homicidios, abortos, divorcios, progreso educativo.

La restricción de la libertad personal real y de la esperanza en el futuro destacan como causas fundamentales. Como esta tendencia existe también en el llamado mundo desarrollado, el libro más perfecto para contarlo es la novela del escritor canadiense católico Michael O'Brien, «El padre Elías». En ella, la última oportunidad de Occidente se encomienda a un monje carmelita mientras el papel de Anticristo está reservado a un, ficticio, presidente del Parlamento europeo[1]. Lo que confirma la propiedad de las observaciones de O'Brien es que un ateo militante como el francés Emmanuel Todd, hace el mismo análisis en «La derrota de Occidente»[2], desde una perspectiva de historiador y con profusión de citas y datos. Esta coincidencia de opuestos, es significativa.

A mediados del siglo pasado, el historiador británico Dawson[3], que profetizaba el presente, proponía una solución, la educación en la verdadera cultura europea, lo que significa, cristiana. En efecto, plantear en pleno Apocalipsis una reforma legal o administrativa es inviable si no la precede una renovación de orden espiritual, que en España sólo puede significar católica.

Sin embargo, más allá de la descripción estadística, siempre sujeta a errores, está la reacción social a la situación, que parece realmente ser el diagnóstico más adecuado. Es decir, no es tanto que las cosas estén mal, sino que por debajo de la superficie oficial, se advierte un mar de fondo contestatario. Se manifiesta, de modo creciente y cada vez más inequívoco, en indicadores de descontento de todo tipo (sociales, asociativos, incluso de partidos políticos) que desvelan un afán, entre los españoles, de recobrar capacidad de acción en tres ámbitos principales: la preservación de España, la seguridad (en la forma de seguridad jurídica, física y económica) y la resistencia al declive económico de la clase media. En casi todos ellos, la soberanía está compartida o entregada a la Unión Europea. En suma, el pronóstico vital del enfermo es malo, y aunque hay indicios de vida, no dependemos de nosotros mismos.

ESTRATEGIA A DIEZ AÑOS

Hay, por tanto, un creciente reparo compartido por las clases medias de Occidente. Es lo anunciado por el francés Michel Maffesoli en «La era de los levantamientos»[4]. Un «totalitarismo suave», consagración de lo anunciado en su día por Alexis de Tocqueville[5], impide ver mediante el uso indiscriminado de la propaganda por los gobiernos y medios de masas, la situación real. Pero esta misma tendencia de medios y estados demuestra que hay algo serio que reprimir.

Desde Santo Tomás de Aquino, Francisco de Vitoria o Francisco Suárez: *omnis potestas est a Deo per populo*. El objeto de la represión es, pues, el «populo» y el «a Deo». Pero si como dice nuestra Constitución la soberanía reside en el pueblo español, del que emanan los poderes del Estado, lo correcto es comenzar por restablecer el orden correcto de los factores.

En segundo lugar, parafraseando a Orwell, «hemos caído tan bajo que la reformulación de lo obvio es la primera obligación»: hay que distinguir a Europa de su aparato jurídico-público actual, la Unión Europea. La naturaleza de Europa: Atenas, Roma, Jerusalén, es la que deben reflejar las instituciones políticas. Es decir, en términos del antiguo presidente americano Reagan: *we are a nation that has a government, not the other way around*. Somos una comunidad espiritual y geográfica que tiene un poder público; no somos los súbditos de ese super-Estado. Las comunidades políticas se dotan de un estado o en el caso de la Unión Europea de un instrumento político cuasi-estatal, pero este debe reflejar a aquél, de otro modo el resultado es la inautenticidad o la tiranía.

Para ello, y este es el tercer punto, España debe ponerse en situación de poder influir en Europa, lo que pasa por la tarea, titánica, de poner la casa en orden.

Retomando ese oleaje de fondo en el que se atisban preocupaciones de la clase media respecto a la seguridad, la inmigración y el poder adquisitivo, es esencial reforzar la capacidad de acción de España en Europa en estos ámbitos. Esto requiere o bien una recuperación jurídicamente consagrada de competencias de la Unión Europea, o bien una reforma radical del modelo de la Unión, lo que en sustancia es lo mismo por vías diferentes. Al ser este fenómeno común a toda Europa hay y habrá aliados para esa refundación.

Medidas urgentes

Cumplir la estrategia: devolver el poder al pueblo español, dotar a Europa de un instrumento público auténtico y poner a España en el centro, exige:

Marcar la agenda

Esto es, recuperar la agenda política (1). Dada la estructura y propiedad de los medios y la propaganda generalizada, esto sólo puede hacerse por debajo del radar, en círculos locales, universitarios, vecinales, de parroquia, en las redes sociales e Internet y aprovechando un *zeitgeist* marcado por la reaparición de la realidad que golpea como una ola el insistente el mensaje oficial. Lo que hacemos hoy aquí es un modesto ejemplo.

Vida, propiedad y unidad nacional (=seguridad)

En segundo lugar (2), preservar la vida y la hacienda de los españoles.

Todas las medidas destinadas a estos dos derechos fundamentalísimos deben incorporarse al principio de cualquier programa. Esto requiere combatir la ideología *woke* que ha tergiversado nuestras listas de derechos fundamentales y el refuerzo de la autoridad y la justicia. Pero lo único que permite lo anterior es la recuperación de la unidad nacional para la que los documentos del Consejo General del Poder Judicial y del Tribunal Supremo[6] relativos a la Ley de Amnistía, así como los informes internos de los letrados del Congreso y el Senado respecto a esta, son ejemplos a seguir.

Este proyecto responde a ese afán de seguridad que se advierte entre los españoles. Se olvida que el artículo 9.3 de nuestra Constitución proscribe la arbitrariedad de los poderes públicos. Es decir, prohíbe la acción por capricho no fundada en razón. Cuando son los poderes públicos los que describen lo racional y decretan lo científico o la verdad histórica, la tiranía asoma.

Limpiar la casa

Tres, (3) aniquilar *la opción Draghi.*

¿En qué mundo es razonable hacer caso hoy a los que han llevado a Europa a estar cuatro veces peor que después de la II Guerra Mundial, según confesión propia?

En efecto, la propuesta del llamado informe Draghi consiste en requerir una inversión equivalente a «cuatro planes Marshall». Acaso para compensar que España entonces no recibió nada.

El estudio de los detalles asusta incluso más, desde la perspectiva del respeto al Estado de Derecho. Las instituciones europeas pretenden mutualizar la deuda, lo que es inconstitucional en Alemania, por ejemplo, y federalizar completamente Europa, suprimiendo el teórico veto de las naciones. Todo ello en la línea de otros informes procedentes de las mismas fuentes, es decir pagados por las instituciones sin que conste concurrencia competitiva, de miembros del Parlamento europeo, el antiguo primer ministro italiano Letta.

De lo que se trata aquí es de responder a la preocupación por el poder adquisitivo dañado por la inflación procedente de la crisis del euro, el virus y la dependencia energética agravada por las opciones climáticas. Pero mucho más allá de ello, de constatar una infinidad de fracasos para no repetirlos.

La deuda pública española se ha incrementado en un breve periodo de tiempo, todo él supuestamente sometido a reglas de endeudamiento público de Maastricht (1992) que lo limitan al 60 % en relación con el PIB. En concreto desde el 35 % hasta más del 110 %[7]. Teniendo en cuenta que esta deuda está denominada en euros, si España hipotéticamente deseara emular a los británicos y salir de la UE, estaría atada a devolver esa deuda que se redenominaría en pesetas, presumiblemente de menor valor nominal que los euros. En suma, si se sintiera descontenta en el club, no podría presionar para mejorar sus condiciones porque todo el mundo sabría que le es imposible, en realidad carísimo, abandonarlo.

Pero esto es, si cabe, lo de menos. Lo que sintetiza la opción Draghi es la continua tendencia a convertir a la Unión Europea en la dirigente inapelable del destino de todos los pueblos europeos, con la reiterada garantía del naufragio como resultado.

Así, el ingreso de España fue inicialmente perjudicial para dos de las políticas públicas tradicionales de la organización: la Política Agrícola Común y la política pesquera[8]. Desde entonces, tampoco hemos mejorado mucho. En materia de política energética, por poner otro ejemplo, España sólo sobrevive merced a la llamada «excepción ibérica» que le permite salir de un «mercado» en el que, de otro modo, cuando se considere el momento oportuno para suprimir la excepción, la energía sería aún más cara[9]. En materia de inmigración, al ser geográficamente frontera exterior de la Unión sufre más los flujos migratorios y el disputado reparto de inmigrantes ideado por las últimas iniciativas normativas. No se olvide que es un juego de suma cero: si Alemania cierra fronteras, si Hungría y Holanda se salen del modelo, si Italia controla su inmigración, los ilegales acudirán a los países laxos. En materia de la denominada transición ecológica y digital, con independencia de las ingentes sumas de subvenciones, lo que se impone a España, sería más correcto decir los españoles, en particular las clases medias, es renunciar a lo que le resultaría conveniente según mercado, para adoptar un modelo normativamente impuesto destinado a transformar el clima, la ordenación urbanística, las costumbres y el sentido común. En materia de los llamados «derechos fundamentales», la Unión Europea se ha convertido en el adalid de una agenda guiada por objetivos abortistas, eutanásicos y lgbtistas y de limitación de la libertad de expresión agravando problemas ya

Juan Francisco Carmona

prácticamente insolubles de, lo hemos recordado, las estadísticas de salud social (abortos, divorcios, natalidad, crecimiento vegetativo, mortalidad, drogas, promoción social, desigualdad, declive en educación primaria y educación para el desarrollo industrial…). Por no hablar de la aplicación del espacio de libertad y justicia fundado teóricamente en la equivalencia de las decisiones judiciales, en un momento en que el gobierno está sostenido por un fugado a un Estado miembro acusado de alterar el orden constitucional de otro Estado miembro. Por último, y quizá sea lo más urgente remediar antes de provocar un conflicto nuclear, se le ha impuesto participar mediante la compra de armas, la orientación estratégica y el apoyo político y económico en una guerra en la que carece de intereses estratégicos nacionales.

En suma, ¿es racional dejar defender nuestros intereses a quienes los dilapidan, sobre la base de un bien común mayor que nunca llega?

DEFENDER ESPAÑA EN EUROPA

En cuarto lugar (4), hay que ejercer el poder en las instituciones para defender a los españoles. El modo de operar normativamente de la Unión Europea depende del papel esencial de la Comisión. Así, la relevancia de la nueva composición del Parlamento europeo, donde alrededor de un tercio de los miembros representan a fuerzas de cambio, y que es el órgano colegislador en teoría, es a efectos prácticos, irrelevante. De la misma manera, el hecho de que varios Estados miembros hayan optado en sus elecciones internas por cambios fundamentales, tampoco es decisivo, pues la Comisión de la nuevamente propuesta[10] von der Leyen cuenta no solo con el poder determinante de la iniciativa legislativa exclusiva sino con el seguidismo de la mayoría de los Estados miembros. Por tanto, el grado de influencia que requiere España para hacer oír una voz potencialmente diferente en las instituciones europeas se reduce a su poder de pesar en las decisiones iniciales de la Comisión. Hay que tener voluntad de hacerlo.

NO CONTENTAR A LOS QUE NO SE VAN A CONTENTAR

En quinto lugar (5), resistir a los cantos de sirena de los partidarios del Gatopardo: que todo cambie, para que nada cambie. Se advierte una actitud generalizada que tiene como objetivo impedir auténticas variaciones de rumbo que sean conformes a las voluntades populares de los Estados Miembros. Un gobierno francés aparentemente de derechas que sube los impuestos en su primer proyecto de presupuestos, una respuesta amable a una carta de varios Estados miembros para reformar el pacto migratorio, una atención a la energía nuclear como renovable para paliar los efectos económicos de las propuestas climáticas.

Esta reacción de la clase política está destinada a enterrarnos en la maraña burocrática de su propia perpetuación.

SEGUIR UNA LÍNEA POLÍTICA PREVISIBLE Y LIMITADA

En sexto lugar (6), es inútil intentar modificar tal o cual detalle de tal o cual Directiva o Reglamento europeo. Es la línea general, la política, lo que debe alterarse si se quieren preservar los intereses generales de España y mejorar la condición vital de sus habitantes. Marginales modificaciones de normas, incluso en el sentido más beneficioso para estos intereses, acaban perdiéndose en la profusión normativa y resultando despreciables en cuanto a sus efectos prácticos.

SERVIR AL CIUDADANO, NO AL POLÍTICO

Por fin (7) y por tanto, hay que poner fin a la deriva de la utilización de las recurrentes crisis de los últimos años.

Así, sucesivamente, se produce el abandono del proyecto de Constitución europea, por el rechazo en los referéndums francés y holandés, la imposición del Tratado de Lisboa como un remedo de esta, la crisis del euro, la crisis de los refugiados, el Brexit, la pandemia y la guerra de Ucrania. En todos los casos, la denominada «narrativa» oficial es la misma: los problemas nacionales sólo se pueden resolver por las instituciones europeas y estar solo equivale al desastre, la calamidad y la catástrofe. Es una versión cutre de la famosa frase de Ortega: España es el problema y Europa la solución.

Hay que recordar en este momento uno de los principios de aplicación del Derecho comunitario largo tiempo olvidado. El principio de subsidiariedad[11], que lleva, en aquellos supuestos en donde la UE no goza de la competencia exclusiva, a ponderar si la solución jurídica debe ser comunitaria o nacional o incluso regional o local. Otro recuerdo necesario, es el de los objetivos fundacionales de la UE, la paz y la prosperidad, siendo las instituciones y sus dirigentes un medio para lograr estos fines y no un fin en sí mismos. ¿Qué paz si Ucrania? ¿Qué prosperidad si «estanflación»?

No es inimaginable prever, por tanto, un aterrizaje inminente en la realidad. Ante ello, España va a requerir una alternativa. Encontrar el contraste con lo que nos ha llevado hasta aquí es su clave.

CITAS BIBLIOGRÁFICAS

1. El Padre Elías, Michael O'Brien, Spiritu Media SL, 2006. Ver también el interesante ensayo desde una perspectiva científica, laica, progresista, izquierdosa e incluso anti-americana de Emmanuel Todd: *La Derrota de Occidente*, Ediciones Akal, 2024. La coincidencia de autores católicos con quienes representan tradicionalmente lo contrario es un síntoma de que la línea divisoria está aquí entre los que intentan decir la verdad y los que intentan ocultarla.

2. Akal SA, 2024. Todd habla de nihilismo por la pérdida de las convicciones cristianas, concretamente de las protestantes y considera irreversible la situación por la desaparición de las costumbres ligadas a la ética protestante que, según Max Weber, llevaron al auge de Occidente.

3. Hacia la Comprensión de Europa, Encuentro, 2020.

4. L'ère des soulèvements, Michel Maffesoli, Editions du Cerf, 2021. Ver también Sonia Mabrouk, Et si demain, tout s'inversait, Fayard, 2024.

5. «Por encima de nosotros se alza un poder inmenso y tutelar, que se encarga de que las personas sean felices y de velar por su suerte. Es absoluto, minucioso, regular, previsor y benigno, se asemeja a la autoridad paterna, que persigue como objetivo fijarlos en la infancia, quiere ser el único agente y el juez exclusivo, librando por entero la molestia de pensar y el trabajo de vivir... después de tomar uno tras otro a cada individuo, el soberano extiende sus brazos sobre la sociedad entera; y la cubre como una malla, de la cual nadie puede emerger ni librarse... no destruye sus voluntades, las ablanda, las doblega y las dirige; no tiraniza, mortifica, reprime, enerva, apaga, embrutece y reduce al cabo de cierto tiempo a toda la nación a un rebaño de animales tímidos y laboriosos cuyo pastor... es el gobierno».

6. https://www.poderjudicial.es/cgpj/es/Poder-Judicial/Tribunal-Supremo/Noticias-Judiciales/El-Tribunal-Supremo-plantea-cuestion-de-inconstitucionalidad-contra-la-Ley-de-Amnistia-por-vulneracion-del-derecho-a-la-igualdad-y-el-principio-de-seguridad-juridica-

7. https://www.bde.es/wbe/es/noticias-eventos/actualidad-banco-espana/la-deuda-de-las-administraciones-publicas-ascendio-a-1625-mm-de-euros-el-1082-del-pib-en-junio-de-2024.html#:~:text=Banco %20de %20España-,La %20deuda %20de %20las %20Administraciones %20Públicas %20ascendió %20a %201.625 %20mm,PIB %2C %20en %20junio %20de %202024. El Banco de España da un porcentaje algo inferior, pero en este sentido es importante tener en cuenta las consideraciones de Emmanuel Todd en el libro citado más arriba respecto a la «ligereza» del cálculo del PIB en Occidente que incluye actividades poco o nada productivas.

8. Sustancialmente los periodos de transición impuestos a su participación plena hicieron que se incorporó de lleno cuando la política cambió a privilegiar la limitación de las capturas por razones conservacionistas.

9. De nuevo la razón es conservacionista. La política energética de la UE está diseñada para reducir el uso de energía primaria, por tanto, incentiva el ahorro de esta mediante un precio superior al que la mera producción podría llevarle.

10. Al momento de escribir estas líneas.

11. Artículo 5.3 TUE: En virtud del principio de subsidiariedad, en los ámbitos que no sean de su competencia exclusiva, la Unión intervendrá sólo en caso de que, y en la medida en que, los objetivos de la acción pretendida no puedan ser alcanzados de manera suficiente por los Estados miembros, ni a nivel central ni a nivel regional y local, sino que puedan alcanzarse mejor, debido a la dimensión o a los efectos de la acción pretendida, a escala de la Unión.

8. Una España segura

JOSÉ VICENTE HERRERA
Universidad Católica de Valencia

INTRODUCCIÓN

A L HABLAR DE SEGURIDAD EN España y buscar puntos de innovación y mejora nos encontramos con un escenario complejo
y en constante cambio. Confluyen nuevos delitos, otros más
virulentos que antaño, incide mucho la transversalidad tecnológica
y sobre todo, las personas han cambiado. La España de ahora no se
parece en nada a la de hace años, ni en forma de pensar, ni en composición sociológica, ni en valores.

No es algo nuevo; al hacer cualquier tipo de reflexión, siempre se
ha partido de la dificultad del entorno. De hecho, María Zambrano
ya señalaba que la *seguridad pública era como andar sobre aguas en
movimiento*[1], e incluso el propio preámbulo de la LO 2/86, describe
con acierto que «*La seguridad pública constituye una competencia difícil de parcelar, toda vez que no permite delimitaciones o definiciones, con
el rigor y precisión admisibles en otras materias*».

Lo primero que estas páginas —mitad reflexión, mitad
propuesta— precisan es delimitar el concepto de seguridad y con-
textualizarlo en un marco concreto, y ello porque se abusa en exceso
de esta palabra: seguridad tecnológica, medioambiental, de las redes
sociales, informática…, pero qué piensa el ciudadano medio ¿tiene

mayoritariamente una idea aproximada de a qué nos referimos al hablar de seguridad pública? O reformulando la pregunta: ¿qué se espera de los servicios de seguridad en el siglo XXI?

Esa delimitación no es fácil porque ya no hay separación clara entre seguridad nacional o internacional y existe mucha conexión entre ambas. Tampoco sirve, desde Wilson[2] y su teoría de las «Ventanas Rotas», la diferencia entre pequeños y grandes delitos; pero como punto de inicio creemos que *grosso modo*, el español percibe dos tipos de seguridad diferentes pero complementarias; ambas en función de grandes tipologías generalmente aceptadas.

Por un lado, aquellos delitos que precisan de una investigación especializada; aparece ahí el grupo de delitos considerados mayores (terrorismo «tradicional», homicidios, estafas, tráfico de drogas, tráfico de seres humanos, robos con fuerza, etc.) pero también otros cada vez más frecuentes reservados a efectos de investigación a los cuerpos estatales: crimen organizado, narcotráfico a gran escala, tráfico de armas, ciberdelitos, ciberterrorismo, terrorismo global, así como otras tipologías delictivas emergentes. Como se ve, nos encontramos con tipos de delitos que suelen tener conexiones internacionales y que son objetivo prioritario de gobiernos nacionales.

En la otra cara de la moneda situamos aquellos delitos o infracciones que quiebran el buen clima de convivencia de la sociedad, sobre todo en las ciudades, como es trapicheo de drogas, los hurtos, los desórdenes públicos, *graffitis*, actos vandálicos, etc. En este caso, estos tipos suelen ser considerados por los gobiernos como simples cifras estadísticas y a quienes sí suelen preocupar es a los ciudadanos, Ayuntamientos y asociaciones o entidades ciudadanas, porque afectan a la tranquilidad cotidiana, a la convivencia y a la paz ciudadana.

Reflexionar sobre la seguridad del siglo XXI supone no perder la perspectiva de estos dos grandes grupos de delitos.

CAMBIOS SOCIALES PERCIBIDOS QUE PUEDEN AFECTAR A LA SEGURIDAD

Pero además de esta delimitación sucintamente descrita, existe una nueva realidad social a la que no podemos abstraernos que consta de multitud de componentes. Veamos los más significativos:

1. Demografía. España crece en número de habitantes generalmente de población inmigrante, ya que la población nacional tiene ratios de envejecimiento y decrecimiento nunca antes conocidos. De hecho la población autóctona decrece desde 2015, mientras que la general se acerca a los cincuenta millones[3].
Este factor demográfico genera, sobre todo en las grandes ciudades, aspectos de fragmentación social y desigualdad. Las conurbaciones se generalizan y surgen ciudades dormitorio en el extrarradio que se asimilan a las *banlieus* francesas con focos de marginación, falta de oportunidades e inseguridad.

2. Sociedad multirracial. Esta transformación social propicia que la población sea cada vez más multirracial y multicultural. La diversidad actual no se ha conocido a lo largo de la Historia e implica nuevos paradigmas, nuevas sensibilidades, nuevos valores y también nuevos problemas de seguridad con la aparición de fenómenos, como las bandas latinas, inéditos en nuestro país hasta hace poco.

3. La globalización es una realidad que a todos afecta y hay que tenerla en cuenta. Las fronteras son cada vez más laxas y parece que la multiculturalidad será el horizonte cercano de Europa. Sin embargo, esta posibilidad podría desvanecerse hacia escenarios más complejos aún; no hay más que ver las tendencias de voto en las elecciones de varios países donde se vislumbra el triunfo de candidaturas que rechazan frontalmente las actuales políticas migratorias europeas.

4. Tecnología. De forma paralela al crecimiento en desigualdades y marginación, crecen los avances tecnológicos. Resulta paradójico ver cómo una sociedad que avanza de forma trepidante no es capaz de solventar necesidades básicas. La digitalización generalizada es un paso para el que no cabe vuelta atrás, lo que implica también considerar las importantes brechas de inseguridad que ha abierto.

5. Inteligencia Artificial. Asimismo, la aparición de la Inteligencia Artificial convergente con un contexto tan cambiante augura momentos confusos que generarán lagunas normativas y fisuras importantes en la seguridad general. Con estas premisas de la realidad que se avecina debemos preguntarnos si esas ciudades inteligentes de la que tanto hablan los políticos van a ser o no realmente seguras.

6. RR.SS. En una tendencia similar, hay espacios de información, como la generalización de redes sociales, que pese a los esfuerzos normativos, carecen de regulación suficiente. Mención aparte merece el peso creciente de entes no estatales, como las ONGs, algunas muy activas y omnipresentes en el debate ciudadano e influencia en la sociedad.

REACCIONES A ESTOS CAMBIOS

De estos motores de transformación social, dimanan, en el plano estricto de seguridad, una serie de derivadas lógicas que responden a esos cambios, entre otras:

- Escenario social y delictivo en continua evolución.
- Lo digital marca la diferencia y augura una expansión general.
- La Policía deberá contar con puntos de vista inclusivos y basados en la diversidad.
- También se discute si cabe la «subcontratación» de determinados servicios de seguridad.
- O el modelo de proximidad que puede pasar de la relación con el ciudadano en la calle a los *chatbots* automáticos, lo digital o las soluciones de inteligencia artificial.

Como se ha debatido[4], existen ocasiones en las que hay que replantearse la actividad policial y preguntarse si persiste la misma misión como organizaciones de seguridad a pesar de los múltiples cambios que se perciben.

Queda claro que visto el avance social y tecnológico las organizaciones policiales deben adaptarse para seguir el ritmo de estos avances de todo tipo. Es posible también que se generalicen conceptos como los de la actuación policial predictiva, la prevención virtual, las políticas de proximidad 2.0, la Policía científica en la era digital, los avances científicos para la ciencia forense del futuro, etc.

Todas y cada una de estas preguntas darían para escribir muchas páginas, pero queda claro que las investigaciones en la era digital van a cambiar mucho; para ello hace falta una formación intensa en estas materias. El agente policial del futuro deberá tener una mayor capacitación digital, también la prevención digital transcurrirá por unos cauces diferentes a los habituales, las prevenciones, etc. con lo cual, la tradicional división entre policías especialistas o generalistas puede entrar también en crisis para pasar a un estadio diferente y superior.

De todas estas conclusiones que se derivan de los cambios sociales, hay dos que destacan sobre el resto: la necesidad irrenunciable de la formación continua, para no quedar rezagados tras la evolución delictiva, y la exigencia moral de colaboración policial, sobre todo por razones de eficiencia.

Hay más, existen otros retos o factores que afectan a cambios en la seguridad, en su percepción, en sus paradigmas y en las personas que llevan a cabo el trabajo de seguridad. De entre ellos destacamos:

A. La eficacia; la capacidad que tiene un Cuerpo Policial en lograr sus objetivos es trascendental. Pero hay ocasiones en que la eficacia, disfrazada en datos estadísticos, alberga ámbitos de insatisfacción o fracaso. Por ejemplo, un robo perpetrado a un anciano al sacar dinero de un cajero puede ser resuelto en unos meses, pero el anciano, máxime si el delincuente es insolvente (cosa habitual), no le gratifica la condena, sino que valora negativamente todos los trámites y situaciones por las que ha tenido que pasar. Ese anciano, sin duda, valora mucho más la ausencia del delito, es decir la prevención, que se convierte en otro de los valores indiscutibles.

B. La eficiencia, porque además del logro de resultados conviene no olvidar que el gasto público es cada vez más riguroso y por tanto cualquier política pública debe hacer «más con menos». Esta eficiencia pasa por afrontar con éxito una mayor colaboración entre diferentes cuerpos, agencias, oficinas internacionales o cuerpos de otros países.

C. Formación y alta cualificación para abordar las nuevas tipologías delictivas. La enseñanza y el perfeccionamiento son continuos. Y estas competencias han de estar en constante evolución.

D. En algunos foros el papel de la Policía está siendo cuestionado en un doble sentido, aquéllos que reclaman mayor severidad (los partidarios de la «mano dura» y leyes más restrictivas) y quienes por el contrario albergan con esperanza un cambio de paradigmas hacia comportamientos más asertivos y abiertos a sensibilidades diferentes a los valores tradicionales.

Cualquier punto de vista puede ser legítimo, siempre que se respete la legitimidad policial que ha de salvaguardar y proteger la acción policial. Legitimidad sobre la que hay cierto consenso[5], y que debe contemplar al menos tres premisas: la legalidad que emana de las normas y de que sean las mismas autoridades quienes las respetan. Por el deber de obedecer que los ciudadanos asumen y consienten a esos policías por el hecho de que representan a una autoridad determinada. Y por los valores éticos, morales y de diferentes paradigmas que marcan las reglas de juego entre normas, autoridades, sus representantes y la ciudadanía.

E. La proximidad a los ciudadanos que se basa en cuatro ejes: prevención comentada anteriormente; la relación con la comunidad, una policía ajena a la ciudadanía, reactiva, que sólo tiene contacto cuando un delito ha sido cometido no es la deseable. En estos momentos esa relación podría ser multicanal pero sin olvidar la cercanía y humanidad que da la proximidad. La resolución de conflictos; aquí chocamos con la burocracia cuyo peso tanto lastra la eficacia policial. Y como colofón de los otros tres la confianza que genera en la ciudadanía una Policía proactiva.

F. El papel creciente de la ética. Entre los ciudadanos gana a diario peso las actitudes éticas porque descubren los valores que tenemos como sociedad como son la tolerancia, la confianza o la transparencia; en la base de la defensa de estos valores se refuerza la importancia y el sentido de la seguridad como sustento de la sociedad democrática.

Vistas estos factores que inciden en el escenario de seguridad y son los cimientos de la seguridad futura, cabe preguntarse si tenemos capacidad para abarcar estos retos.

¿Nos sirve el STATU QUO actual para abordar estos retos?

En España coexisten, en lo que denominamos seguridad pública, cuatro grandes colectivos cuyo objetivo es lograr la seguridad, la tranquilidad en nuestro territorio y perseguir delitos e infracciones.

Por un lado los dos cuerpos policiales estatales: Cuerpo de Policía Nacional y Guardia Civil que cuentan con unos 162 000 efectivos (74 000 y 88 000 respectivamente) y que son los que detentan el grueso de las competencias de investigación, la interrelación con casos judicializados y las relaciones internacionales para abordar conexiones de delitos complejos, la mayoría con nexos internacionales.

A estos dos cuerpos hay que sumarles las Policías Autonómicas: *Mossos*, *Ertzaintza* y Policía Foral de Navarra, con diferente cuantificación (aproximadamente 18 000, 8000 y 1100) y que también son sobre todo especialistas.

Tenemos otro colectivo muy heterogéneo, el de las Policías Locales, que en su conjunto tienen alrededor de 75 000 efectivos, tradicionalmente considerados como auxiliares pero que desde hace más de treinta años, en especial en las grandes ciudades, han asumido por la vía de los hechos un peso importante en la lucha contra la llamada pequeña delincuencia que, a la postre, es la que más quejas suscita de la ciudadanía. Cubren el vacío de presencia preventiva que dejan los cuerpos estatales y ejercen de hecho las funciones de seguridad ciudadana, ante la actitud de los cuerpos estatales que reducen su actividad a aspectos meramente de respuesta y reacción.

Además, está la seguridad privada que puede jugar un papel más importante en la seguridad general de España que la que se recoge en el marco actual. Por un lado la Ley 5/2014, de seguridad privada ya posibilita actuaciones de apoyo a la seguridad pública como la seguridad en los perímetros de centros penitenciarios o la seguridad en embarcaciones que surcan aguas internacionales. Ese apoyo podría ser mayor en servicios como la generalización de los controles de acceso, vigilancias estáticas, gestión de salas de emergencias y alguna otra que permitiría «liberar» agentes policiales para el exclusivo servicio público de seguridad.

Cabría una reforma legislativa sencilla para adecuar las formas de colaboración con las FCS y hacer que la misma fuera más eficiente y dejara mejores resultados en el objetivo último de mayor seguridad para los ciudadanos.

Incido en la eficiencia porque con casi 265 000 efectivos de seguridad pública, más 70 000 o más de seguridad privada que con una adecuada legislación podría sumar efectivos, muy mala debería de ser la gestión de recursos para que la seguridad en España no fuera óptima. Es cierto que se han ido consintiendo cesiones sindicales que han provocado la consolidación de «privilegios colectivos» (que no derechos) de los que ahora es difícil descabalgarse, lo cual es un *handicap*. De ahí que la colaboración policial sea la clave de la optimización de servicios de seguridad a corto y medio plazo.

¿Qué perciben los ciudadanos? Según los barómetros que publica el CIS cíclicamente su satisfacción respecto a las FCS es muy alta. Este dato conduce a una primera conclusión: la seguridad pública en nuestras ciudades funciona, aunque para mantener esos niveles hay que hacer un esfuerzo para responder a los nuevos retos que se nos presentan e incidir en la prevención como objetivo prioritario en seguridad. Con más de un cuarto de millón de personas cuyo trabajo es la seguridad, resulta insólito ver día tras día la falta de efectivos para atajar un problema o, simplemente, dar presencia (y por tanto prevención) a la ciudadanía en determinados territorios.

Colaboración es trabajar en términos de eficiencia, pero además sería conveniente redefinir competencias territoriales y funcionales para poder dar mejor respuesta al nuevo mapa delictivo, las tendencias de cambio y la transversalidad actual de determinadas tipologías. A su vez, el análisis necesario para poder buscar y abordar soluciones es uno de los objetivos prioritarios. Sin unidades de análisis en cada Cuerpo seguiremos dando palos de ciego.

En cualquier caso, el objetivo ha de ser resolver las cuatro grandes funciones en materia de seguridad:

- Seguridad ciudadana y policía administrativa
- Policía Judicial e investigación
- Información e inteligencia
- Asistencia, como mediación de problemas sociales

A la hora de dar respuestas adecuadas y proponer medidas de mejora hay que contar con el condicionante del modelo policial español que se ajusta al diseño constitucional (de forma asimétrica) con los niveles Estatal, Autonómico y Local. Introducir ligerísimas modificaciones en ese marco supondría un gran esfuerzo normativo que, en su caso, sería a largo plazo. De hecho, el Congreso ha abordado en dos ocasiones, a través de una subcomisión y una comisión, el estudio para posibles reformas del modelo policial sin llegar en ninguno de los casos a propuesta firme alguna.

Por tal motivo, no contemplamos reformas globales del modelo policial sino puntualizaciones concretas tratando de conjugar siempre la búsqueda de la eficiencia operativa a través de la colaboración.

Posibles medidas prudentes

Decía el Cardenal Tarancón que entre prudencia y audacia había que elegir siempre la prudencia; luego socarronamente añadía: «en ocasiones lo prudente es ser audaz». En seguridad casi siempre es la prudencia lo que conviene. La audacia la reservamos para aquellos casos urgentes y enmendar errores sobrevenidos últimamente.

Apuntamos algunas medidas puntuales e inmediatas:

- Revocar de inmediato, en caso de aprobarse la modificación de la Ley Orgánica de Seguridad Ciudadana, todas las modificaciones que disminuyen efectividad a las actuaciones de las FCSE.
- Potenciar y reforzar la figura de los miembros de todas las Policías de España reforzando la veracidad de sus actuaciones e impidiendo que se vean menospreciados o mermada su capacidad de actuación.
- Diseño de un modelo básico de actuación homogéneo para Policías Locales de grandes ciudades que incluyera: salas de emergencia compartida, colaboración en oficinas de denuncia, colaboración en seguimiento de víctimas de VIOGEN, análisis de datos de pequeña delincuencia.

Un segundo tipo de medidas son aplicables a medio plazo; todas ellas buscan mejorar la colaboración policial y la eficiencia en la gestión de las actuaciones policiales cotidianas.

Un primer grupo de medidas basadas en la eficiencia, es decir en no duplicar servicios para hacer lo mismo. Así señalamos:

- Unificación de las Bases de datos de las diferentes FF.CC. SS., en especial las bases de los dos Cuerpos Estatales. Es inconcebible que después de múltiples intentos y propuestas esa unificación sea todavía un objetivo y no una realidad.
- Unificación del Grupo Especial de Operaciones (GEO) del CNP con la Unidad Especial de Intervención (UEI) de la Guardia Civil.

Las misiones de ambos grupos de élite son muy similares y la actuación de unos u otros depende exclusivamente del ámbito territorial en que se produce el conflicto. El grupo resultante quedaría bajo dependencia del Secretario de Estado de Seguridad y estaría a disposición del Comisario o Jefe de la Comandancia más cercano.

- Unificación de los Grupos de Reserva y Seguridad (GRS) de la Guardia Civil con las Unidades de Intervención Policial (UIP) del CNP, al objeto de mantener las funciones actuales en todo el territorio nacional. La unificación permitiría tener unidad de criterio en las actuaciones, optimización de gastos, idéntica preparación, mejora de su operatividad... quedando igualmente bajo dependencia del Secretario de Estado de Seguridad y a disposición del Comisario o Jefe de Comandancia más cercano, en función de la distribución territorial de competencias.

- Creación de una Agencia Nacional de Ciencia Criminal, dependiente de la Secretaría de Estado, para centralizar y unificar todas las cuestiones relativas a Policía Científica y de apoyo a la investigación criminal, y en concreto a las tareas de pericia criminalística. Asimismo, controlaría la administración centralizada de las Bases de Datos relacionadas con esta Agencia de apoyo a la investigación, especialmente SAID, ADN, Balística, etc. Daría apoyo a los Cuerpos Policiales en todo lo relativo a las investigaciones que llevasen a cabo. Otro bloque de medidas incide en la formación y en el desarrollo de normas que impulsen a las Policías Locales, en especial de las grandes ciudades, para sumar en el objetivo de mejorar la seguridad y convivencia ciudadana.

- Creación de la Escuela Superior de Policía. Sin perjuicio de la unificación de programas en los Centros de formación, promoción y perfeccionamiento, abogamos por la conveniencia de crear un centro de referencia para las Escalas de mando, con el objeto de contribuir a la formación de los mandos superiores de los distintos Cuerpos de Seguridad, para favorecer una cultura profesional basada en la coordinación, colaboración y confianza, e impulsar el conocimiento mutuo y el intercambio de experiencias profesionales.

- Unificar programas de formación de los diferentes Cuerpos, incluidos Policías Autonómicas y Policías Locales, con el objetivo de favorecer la unidad de criterios en un ámbito tan sensible como es la seguridad.

- Recoger e impulsar un sistema de Coordinación de Policías Locales a nivel nacional. Si esta coordinación funcionase lograríamos de una forma sencilla dos grandes objetivos: reducción de gastos e incremento de la eficacia policial.
- Confección y redacción de un Estatuto Básico de Policías Locales como así regula la Disposición Final tercera de la Ley de Bases de Régimen Local.

En definitiva, vivimos tiempos de cambios y las fuerzas policiales deben adecuarse para abordar estos cambios. Nunca en seguridad fueron buenas las prisas. Hay medidas que se pueden abordar con ciertos cambios de relativa inmediatez. Otras requieren una reflexión más serena y mecanismos normativos. Y otras más ambiciosas exigirían un consenso político, una tramitación más costosa y, sobre todo, partir de la seguridad que si se apuesta por ellas ha de ser en beneficio de los ciudadanos.

Hasta llegar a ese punto, lo inmediato es contar con todos los efectivos disponibles, y coordinación y eficiencia como ejes fundamentales para avanzar. Los equipos conjuntos que tanto éxito tuvieron en la lucha antiterrorista deberían ampliarse como estrategias comunes contra la delincuencia en general, adaptándose a las singularidades de cada territorio. Esa capacidad estratégica operativa es lo que más urge en estos momentos. Con liderazgo, colaboración, eficiencia y firmeza se puede optimizar la seguridad en España; la profesionalidad de los miembros de todas las FCS garantiza el éxito de cualquier iniciativa tendente a mejorar la seguridad y convivencia en nuestra sociedad.

Citas bibliográficas

1. Zambrano, M. (1973). *El hombre y lo divino*. México. Fondo de Cultura Económica.

2. James Q. Wilson fue junto con George L. Kelling, autor de la teoría de las «Ventanas Rotas», que defiende la tesis de que el pequeño delito conduce al gran delito porque siempre están conectados.

3. Ver https://www.ine.es/dyngs/INEbase/es/operacion.htm?c=Estadistica_C&cid=1254736177095&menu=ultiDatos&idp=1254735572981

4. Documento de trabajo del Centro de Innovación de INTERPOL (Marzo, 2022).

5. Bottoms & Tankebe, 2012, Hough, Jackson & Bradford, 2013, entre otros.

9. La Defensa que España necesita

Ignacio Cosidó
Director del Centro para el Bien Común Global (UFV)

Introducción

L A DEFENSA Y LA SEGURIDAD DE LOS ESPAÑOLES es probablemente el bien común más importante a preservar en este momento histórico. Invertir más en nuestra seguridad es sin ninguna duda necesario, dado el peligroso panorama estratégico en el que nos encontramos, pero no es suficiente. El cambio esencial que necesitamos es de mentalidad: transformar unas Fuerzas Armadas diseñadas para la paz a unos Ejércitos capaces de garantizar la disuasión y, si esta falla, vencer en la guerra.

¿Por qué necesitamos unas Fuerzas Armadas preparadas para el combate? Con una guerra en las fronteras de la Unión Europea de proporciones desconocidas desde el final de la II Guerra Mundial no hace falta dar muchas más explicaciones. El orden mundial que disfrutamos desde 1945 ha saltado por los aires y ha dado lugar no a un nuevo orden, sino más bien a una nueva era de desorden. Hemos pasado de un orden basado en reglas, instituciones multilaterales y cooperación internacional (aunque lleno de imperfecciones) a un mundo que se rige únicamente por la lógica del poder, intereses unilaterales y cuya principal característica es la competencia entre las grandes potencias.

La situación es especialmente peligrosa para una Unión Europea enfrentada a Rusia, abandonada por Estados Unidos e incapaz de defenderse por sí misma. El plan anunciado por la presidenta de la Comisión Europea, Ursula von der Leyen, de movilizar 800 mil millones de euros para rearmar la Unión indica que al fin Europa se está despertando y está pasando de las meras declaraciones grandilocuentes a la acción, pero cabe la duda de si es demasiado tarde y de si los estados miembros, que son los que deben realizar la mayor parte del esfuerzo, están en condiciones y tienen la voluntad firme de cumplir con el reto.

España es de hecho uno de los países que genera mayor incertidumbre. La amalgama parlamentaria que sustenta al Gobierno está profundamente dividida en esta cuestión, con varios de los socios abiertamente opuestos a incrementar nuestro gasto militar. La estrategia del «muro» diseñada por el presidente Sánchez para mantenerse en el poder hace casi imposible alcanzar acuerdos con el Partido Popular, que recordemos es la principal fuerza política en el Congreso, aunque se encuentre en la oposición. El margen fiscal del que dispone España para afrontar cualquier aumento de gasto sin generar un déficit público peligroso es además muy limitado, sino inexistente. La imposibilidad del Gobierno de aprobar un nuevo presupuesto exige además hacer ingeniería contable para aumentar las partidas dedicadas a nuestros Ejércitos. Pero, sobre todo, cabe dudar de la voluntad real de un presidente que cuando era líder de la oposición prometió eliminar el Ministerio de Defensa por innecesario y que solo parece dispuesto a afrontar un aumento del gasto en defensa bajo la insoportable presión de sus aliados.

Pero como hemos dicho, más allá de cual sea la cuantía final de esos fondos, lo realmente importante es que Fuerzas Armadas necesitamos y cómo vamos a conseguirlas. Las Fuerzas Españolas han mantenido en las últimas décadas una gran capacidad para proyectarse en misiones de gestión de crisis por todo el mundo. A pesar de las estrecheces presupuestarias de nuestros ejércitos, nuestro país ha sido uno de los aliados de la OTAN más activos en las denominadas misiones de paz. Hoy tenemos casi 6000 soldados desplegados en múltiples misiones en países tan diversos como Letonia, Eslovaquia, Líbano, Rumanía y algunos países africanos, además de numerosos despliegues navales. Este «milagro militar español», ser uno de los aliados que menor esfuerzo dedica a su defensa y al mismo tiempo uno de los que participa en mayor número de misiones, se ha logrado sobre la base de una gran profesionalidad y vocación de servicio de nuestros militares que es reconocida en todo el mundo.

Sin embargo, mantener esta capacidad para desplegar fuerzas en estas misiones de paz ya no es suficiente. El escenario actual hace necesario que construyamos una capacidad de disuasión para garantizar nuestra propia defensa, soberanía e integridad territorial frente a cualquier amenaza, proyectar fuerza para el combate para una defensa común y hacer frente a las nuevas amenazas híbridas que proliferan en los nuevos dominios cibernético, espacial y cognitivo. La tarea no puede ser más apremiante ni más desbordante.

Para lograr este objetivo, lo primero es dotar de capacidad operativa real a las unidades de combate existentes. Esto empieza por completar sus plantillas de personal, aumentar radicalmente sus reservas de munición, potenciar el apoyo logístico para ser capaz de sustentar la fuerza en el campo de batalla y renovar parte del material que se encuentra obsoleto. Tras décadas de anemia presupuestaria muchas unidades de nuestras Fuerzas Armadas se encuentran en una situación límite.

Hay además que iniciar un proceso de transformación de nuestras Fuerzas Armadas a la luz de las lecciones aprendidas en los conflictos actualmente en curso, tanto en Ucrania como en Oriente Medio. Estamos asistiendo a una nueva revolución de los asuntos militares de la que España no puede sustraerse. No se trata aquí de profundizar en unas lecciones que son aún muy preliminares, pero ya parece evidente que en el campo de batalla futuro la presencia de drones y vehículos no tripulados de todo tipo será determinante, que las grandes plataformas tradicionales (carros, buques y aviones) son cada vez más vulnerables, que proteger a las fuerzas de ataques de drones y misiles resulta fundamental, que hay que desarrollar capacidad de ataques en mayor profundidad, que la guerra electrónica resulta decisiva y que el desgaste de las fuerzas en combate es enorme por lo que la necesidad logística de reponer munición, material y personal es abrumadora.

En tercer lugar, hay que desarrollar capacidades inéditas en los nuevos dominios emergentes. La guerra en el ciberespacio debe garantizar libertad de acción (Internet, telefonía, satélites, entre otros) para la operatividad de las Fuerzas Armadas y la subsistencia de la nación. Para ello es necesario fortalecer la resiliencia, protección y defensa de las redes, servicios esenciales e infraestructuras críticas, y resulta imprescindible prepararse con tiempo y dotarse de personal y capacidades militares que permitan realizar operaciones defensivas y ofensivas. España fue un país pionero en la creación de un mando operativo para el ciberespacio pero nuestras capacidades son aún en buena medida embrionarias.

En el dominio espacial, las Fuerzas Armadas deben dotarse de las capacidades necesarias para garantizar, de forma autónoma y también en coordinación con nuestros aliados, el libre acceso al espacio y la defensa de los servicios comerciales y de seguridad que nuestra nación necesita. La creación del Mando del Espacio es un primer paso para la consecución de una capacidad de Mando y Control que, inicialmente, se limitará al conocimiento del dominio espacial. A más largo plazo, habrá que aspirar a ser capaces de realizar operaciones defensivas y de respuesta en el espacio, para lo cual habrá que disponer de un robusto sistema de mando y control espacial.

Por último, en el dominio cognitivo, una vez desarrollada una doctrina propia, es preciso reforzar las capacidades para gestionar la comunicación militar pública, las operaciones psicológicas y las operaciones ciberespaciales. La superioridad en la toma de decisiones requiere un conocimiento profundo del entorno de la información y buenas herramientas de auxilio a la toma de decisiones. Esas capacidades están aún por desarrollar en nuestras Fuerzas Armadas.

Cuando pensamos en cómo adquirir estas nuevas capacidades en todos los dominios siempre centramos nuestra atención en la innovación tecnológica y en la adquisición de nuevos sistemas, olvidando que el elemento esencial de todo ejército es su componente humano. De nada sirven las mejores armas del mundo si no tenemos el personal suficiente, con la formación adecuada, el adiestramiento constante y sobre todo con la mentalidad y la moral necesarios para afrontar el combate. Lograr estos objetivos requerirá una gran reforma de nuestra política de personal militar que comienza por aumentar determinadas plantillas, mejorar la retribución y la calidad de vida de nuestros soldados en las unidades, actualizar su formación y aumentar su disponibilidad.

Para lograr esta necesaria transformación de nuestras Fuerzas Armadas creo que hay cinco instrumentos esenciales y urgentes que poner en marcha.

1. Una Ley Programa o de dotaciones para las Fuerzas Armadas que dote de un marco financiero estable a nuestra defensa y permita una planificación a medio y largo plazo. Sin esa planificación a largo plazo es probable que mucho del dinero extra que gastemos en nuestros ejércitos como consecuencia de la presión de nuestros aliados sea malgastado en cosas que no son estrictamente necesarias y cuya eficacia sea mínima, pero sobre todo careceremos de un proyecto de transformación coherente. Es imprescindible que este compromiso financiero a largo plazo para nuestra Defensa tenga el máximo consenso político posible para ser creíble.

2. Un presupuesto de defensa en base cero que obligue a un ejercicio de evaluación de todos los programas de gasto existentes para decidir qué programas son prioritarios, cuáles pueden aplazarse y cuáles deben ser cancelados para adquirir nuevas capacidades que ahora no existen. Esta revisión debe realizarse en base a lecciones aprendidas de los conflictos actuales.

3. Una revisión de nuestra política de personal. Todos los ejércitos europeos han sido jibarizados tras el final de la Guerra Fría. Hoy resulta imprescindible aumentar el volumen de efectivos, aunque la cuestión esencial sea la captación, retención y gestión del talento. El principal reto es cómo mantener la motivación a lo largo de toda la carrera militar y cómo lograr que la necesaria conciliación de la vida familiar y personal no suponga una disminución de la capacidad operativa de las Fuerzas Armadas. La injusta remuneración tanto del personal profesional como de los reservistas voluntarios y del personal civil constituye otra gran hipoteca para el éxito de la misión. La calidad de vida de los soldados en las unidades es otra asignatura pendiente con profesionales viviendo en camaretas colectivas en pésimas condiciones y sin apenas compensación por jornadas continuadas o semanas de maniobras. La enseñanza militar debe ser la palanca de transformación más importante para construir las Fuerzas Armadas que España necesita. Es imprescindible formar profesionales en ámbitos multidisciplinares y cambiantes,

donde al mismo tiempo, se enseñen los valores tradicionales del combatiente español, fomentando líderes competentes. Resulta imprescindible invertir en recursos humanos para forjar una fuerza capacitada y motivada como pilar esencial del futuro de nuestra defensa.

4. Un nuevo modelo de reservismo militar. Las fuerzas en reserva han demostrado ser un factor esencial en todos los conflictos actuales. Necesitamos abordar un cambio radical con nuestro modelo actual de reserva para pasar de un carácter suplementario por el de una reserva complementaria. Por un lado, es preciso seguir contando con especialistas que traigan a las Fuerzas Armadas los conocimientos y experiencia civiles que son necesarias para el ámbito castrense, pero a ellos deben sumarse unos reservistas operativos que constituyan unidades específicas, capaces de desplegar como batallones o compañías en cuanto reciban órdenes para ello. El adiestramiento debe alcanzar un sitio preeminente en la capacitación de todo el personal reservista. Es imprescindible diseñar un plan de adiestramiento basado en ejercicios a realizar periódicos una vez superado una formación básica. Los batallones de reservistas operativos estarían repartidos por el territorio nacional, cumpliendo así con la premisa de acercar el lugar de activación a la residencia de los reservistas. El objetivo sería llegar a una fuerza en reserva de al menos 20 mil efectivos. No hay por otro lado, fórmula más eficaz para desarrollar una conciencia de defensa nacional que el establecer un modelo incentivador y eficaz de reservistas.

5. Un Plan Industrial para la Defensa. La industria de defensa española está llamada a jugar un papel esencial en esta necesaria transformación de nuestras Fuerzas Armadas. En primer lugar, porque en el contexto estratégico actual garantizar una autonomía industrial en este sector resulta fundamental para defender nuestra soberanía e independencia. En segundo término, porque tengo el convencimiento de que la inversión que realicemos en nuestras Fuerzas Armadas puede tener, si lo hacemos de forma coordinada con nuestro propio sector industrial, un efecto extraordinariamente positivo en términos de innovación tecnológica, capacidad industrial y crecimiento económico para nuestro país. Esto exige una planificación conjunta entre la industria y los ejércitos y una

defensa firme de nuestra industria nacional en el proceso en marcha de creación de un mercado único para la defensa y la consolidación del sector en la Unión Europea.

Junto a la potenciación de nuestras capacidades de defensa es imprescindible potenciar también nuestro sistema de inteligencia. La inteligencia es hoy el instrumento más valioso para hacer frente a las amenazas del contexto estratégico actual. Nuestro sistema de inteligencia adolece de un triple problema en España: tiene una dimensión y una dotación muy menor comparada con cualquier otro país de nuestra dimensión; carecemos de una verdadera comunidad de inteligencia y es necesario aumentar la eficacia del servicio.

- Aumentar de forma sustancial los recursos humanos y presupuestarios de nuestra inteligencia. Es preciso poner en marcha un plan de innovación tecnológica de la inteligencia.
- Crear un servicio de inteligencia interior que permita al CNI centrarse en la inteligencia exterior, la contrainteligencia y la inteligencia de señales.
- Crear una Agencia Nacional de Ciberseguridad que integre el Centro Criptológico Nacional y el Instituto Nacional de Ciberseguridad.
- Generar una verdadera comunidad de inteligencia de la que formen parte todos los organismos públicos que generan inteligencia, incluyendo el CNI, el nuevo servicio de inteligencia interior y el CIFAS. Esta comunidad debería ser coordinada por un Asesor de Seguridad Nacional que mantendría la interlocución entre los servicios y el presidente del Gobierno.
- Mejorar el sistema de captación, selección y formación del personal de inteligencia.
- El servicio debe orientarse a la captación de información y no únicamente al análisis.
- Desarrollar nuevas capacidades dentro del CNI para la lucha contra la desinformación, tanto para la detección y atribución de esta como para emprender acciones de respuesta y neutralización.
- Generar un sistema de colaboración público-privada en materia de inteligencia y lucha contra la desinformación.
- Potenciar la inteligencia económica y la comunicación con las empresas españolas que operan en el mercado internacional.

Los tambores de guerra resuenan cada vez más cercanos en Europa, los desafíos se acumulan en nuestra frontera sur, nos enfrentamos a nuevos retos en todos los dominios, nos adentramos en una zona gris en la que las amenazas híbridas serán cada vez más peligrosas. En este nuevo entorno estratégico, las Fuerzas Armadas serán el principal baluarte para defender nuestra soberanía, nuestra integridad territorial y nuestra defensa, contribuyendo además a garantizar la seguridad de toda la Unión Europea y la fortaleza de la Alianza Atlántica para defender conjuntamente nuestras democracias, nuestro estilo de vida y nuestra libertad.

Europa, y con ella España, deben despertar del sueño de paz perpetua que dormimos durante las últimas décadas. Solo fortaleciéndonos y disuadiendo a nuestros enemigos seremos capaces de impedir la guerra, garantizar nuestra supervivencia y defender nuestra libertad. Tendremos que aumentar los recursos dedicados a nuestra defensa, pero sobre todo tendremos que cambiar nuestra mentalidad y recuperar nuestra voluntad de luchar por defender lo que somos, en lo que creemos y el futuro que queremos construir.

10. Retos demográficos de España: análisis y respuestas

Jesús Javier Sánchez Barricarte

Catedrático de Sociología Universidad Carlos III de Madrid

Las claves fundamentales para el desarrollo socioeconómico de cualquier país son las siguientes:

1. Fomentar el crecimiento demográfico
2. Permitir el desarrollo evolutivo y espontáneo de las instituciones
3. Promocionar y asegurar los derechos individuales (especialmente, el derecho a la vida)
4. Desarrollar el sistema capitalista (protección de la propiedad privada, libre ejercicio de la empresarialidad y de la capacidad creativa innata de los ciudadanos, baja presión fiscal, restricción estricta del intervencionismo estatal, flexibilidad laboral, cumplimiento de los contratos y seguridad jurídica, etc.)
5. Estimular el trabajo duro y el ahorro
6. Impulsar la apertura comercial y de flujos migratorios
7. Estimular la externalización de la energía (el progreso se asienta en el uso de fuentes de energía abundantes y baratas)
8. Promover la inversión en capital humano (educación y salud)

Esta clasificación no pretende mostrar el orden de importancia de cada uno de los mencionados puntos puesto que todos ellos son trascendentales. El incumplimiento de cualquiera de ellos tendrá necesariamente un impacto negativo en el futuro del progreso socioeconómico de un país. El neomaltusianismo y el decrecentismo que propugnan algunos irremediablemente desembocan en el freno o retroceso socioeconómico y, por lo tanto, hemos de enfrentarnos a sus propuestas.

En este capítulo nos vamos a centrar exclusivamente en analizar algunos de los aspectos relacionados con la población. Examinaremos brevemente cuáles son, desde nuestro punto de vista, los retos demográficos más importantes a los que se va a enfrentar España en las próximas décadas y propondremos algunas respuestas a los mismos, siempre dentro del marco teórico establecido en los anteriores 8 puntos.

Descenso del tamaño de la población

A mediados del año 2024 España contaba con 48,8 millones de habitantes, de los cuales, 42,2 tenían la nacionalidad española y 6,6 poseían una nacionalidad extranjera (13,6 % de la población total). Claro está, muchos de esos 42,2 millones de ciudadanos de nacionalidad española eran de origen extranjero que se habían naturalizado españoles en los últimos años. Si clasificamos los 48,8 millones de residentes en España según su lugar de nacimiento, nos encontramos que son 9 millones los nacidos en el extranjero (18 % de la población total). Es decir, casi 1 de cada 5 personas residentes en España ha nacido fuera de nuestras fronteras.

Según las estimaciones del Instituto Nacional de Estadística de España (INE), como consecuencia de nuestros bajísimos niveles de fecundidad, la población residente nacida en nuestro país pasará de los 39,8 millones en el año 2024 a los 33,3 millones en 2074. Creemos que estas estimaciones están infladas porque, como veremos más adelante, es muy posible que los niveles de fecundidad de las próximas décadas estén por debajo de lo considerado por el INE. Aun así, si cerrásemos nuestras fronteras herméticamente a la llegada de inmigrantes y se mantuvieran los índices de fecundidad pronosticados por el INE, en apenas 5 décadas el descenso de la población total sería muy considerable.

Jesús Javier Sánchez Barricarte

De momento España no está reduciendo el tamaño de su población total gracias al importante contingente de inmigrantes que ha llegado para vivir aquí en las últimas décadas. La pérdida de población tendría consecuencias nefastas para nuestro desarrollo social y económico. Julian L. Simon (1986) desgranó una amplia serie de ventajas relacionadas con el crecimiento demográfico:

- Las poblaciones que crecen tienen un mayor porcentaje de jóvenes. Las poblaciones jóvenes producen más que las envejecidas porque los incrementos salariales se corresponden con la productividad y no con la antigüedad;
- El crecimiento de la población facilita los cambios y la renovación en las estructuras económicas y sociales;
- Las inversiones son menos arriesgadas cuando la población crece más rápidamente;
- Una población que crece incrementa la movilidad interna de la fuerza de trabajo (la población joven es mucho más móvil) y facilita el emparejamiento entre los potenciales trabajadores y los puestos de trabajo;
- El crecimiento de la población crea nuevas oportunidades de empleo;
- Un aspecto fundamental para el progreso económico es el desarrollo del sistema de transportes y comunicación que mejoran el flujo de mercancías e información. Según Simon, hay una estrecha conexión entre la densidad demográfica y el sistema de transporte de bienes, personas e información. Una densidad demográfica más alta hace más factible el establecimiento de un buen sistema de transportes porque el coste lo soportan más personas. En definitiva, el crecimiento de la población conduce claramente a una mejoría de los transportes que, a su vez, estimula el desarrollo económico. En el caso español, difícilmente podríamos sostener las actuales infraestructuras de transportes (autovías, autopistas, sistema ferroviario y de metro, aeropuertos, puertos, puentes, túneles…) si la población se redujera;
- Una población numerosa es sinónimo de un mercado más grande que facilita el establecimiento de industrias de mayor tamaño

(mucho más eficientes que las pequeñas) y la reducción de los costes de producción (se generan economías de escala);

- La división del trabajo y la capacidad de especialización es más fácil cuando crece la población. Todo esto, sin duda, aumenta la productividad per cápita de los trabajadores y, en definitiva, su nivel de renta;
- La fuente de las mejoras de la productividad es la mente humana, por lo que parece sensato pensar que la cantidad de mejoras dependerá del número de personas capaces de usar su cabeza. La imaginación humana (la materia gris bien formada, la capacidad creativa innata de las mentes humanas) es la única restricción a la disponibilidad de recursos naturales.

El premio Nobel de Economía Friedrich A. von Hayek (2020) señalaba que hemos accedido a la civilización por el aumento de la población. Los seres humanos se han hecho poderosos porque se han hecho diferentes. El crecimiento demográfico es el que ha permitido la especialización que, a su vez, es la que ha hecho posible la diferenciación de las mismas. Es decir, crecimiento de la población y especialización van de la mano. No es posible una sin la otra. Decía Hayek que «podemos ser pocos y salvajes, o muchos y civilizados». Si el tamaño de la población se redujera al que había hace unos miles de años, la humanidad no podría preservar la civilización.

Para Jesús Huerta de Soto (2024), el principal límite al desarrollo de la civilización es una población estancada, pues imposibilita continuar el proceso de profundización y especialización del conocimiento práctico que es necesario para el desarrollo económico. Si la capacidad mental de los seres humanos es fija, la única manera de manejar un volumen creciente de conocimiento empresarial e información (imprescindible para el desarrollo económico) es a través del continuo aumento del número de seres humanos.

Envejecimiento de la estructura demográfica

España lleva décadas sufriendo un intenso proceso de envejecimiento de la estructura de su población. En el Gráfico 1 podemos observar que la edad media de la población española en el año 1975 era de 33 años, mientras que en 2023 superaba los 44 años. La proyección (variante media) realizada por Naciones Unidas, y que en el gráfico se indica en color más claro, estima que este indicador seguirá creciendo en las próximas décadas hasta rozar los 52 años a mediados de este siglo.

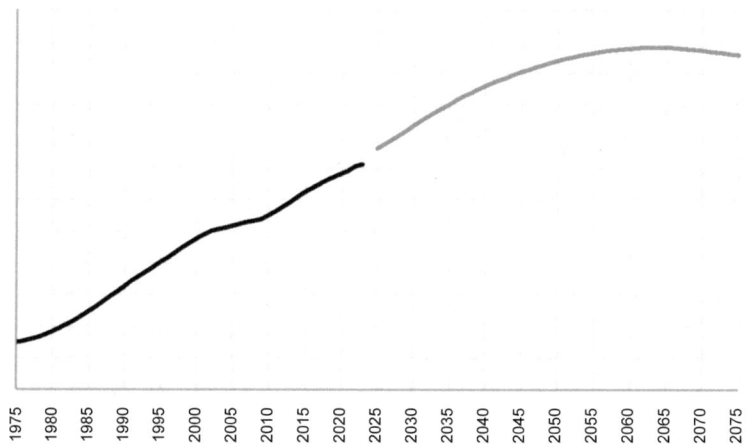

Gráfico 1. Evolución de la edad media de la población residente en España. Fuente: 1975-2023 INE y 2025-2075 World Population Prospect (Naciones Unidas, 2024).

La tasa de dependencia de los jóvenes pone en relación la población de 0-15 años con la que está en edad de trabajar (16-64 años). Igualmente, la tasa de dependencia de los mayores relaciona la población con 65 y más años con la que está en edad de trabajar. En el Gráfico 2 podemos observar que, en los últimos 50 años, la estructura demográfica de España ha cambiado de manera muy importante. Mientras que la tasa de dependencia de jóvenes se ha reducido a menos de la mitad, la de los mayores casi se ha duplicado en el mismo período. La proyección (variante media) realizada por Naciones Unidas señala que, para mediados de este siglo xxi, la tasa de dependencia de la población mayor llegará a escalar hasta el 70 %. Es decir, por cada 100 personas en edad de trabajar (16-64 años) se espera que habrá en España en torno a 70 ciudadanos con 65 y más años.

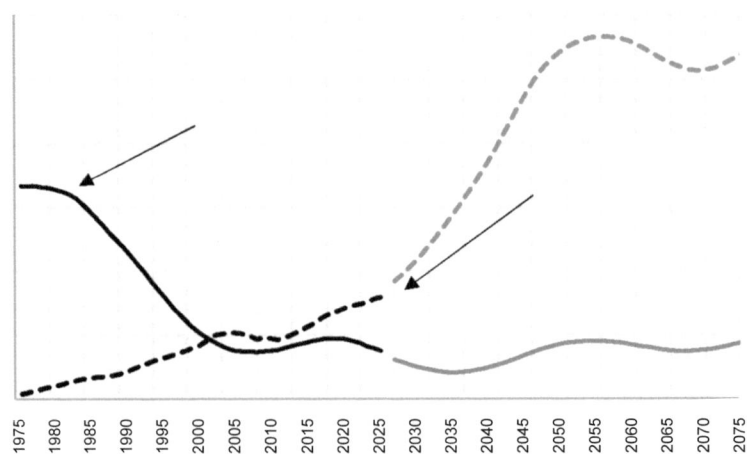

Gráfico 2. Evolución de las tasas de dependencia de jóvenes (<16 años) y de mayores (>64 años) en España expresadas en %. Fuente: 1971-2023 INE y 2025-2075 World Population Prospect (Naciones Unidas, 2024).

Estos dos simples indicadores (edad media de la población y tasa de dependencia) nos aportan suficiente información para darnos cuenta del importante reto demográfico que ya estamos viviendo y que, con toda seguridad, se agravará en las próximas décadas. Independientemente de que se pueda retrasar unos años la edad media de jubilación y, de esa manera, aliviar el esfuerzo que tendrá que hacer la población en edad de trabajar, es indudable que la evolución de la estructura demográfica española va a producir fuertes tensiones intergeneracionales que se plasmarán fundamentalmente (y no exclusivamente) en dos ámbitos: el sistema de pensiones y la atención sanitaria. Estas dos partidas juntas, cuyos principales beneficiarios son las personas del grupo etario de 65 y más años, suponen en el año 2024 casi el 60 % de los Presupuestos Generales del Estado.

El actual sistema de pensiones en España es un sistema de reparto donde los trabajadores de hoy contribuyen con sus cotizaciones a pagar las pensiones de los jubilados actuales. Esto lo hacen con la esperanza de que los trabajadores del futuro contribuyan al pago de sus pensiones cuando les llegue la hora del retiro laboral. Este sistema sólo es viable en poblaciones con estructuras demográficas jóvenes, donde la incorporación de nuevos trabajadores es mayor que la salida. La actual estructura demográfica española hace imposible el mantenimiento de este sistema y las proyecciones demográficas que hemos visto en los dos gráficos anteriores lo que nos indican es que la situación, lejos de mejorar, no va a hacer sino empeorar mucho la situación. El sistema de pensiones de reparto es un claro ejemplo de estafa piramidal (esquema Ponzi) que no sólo no ofrece seguridad, sino que, además, genera conflictos intergeneracionales y tensiones sociales de muy difícil solución.

Es bien sabido que el gasto sanitario varía mucho en función de la edad y dibuja una línea en forma de J: es moderadamente elevado en los primeros momentos de vida y permanece bajo entre las edades de 5 a 45 años, pero a partir de los 45 años comienza a crecer de manera muy rápida, siendo las personas de edades más avanzadas quienes más recursos requieren. Debido a este esquema de gasto sanitario por edad y al proceso de envejecimiento demográfico, no ha dejado de crecer en los últimos años el porcentaje del PIB dedicado a sanidad en España. Si en el año 1970 era del 2 %, en el año 2022 superaba el 7 % (OECD Data Explorer). La previsión de la evolución de la estructura demográfica española apunta a que este porcentaje tendrá que seguir aumentando en las próximas décadas para atender las necesidades básicas en salud de la población de más edad.

¿Es ético que la clase trabajadora de las próximas décadas tenga que soportar con sus contribuciones el ingente crecimiento de las partidas en pensiones y sanidad que va a traer el acelerado envejecimiento de la estructura demográfica? ¿Se rebelará contra tal imposición? Muchísimo deberían aumentar la productividad y el porcentaje de población activa en España para conseguir amortiguar el fortísimo sobrepeso que van a suponer estos gastos en las próximas décadas. Siendo realistas, no parece que sea fácil conseguir esos objetivos en un período corto de tiempo.

España necesita desesperadamente gente joven y esa necesidad se va a incrementar más en las próximas décadas. El futuro está en los jóvenes, no en los ancianos. No es suficiente evitar que se reduzca el tamaño de la población de nuestro país. Además, es perentorio rejuvenecer su estructura demográfica, no solamente para disponer de suficientes recursos con los que poder atender a la cada vez mayor proporción de ancianos sino, además, para impulsar su salud socioeconómica. La pujanza empresarial es mayor entre los jóvenes que entre los ancianos. Lo mismo sucede con la creatividad económica y cultural. Los jóvenes arriesgan, invierten e innovan mucho más que los mayores especialmente porque su perspectiva temporal es, obviamente, más larga.

Seguridad nacional

La principal amenaza a la integridad territorial de España son las reivindicaciones sobre las ciudades autónomas de Ceuta y Melilla por parte de Marruecos (a lo que habría que añadir las tensiones relacionadas con las aguas territoriales y la delimitación de las zonas económicas exclusivas en el Atlántico, cerca de las Islas Canarias). Ya en el año 2002 España mantuvo un breve conflicto con Marruecos cuando intervino militarmente para desalojar a los soldados marroquíes que habían ocupado la Isla Perejil (un pequeño islote deshabitado situado a unos 200 metros de Ceuta). Qué duda cabe que, a pesar de los esfuerzos por mantener unas cordiales relaciones diplomáticas por parte de España, no podemos descartar que surja una contienda de carácter militar en el futuro con nuestro vecino del sur.

Ceuta y Melilla, aunque son territorios españoles en el norte de África, no están claramente incluidas en el marco de protección automática de la OTAN y la defensa de estos territorios en caso de un conflicto podría depender de decisiones políticas y de la interpretación de los artículos del tratado.

La fortaleza militar de un país depende no sólo de su riqueza per cápita, tecnológica o industrial sino, también, del tamaño de su población, y más específicamente, de la que está en edad de trabajar. Si bien el producto interior bruto de España fue en el año 2023 diez veces superior al de Marruecos, no es menos cierto que el país alauí, desde los años 70 del pasado siglo, lleva dedicando a gastos militares un porcentaje del PIB notablemente superior (Military expenditure % of GDP, Banco Mundial).

Según las proyecciones de Naciones Unidas (Gráfico 3), para el año 2038, el tamaño de la población en edad de trabajar (16-64 años) de España y Marruecos se equipararán. A partir de mediados de este siglo XXI, se estima que Marruecos tendrá una fuerza laboral superior a la de España de más de 5 millones.

Jesús Javier Sánchez Barricarte

El más elevado esfuerzo en gasto militar de Marruecos junto a su mayor potencial demográfico futuro deberían ser aspectos a tener muy en cuenta en las políticas de defensa de España. Ampliar la población en edad laboral debería ser, sin duda, una tarea prioritaria de los gobiernos españoles de las próximas décadas.

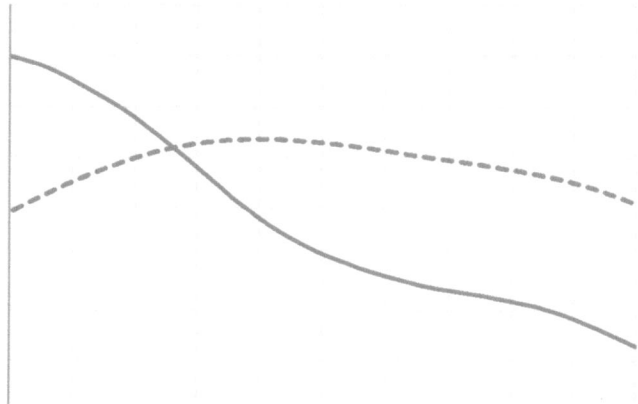

Gráfico 3. Proyección de la evolución del tamaño de la población en edad de trabajar (16-64 años) en España y Marruecos. Fuente: World Population Prospect (Naciones Unidas, 2024).

DESPLOME DE LA FECUNDIDAD

Es bien conocido que el proceso de envejecimiento de la estructura de la población en España al que hemos hecho antes referencia se ha debido, fundamentalmente, al desmoronamiento de los niveles de fecundidad, ocurrido especialmente a partir del año 1975 (Gráfico 4). El alargamiento de la esperanza de vida (la población española es una de las más longevas del mundo) también contribuyó algo en este proceso, aunque no tanto como la fuerte caída de las tasas de fecundidad.

Desde el año 1981, el nivel de fecundidad de España está muy por debajo de lo que se denomina «nivel de reemplazo generacional» (que es el nivel de fecundidad necesario para que los hijos que nacen sustituyan a los padres, y que, en los países con muy baja mortalidad, como es el caso español, se establece en torno a los 2,08 hijos por mujer en edad fértil). *Grosso modo*, en el período de 1981 a 2023 deberían haber nacido en España casi 10 millones más de niños (unos

230 000 cada año de promedio) simplemente para haber alcanzado el nivel de reemplazo generacional.

Es evidente que ha sido gracias al gran aporte humano que ha supuesto la llegada de millones de inmigrantes en las últimas décadas y a los hijos que han tenido aquí, por lo que España no ha visto reducir su población total. Además, como se puede comprobar en el Gráfico 4, la población extranjera tiene niveles de fecundidad por encima de la población de nacionalidad española por lo que ayuda a elevar un poco nuestros exiguos índices reproductivos. De hecho, el 30 % de los nacidos en el año 2022 tenían una madre que había nacido fuera de España.

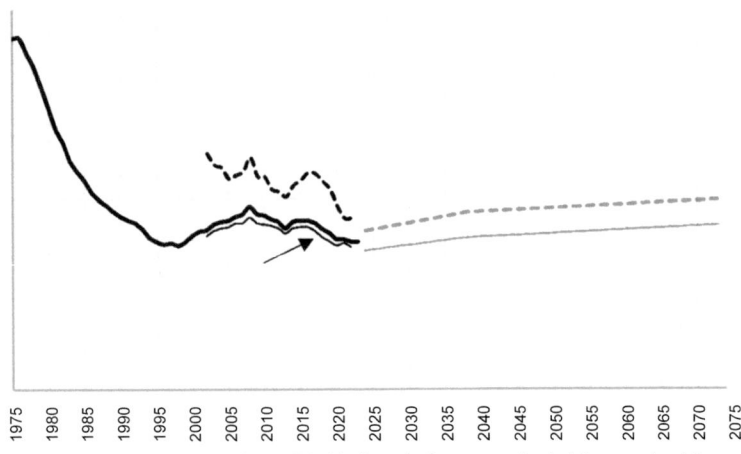

Nota: El índice sintético de fecundidad indica el número medio de hijos que tendría una mujer al final de su período reproductivo si sobreviviera hasta el final del mismo.

Gráfico 4. Evolución del índice sintético de fecundidad en España según nacionalidad de las madres. Fuente: INE y proyecciones del INE.

En el año 2022, España y Malta fueron los países con los niveles de fecundidad más bajos de Europa (1,16 hijos por mujer en edad fértil) (Tabla 1). Aunque algunos países del viejo continente tienen programas de apoyo a la natalidad mucho más generosos que España, lo cierto es que ninguno ha conseguido remontar los índices hasta alcanzar el nivel de reemplazo. No obstante, las diferencias en los niveles de fecundidad entre unos países europeos y otros no son despreciables. Si en el año 2022 España hubiese tenido un índice de fecundidad como el observado en Francia, habrían nacido en nuestro

Jesús Javier Sánchez Barricarte

país 180 000 niños más (un 54 % más de los que realmente tuvieron lugar), por lo tanto, no es baladí prestar atención a las medidas de apoyo y fomento de la natalidad.

Tabla 1. Valores del índice sintético de fecundidad en varios países europeos en el año 2022

Malta	1,08	Suecia	1,53
España	1,16	Bélgica	1,53
Albania	1,21	Croacia	1,53
Italia	1,24	Irlanda	1,54
Lituania	1,27	Eslovenia	1,55
Polonia	1,29	Dinamarca	1,55
Luxemburgo	1,31	Hungría	1,56
Grecia	1,32	Eslovaquia	1,57
Finlandia	1,32	Macedonia del Norte	1,58
Chipre	1,37	Islandia	1,59
Suiza	1,39	Serbia	1,59
Estonia	1,41	Turquía	1,63
Austria	1,41	Chequia	1,64
Noruega	1,41	Bulgaria	1,65
Portugal	1,43	Rumanía	1,71
Alemania	1,46	Montenegro	1,78
Letonia	1,47	Francia	1,79
Liechtenstein	1,47	Georgia	1,83
Países Bajos	1,49		

Fuente: Eurostat.

¿Cómo hemos llegado a esta situación? La caída histórica de la fecundidad es un fenómeno multicausal y un análisis pormenorizado de todos los factores está fuera del objetivo de este capítulo. No obstante, podemos mencionar algunos de ellos como: el descenso de la mortalidad infantil y juvenil, los cambios de valores y la secularización, el proceso de urbanización, el incremento de los niveles educativos (especialmente de las mujeres), la incorporación generalizada de las mujeres al mercado laboral, el encarecimiento de la vivienda (en gran parte causado por el intervencionismo estatal), la precariedad laboral, el acceso a métodos anticonceptivos y abortivos, etc. Incluso algunos señalan la «ecoansiedad» (la preocupación que experimentan algunas personas ante los supuestos efectos del cambio climático y la degradación ambiental provocada, según ellas, por el crecimiento demográfico) como otra posible causa por la que algunas parejas deciden no tener hijos en la actualidad.

Sin pretender quitar importancia al impacto que los anteriores factores pueden estar teniendo en los actuales niveles de fecundidad en España, lo cierto es que se suele obviar un factor que, desde nuestro punto de vista, es trascendental. En concreto, me estoy refiriendo al efecto catastrófico que ha tenido el establecimiento del actual diseño de Estado de Bienestar, un modelo de gobierno en el que el Estado asume un papel central en la protección y promoción del bienestar económico y social de sus ciudadanos en ámbitos como la salud, la educación, la vivienda y la seguridad social.

Históricamente, eran los hijos quienes se encargaban de cuidar a sus padres cuando éstos enfermaban o, por efecto de la edad, quedaban impedidos para realizar una actividad productiva. Este papel fue arrebatado por el Estado cuando se establecieron los sistemas de pensiones y sanidad públicas. Pero como casi siempre que el Estado se inmiscuye en la gestión de cualquier aspecto socioeconómico, los resultados que se obtienen son nefastos. La *fatal arrogancia* de los ingenieros sociales y el inequívoco efecto nocivo consustancial a todo intervencionismo estatal (independientemente del partido o del tipo de régimen político —dictatorial o democrático— que lo ejecuta), desde nuestro punto de vista, han tenido un efecto devastador en las tasas de fecundidad de los países occidentales y, más concretamente, en España.

Simplificando, podemos decir que el Estado de Bienestar consiste en arrebatar a los ciudadanos buena parte de los recursos que generan (en España en la actualidad el gobierno se gasta cerca del 50 % del PIB) con el noble objetivo de repartirlos «sabiamente» de acuerdo a las necesidades de cada uno. El problema estriba en que, como asegura el profesor Jesús Huerta de Soto (2022), *«el Estado ayuda mal e injustamente, de manera indiscriminada, quitando a unos, ayudando a los que no lo necesitan y, sobre todo, generando incentivos corruptores»*.

Los «incentivos corruptores» que han llevado al hundimiento de las tasas de fecundidad en España se pueden deducir del Gráfico 5. Las partidas presupuestarias dedicadas a atender las necesidades de la población adulta/anciana comenzaron a crecer durante la etapa franquista y, con la llegada de la democracia, se dispararon. Por el contrario, las destinadas a ayudar a las familias con hijos y a la población más joven apenas crecieron. Desde la llegada al poder de Franco y hasta la actualidad, los diferentes gobiernos han hecho una redistribución perversa de los recursos que expropian a los ciudadanos. Han derivado la mayor parte de ellos a atender las necesidades precisamente de los grupos de población de quienes pueden obtener apoyo con objeto de mantenerse en el poder (adultos y ancianos), dejando de lado a las familias jóvenes en edad reproductiva.

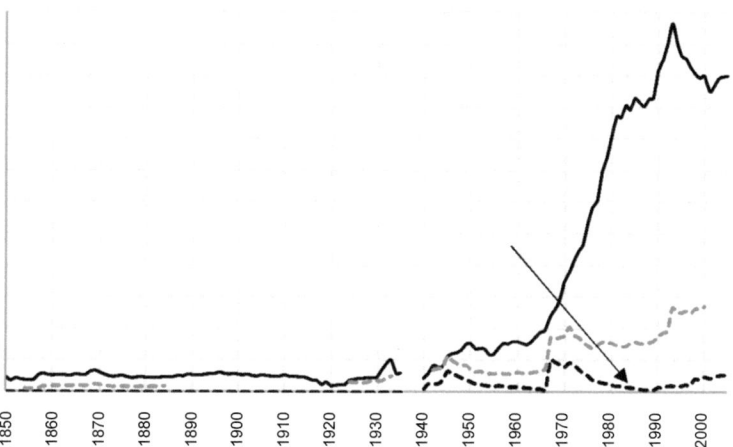

Nota: El gasto social destinado a «adultos y ancianos» incluye las partidas dedicadas a vejez, supervivencia, invalidez, incapacidad temporal, sanidad, desempleo, políticas activas y otros.

Gráfico 5. Porcentaje del PIB dedicado a gasto social en España según diferentes partidas. Fuente: Espuelas Barroso, 2013.

Estos siniestros incentivos creados por el intervencionismo estatal han dado como resultado el comportamiento lógico y racional que cabía esperar en las parejas en edad de tener hijos: para satisfacer sus necesidades afectivo-filiales tienen un solo descendiente y no se complican la vida trayendo otro más. España registra una de las mayores brechas entre fecundidad deseada y fecundidad lograda de toda Europa y ello se debe, especialmente, a que nuestro país es uno de los que menos esfuerzos hace en políticas de apoyo a las familias y ayudas a la natalidad (Beaujouan y Berghammer, 2019). Detrás de los bajos niveles de fecundidad actualmente registrados en España se encuentra precisamente el bajo índice de progresión al segundo hijo una vez se ha conseguido hacer la transición al primero debido, fundamentalmente, a que el actual sistema penaliza a quien tiene hijos y premia a quien no los tiene. El coste económico de criar un hijo en España es muy alto, incluso tomando en cuenta las subvenciones públicas (sanidad, educación…) que se puedan recibir. Si a esto añadimos el coste de oportunidad que tienen que soportar los padres (tanto en términos laborales como de tiempo de ocio), es comprensible que la gente joven sea muy remisa a tener más de un descendiente. Además, cuando esos niños crecen y son productivos, los beneficios que aportan no recaen en sus padres, sino que se socializan, lo que desincentiva también la paternidad/maternidad.

SOLUCIONES A LOS PRINCIPALES RETOS DEMOGRÁFICOS DE ESPAÑA

Cuando existe una brecha tan grande entre el número de hijos que desean tener las parejas y el que efectivamente tienen, como sucede en España, urge poner los medios para reducirla. La única solución factible y duradera en el tiempo sería desmantelar el Estado de Bienestar, es decir, reducir drásticamente el intervencionismo estatal y dejar a los ciudadanos que sean los verdaderos protagonistas del destino de sus vidas: que sean ellos quienes decidan el sistema de pensiones (de reparto o de capitalización) o sanitario (público o privado) que quieren tener y el tipo de colegio al que poder enviar a sus hijos (público, privado o concertado). Liberalizar el mercado inmobiliario y reducir las exigencias burocráticas facilitaría, sin duda, el acceso a la vivienda de las parejas más jóvenes. Liberalizar el rígido mercado laboral que sufrimos en la actualidad, igualmente, repercutiría en unas menores tasas de paro juveniles (que actualmente duplican a las de la Unión Europea) lo que, a su vez, facilitaría la formación de familias y reduciría la edad media al primer hijo, que en España es una de las más altas de Europa (en el año 2022 alcanzó los 31,6 años). En definitiva, terminar con el asfixiante intervencionismo estatal permitiría acabar con los «incentivos corruptores» que mantienen la fecundidad en los niveles tan bajos de la actualidad.

Lamentablemente, desmantelar o cambiar drásticamente el esquema de distribución de los recursos que hace el actual sistema de Estado de Bienestar en el corto-medio plazo va a ser muy difícil puesto que la población adulta/anciana, principal beneficiada del mismo, supone un creciente grupo de presión al que ningún partido político se va a atrever a reducirle las ventajas económicas que viene disfrutando desde hace décadas. Además, como indica Huerta de Soto (2024), el socialismo (intervencionismo estatal) es tremendamente adictivo y resulta muy doloroso y difícil que los ciudadanos que dependen del Estado vuelvan a adquirir hábitos de tipo empresarial. De acuerdo con el Índice Global de Mentalidad Económica, España es uno de los países con menores niveles de apoyo social al capitalismo (Atlas Network, 2020). Es decir, va a resultar muy difícil que surja un grupo de presión lo suficientemente importante que pueda presionar a favor de la reducción del agobiante nivel de intervencionismo estatal actual.

Por lo tanto, nuestra valoración es que las previsiones del INE que indican que en las próximas décadas habrá un suave incremento en la evolución de los niveles de fecundidad en España (Gráfico 4) parecen más un deseo voluntarista que una certera previsión basada en argumentos sólidos. Si no desaparece el Estado de Bienestar o hay un cambio radical en su diseño, las tasas de fecundidad no remontarán y seguiremos en niveles tan bajos como los de ahora.

Ante esta situación, y dado que es del todo imprescindible y urgente que nuestro país no sólo no pierda población, sino que también rejuvenezca su cada vez más envejecida estructura demográfica, consideramos que la única solución que tenemos a nuestro alcance es recurrir a la inmigración. De no ser así, España tendrá que sufrir las funestas consecuencias socioeconómicas y geoestratégicas que hemos detallado anteriormente.

Más aún, incluso si hoy mismo se produjera un cambio de 180º en las actuales políticas públicas de ayudas a las familias y llegara al Gobierno un partido que las impulsara de manera enérgica, también seguiríamos necesitando de inmigración, dado que el incremento de los nacimientos tendría un efecto demasiado lento para paliar nuestros actuales retos demográficos. Por lo tanto, el futuro inmediato de España para las próximas décadas necesariamente pasa por facilitar la llegada cuantiosa de población joven extranjera, tanto si no se incrementan las tasas de fecundidad (que será lo más probable) como si lo hacen de manera importante (escenario que creemos inverosímil).

Las personas y partidos políticos más remisos con la llegada de inmigrantes a España (vinculados fundamentalmente con la derecha identitaria), cuando no denuncian su temor a la potencial dilución del espíritu patrio provocada por la entrada de extranjeros, suelen argumentar que están a favor de la inmigración, pero siempre que sea «legal, ordenada y segura». Es muy difícil no estar de acuerdo con esta propuesta. Ahora bien, para ordenar la inmigración, lo primero que hay que hacer es estimar cuántos inmigrantes necesitamos que lleguen a España cada año. Éste es un ejercicio que nunca he visto hacer a ninguno de los líderes políticos que más critican el sistema migratorio español actual. Hagamos nosotros dicho ejercicio.

De acuerdo con las estadísticas de flujos migratorios del INE, en el período 2008-2021 llegaron a España procedentes del extranjero 6,3 millones de inmigrantes (de ellos, unos 700 000 tenían nacionalidad española). En ese mismo período, emigraron al extranjero 5,1 millones de residentes (de los cuales, unos 950 000 tenían la nacionalidad española). Es decir, por cada persona que abandonó España, hubo aproximadamente 1,24 que llegaron del extranjero. Los medios de comunicación suelen alarmarnos con la «invasión» de inmigrantes que llegan a las costas españolas en cayucos y pateras o a través de los aeropuertos, sin embargo, no se hacen eco de los cientos de miles de ciudadanos que abandonan todos los años nuestro país. Obviamente, lo pertinente es analizar los saldos migratorios. En el mencionado período 2008-2021, el saldo migratorio en España fue aproximadamente de +1,2 millones (lo que supone una media anual de unas +83 000 personas).

Partamos del supuesto de que nuestro objetivo es que España mantenga la población actual (en el caso de que quisiéramos que aumentara, cosa que sería muy recomendable, la necesidad de inmigrantes sería mayor). En el período 2008-2021 deberían haber nacido en nuestro país casi 3,5 millones más de niños de los que nacieron (aproximadamente una media de unos 250 000 más cada año) simplemente para que hubiésemos llegado al nivel de reemplazo generacional. Es decir, el saldo positivo migratorio de ese período (+83 000) apenas cubrió una tercera parte de los nacimientos que no se produjeron simplemente para conseguir el nivel de reemplazo generacional y, por consiguiente, el mantenimiento del tamaño de la población.

Las cuentas son claras, si los niveles de fecundidad en las próximas décadas se fueran a mantener constantes al nivel actual (1,16 hijos por mujer en edad reproductiva en el año 2023) y queremos que España mantenga su población, necesitaríamos tener unos saldos migratorios positivos anuales de aproximadamente +260 000 personas. Si la relación entre inmigrantes y emigrantes se fuera a mantener en los niveles observados en el período 2008-2021 (por cada residente que emigró llegaron alrededor de 1,24 inmigrantes), eso significaría que, *grosso modo*, de promedio, cada año deberían entrar en España 1,4 millones de inmigrantes. En el caso de que consiguiéramos retener a un porcentaje mayor de los inmigrantes que llegan a España, lógicamente, no haría falta que entrara tanta gente. Y es que, si son muchos los que llegan a España con el objetivo de mejorar sus perspectivas socioeconómicas, también son muchos los que se marchan quizás decepcionados por las dificultades que encuentran en nuestro país (muchos de ellos jóvenes de nacionalidad española que deciden irse ante la falta de oportunidades).

España tiene una acuciante necesidad estructural de inmigrantes jóvenes. Estamos faltos tanto de mano de obra cualificada como no cualificada. Quienes son partidarios de facilitar la entrada exclusivamente a las personas que tienen titulaciones universitarias desconocen que necesitamos trabajadores del servicio doméstico, cuidadores de ancianos y niños, reponedores de supermercados, camioneros, peones agrícolas, repartidores a domicilio, personal de limpieza, etc. Lo mejor que pueden hacer los «ingenieros sociales» de todo el espectro político que gustan de planificarlo todo y que sistemáticamente siempre se equivocan es dejar que sea el mercado el que dinámicamente determine en cada momento el número y tipo de personas extranjeras que desea contratar o despedir. Ningún político, ningún ministerio público tiene la capacidad de conocer de antemano las necesidades de personal que requieren las empresas y familias. Por lo tanto, facilitar la libertad en los flujos migratorios ayudaría enormemente a impulsar el desarrollo económico de España. Restringirla supondría empeorar la preocupante situación demográfica y económica que tenemos ahora.

Libertad migratoria y seguridad no deben estar reñidas. Es lícito que un país tenga control de las personas que entran en él. España debería tener un programa internacional de concesión de visados de trabajo por todo el mundo (quizás con preferencia por los países hispanoamericanos) que permitiera atraer cada año a varios cientos de miles de jóvenes inmigrantes. La concesión de estos visados en los países de origen debería estar supeditada a la comprobación de la ausencia de antecedentes penales de los solicitantes. Igualmente, el permiso de trabajo y residencia en España debería revocarse si la persona que lo disfruta comete delitos de determinada gravedad. Con este tipo de programa, las personas que quisieran venir a probar fortuna en nuestro país lo harían de manera legal, se evitarían abusos, no pasarían al menos tres años en una especie de limbo administrativo hasta poder regularizar su situación por arraigo social y las empresas y familias españolas conseguirían cubrir sus necesidades de personal. Quienes no encontraran su hueco se marcharían, como sucede en la actualidad.

Como dice Johan Norberg (2021), «la apertura es la clave del éxito de la humanidad». Históricamente, los logros en los campos científicos, tecnológicos y culturales han tenido lugar en los pueblos abiertos a nuevas ideas, conocimientos, hábitos, personas y modelos de negocio, vinieran de donde vinieran. Los gobiernos deberían limitarse a proteger la libertad para que cada ciudadano pueda perseguir sus propias metas bajo un sistema de leyes que se apliquen a todos por igual. Los nacionalismos excluyentes que ven con muy malos ojos la llegada de inmigrantes procedentes de otras culturas ignoran que lo que hoy denominamos «civilización occidental» es la combinación de la herencia filosófica de otras muchas culturas (griega, romana, árabe, oriental…). La cultura es mestizaje. Las innovaciones suelen proceder de la combinación de ideas diferentes, por lo tanto, cuanto más abiertos estemos a las aportaciones de personas de otras culturas, mayores serán las probabilidades de encontrar soluciones que mejoren nuestra calidad de vida.

Hemos de ver la inmigración como una gran oportunidad y no sólo como un desafío. Si la selección española de fútbol fue capaz de ganar la Europa del año 2024 fue precisamente gracias a las significativas contribuciones que aportaron dos de sus grandes jugadores: los jóvenes Nico Williams (Athletic de Bilbao) y Lamine Yamale (F. C. Barcelona). Los padres de ambos son inmigrantes en España de origen africano (Marruecos, Guinea Ecuatorial y Ghana). Este mismo ejemplo de éxito deportivo lo veremos también en otros muchos ámbitos socioeconómicos siempre y cuando creemos el marco social, económico y político adecuado para que cada nuevo inmigrante que llegue a España tenga la oportunidad de desarrollar libremente su capacidad creativa y empresarial. Sería un gran error si nos quedáramos tan sólo en el análisis de los efectos de la inmigración sobre el país de recepción en el corto plazo. De la misma manera que el nacimiento de un niño supone una importante carga económica durante varios años, también la llegada de inmigrantes puede suponer un coste económico inmediato en ámbitos como la educación, la sanidad, los planes de vivienda… Sin embargo, en el medio-largo plazo, tanto los nuevos nacimientos como la llegada de inmigrantes tienen consecuencias muy positivas para los países que los acogen. Los inmigrantes van a seguir viniendo (si no lo hicieran sería una tragedia para nuestro país) porque en España hay una necesidad estructural de mano de obra joven, por lo tanto, es nuestro deber crear las condiciones para aprovechar ese gran potencial humano y facilitarles una adecuada integración entre nosotros.

Que la inmigración supone un reto sociológico es indudable, de la misma manera que lo es también el nacimiento (o la adopción) de cualquier niño en nuestro país. Los inmigrantes son personas y, como tales, encontraremos una gran variedad de ellas. Los habrá responsables, laboriosos, respetuosos, colaboradores y deseosos de integrarse, como también indeseables. Exactamente igual que sucede con los ciudadanos de nacionalidad española.

El problema de que en España una persona sea detenida decenas de veces por pequeños hurtos e inmediatamente sea puesta en libertad o que pueda pegar una patada en la puerta y ocupar una vivienda privada con impunidad nada tiene que ver con su nacionalidad (española o extranjera) sino más bien con la falta de eficacia de nuestro sistema judicial y policial que permite que determinados individuos puedan sortear el sistema punitivo.

Con demasiada frecuencia se vincula el incremento de la delincuencia en España con la «inmigración ilegal». El análisis de la vinculación entre inmigración ilegal y delincuencia exige un estudio detallado que excede el objetivo de este capítulo, aunque hay datos que hacen dudar de tal relación. Por ejemplo, las tasas de condenados (estandarizadas por la estructura por edad) de los varones procedentes de países de la Unión Europea es casi el doble que la de los varones españoles. Sin embargo, la de los varones procedentes de Asia y Oceanía es un poco inferior a la de los españoles[1]. Todos los

---

[1] Cálculos propios a partir de la información sobre población y condenados por delitos disponible en la página Web del Instituto Nacional de Estadística.

inmigrantes residentes en España que proceden de la UE son legales, puesto que existe libertad de movimientos dentro de la Unión. Sin embargo, sí es posible que exista un porcentaje más o menos alto de residentes ilegales de personas procedentes de países asiáticos. Es decir, estos datos nos indican que la situación de ilegalidad de un ciudadano no tiene por qué predisponerlo necesariamente a delinquir.

Con demasiada frecuencia, aparecen noticias en los medios de comunicación que informan de que el porcentaje de personas encarceladas en España de origen extranjero es mayor que el de ciudadanos extranjeros de la población general. Esto es utilizado como prueba irrefutable de que los inmigrantes delinquen con más frecuencia que los españoles. Este análisis simplista ignora que la delincuencia es una variable que depende del sexo y la edad y que, por lo tanto, la diferente estructura demográfica de la población extranjera y española exige de un proceso de estandarización para poder hacer comparables las tasas de ambos grupos de población. Este ejercicio metodológico todavía no se ha hecho en España y, consecuentemente, habría que ser muy prudentes antes de lanzar una acusación tan generalizada como la de vincular la inmigración ilegal con el incremento de las tasas de delincuencia en nuestro país.

Puesto que, mucho más que ser sólo un desafío, la inmigración es sobre todo una oportunidad de enriquecimiento económico y cultural para los países que la acogen y, además, tenemos una urgente necesidad de incorporar gente joven del extranjero, considero que uno de los retos futuros será potenciar la inversión en capital humano entre los inmigrantes que llegan a España. Muchos de ellos van a ser ciudadanos o padres de ciudadanos españoles en el futuro. Conviene a toda la sociedad española que gocen de buena salud y tengan acceso a programas de formación. Un buen estado de salud reduce el absentismo laboral y aumenta la productividad. La salud también contribuye a una mayor longevidad y, por ende, a una vida laboral más prolongada. Esto permite que los individuos contribuyan económicamente durante más años. Los niños y jóvenes sanos son más capaces de beneficiarse de la educación, lo que a su vez mejora su capital humano a lo largo de la vida.

Una fuerza laboral bien educada es generalmente más productiva, innovadora y adaptable. La educación fomenta el pensamiento

Jesús Javier Sánchez Barricarte

crítico, la resolución de problemas y la capacidad de aprender nuevas habilidades, lo cual es esencial en un mercado laboral dinámico. Las personas con niveles educativos más altos tienden a tener mayores ingresos a lo largo de sus vidas gracias a que la educación amplía las oportunidades laborales y puede conducir a empleos mejor remunerados y más estables. Esto explica por qué las sociedades con altos niveles de educación generalmente experimentan mayores tasas de crecimiento económico. La educación, por supuesto, es también la mejor vía de integración de los extranjeros a la sociedad española.

Nadie cuestiona que debamos hacer un esfuerzo de inversión para atender las necesidades sanitarias y educativas de los niños que nacen en España o son adoptados por españoles. De igual manera, ningún inmigrante debería quedar fuera de la atención sanitaria básica. Incentivar a los inmigrantes con renovaciones de sus permisos de trabajo y residencia o con procesos más rápidos de regulación de su situación administrativa irregular si consiguen determinados objetivos educativos sería una buena manera de elevar el nivel formativo de esta población.

Los inmigrantes menores de edad deben estar fundamentalmente con sus padres. Siempre que sea posible, habría que devolver a los conocidos como MENAS (menores no acompañados) con sus progenitores en sus países de origen. Ahora bien, en el caso de que esto no sea posible, la sociedad española solidariamente debería hacer un esfuerzo especial de protección y atención sanitaria y educativa de estos niños/jóvenes puesto que muy probablemente serán ciudadanos españoles en unos años. Estos chavales forman parte también del capital humano de la España del futuro. No podemos, no debemos desaprovecharlos.

El derecho a la vida es el más importante y sobre el que se asientan todos los demás. Sin vida no hay ni capacidad creativa ni impulso empresarial. Sobre la base de este principio, más importante incluso que dotar de acceso a la educación y a un sistema sanitario básico, es necesario hacer un esfuerzo para que los inmigrantes que lleguen a España (especialmente si son menores de edad) tengan acceso a unas condiciones mínimamente dignas de alojamiento, alimentación y vestido.

Conclusión

El fuerte descenso de los niveles de fecundidad en España desde mediados de los años 70 del pasado siglo ha dado como resultado una sociedad estancada y muy envejecida. La promoción de políticas de apoyo a las familias y de estímulo de la natalidad no solamente redundaría en beneficio general de la sociedad, sino que, sobre todo, sería un acto de justicia porque permitiría que los ciudadanos pudieran tener los hijos que realmente desean. Lamentablemente, todo el espectro político español se caracteriza por la defensa de un fuerte intervencionismo estatal. Esto va a impedir que en las próximas décadas se revierta el funesto sistema del actual Estado de Bienestar que tanto castiga a quienes quieren ser padres.

España o será un país cultural y racialmente plural o no será. Incluso aunque los futuros gobiernos incrementen drásticamente las políticas de apoyo a la natalidad (algo que muy probablemente no ocurrirá), debemos estar abiertos a recibir cuantiosos flujos migratorios internacionales. ¡Ya no hay otra opción! Cerrarnos a la inmigración manteniendo el actual diseño del sistema de Estado de Bienestar tan desincentivador de las tasas de fecundidad sería abocarnos al suicidio demográfico, al decrecentismo económico e incluso a serias amenazas de nuestra integridad territorial.

Catálogo de medidas urgentes a implementar

A continuación, vamos a exponer telegráficamente algunas medidas que, de manera inmediata, debería tomar cualquier responsable político para aliviar las consecuencias del gran reto demográfico que ya estamos viviendo:

- Habría que mejorar el ecosistema económico español con profundas medidas liberalizadoras del mercado del trabajo. Sería necesario liberalizar el mercado laboral para facilitar la contratación y despido de los trabajadores. Hay que eliminar el actual sistema de salario mínimo interprofesional.
- Igualmente, es imprescindible liberalizar el mercado de la vivienda reforzando el derecho de propiedad para que los inquilinos que no

paguen sus alquileres o quienes ocupan viviendas sean desalojados en un plazo de tiempo breve. Proteger los derechos de los propietarios permitiría poner a disposición de los jóvenes españoles e inmigrantes gran parte del actual parque de viviendas desocupadas.

- Sería necesario terminar con el problema de la «hiperregulación» típica de los sistemas socialistas/estatistas que tanto lastra la actividad empresarial.
- Es importante dar un mayor protagonismo a los ciudadanos rebajando notablemente los impuestos a las familias y empresas y ampliando su capacidad de elección en todos los ámbitos como sea posible (hay que dar total libertad para que puedan optar por sistemas de pensiones, educativos y sanitarios privados o públicos). En definitiva, habría que incrementar bastante el actual nivel de libertad económica de España y reforzar el derecho de propiedad privada de los ciudadanos.
- Establecer un programa de visados de trabajo que permita que anualmente puedan llegar a España al menos 300 000 jóvenes de todo el mundo en busca de empleo. Probablemente, sería conveniente tener cierta preferencia por los jóvenes iberoamericanos debido a razones históricas y a la mayor proximidad cultural lo que, seguramente, facilitaría la integración. En la selección de estas personas sería necesario excluir a quienes tuvieran antecedentes penales y facilitar la obtención del visado a quienes poseyeran algunas cualidades destacadas (titulación académica, experiencia profesional, cultural o deportiva…).
- Todos ellos deberían pagar sus pasajes de llegada a España e ingresar una fianza equivalente al pasaje de regreso para el caso de que tuvieran que ser repatriados. Esta fianza sería devuelta a los inmigrantes después de dos años de trabajo en España.
- Igualmente, se debería exigir a los inmigrantes que pagaran una tarifa que les permitiera tener acceso a una atención sanitaria básica en los sistemas público o privado.
- Los inmigrantes menores de edad deberían tener acceso a todo el programa sanitario y educativo del que disfruta el resto de la población de nacionalidad española.
- Cualquier inmigrante que fuera condenado por algún delito de determinada gravedad debería ver revocado su permiso de trabajo y residencia y ser inmediatamente expulsado.

- Todos los inmigrantes en situación de irregularidad administrativa residentes en la actualidad en España que no estén inmersos en causas judiciales deberían tener acceso inmediato a un permiso de trabajo.
- Habría que subvencionar y facilitar la integración en programas educativos a todos los inmigrantes (regulares e irregulares). Se debería facilitar la regularización administrativa a quienes alcanzaran determinados objetivos formativos.
- Los inmigrantes que lleven trabajando en España dos años deberían tener derecho a la reunificación de sus familiares más directos (esposos e hijos).
- Habría que facilitar los movimientos circulares de los inmigrantes: aquellos que hayan tenido un empleo en España de al menos un año de duración tendrían derecho a marcharse y regresar en los próximos 5 años sin necesidad de volver a solicitar un visado de trabajo.
- El Gobierno central, en colaboración con las comunidades autónomas y ayuntamientos, debería diseñar un sistema de atención a las personas en situación de vulnerabilidad, especialmente, si son menores de edad. Este programa debería cubrir las necesidades más básicas de alojamiento, alimentación, vestido, educación y sanidad. Este programa debe ser lo suficientemente digno y sostenido en el tiempo para asegurar el desarrollo e integración social de los inmigrantes y lo suficientemente bajo y corto en el tiempo para desincentivar la picaresca de quienes prefieren vivir de las ayudas públicas en lugar de incorporarse al mercado laboral.
- Es necesario reforzar el control de fronteras y la persecución de las mafias que se dedican al tráfico de personas.

Citas bibliográficas

1. Atlas Network (2020), A new global index to measure economic mentality, en https://www.atlasnetwork.org/articles/a-new-global-index-to-measure-economic-mentality (consultado en agosto de 2024).

2. Beaujouan, E. y Berghammer, C. (2019), «The Gap Between Lifetime Fertility Intentions and Completed Fertility in Europe and the United States: A Cohort Approach», *Population Research and Policy Review,* 38: 507-535.

3. Espuelas Barroso, S. (2013), «La evolución del gasto social público en España, 1850-2005», *Estudios de Historia Económica*, 63.

4. Huerta de Soto, J. (2022), «Debate sobre socialismo, cálculo económico y función empresarial», en *Nuevos Estudios de Economía Política*, Madrid: Unión Editorial.

5. Huerta de Soto, J. (2024), *Socialismo, cálculo económico y función empresarial*, Madrid: Unión Editorial.

6. Naciones Unidas (2024), *World Population Prospects*, https://population. un.org/wpp/Download/Standard/MostUsed/ (consultado en agosto de 2024).

7. Norberg, Johan (2021), *Abierto: la historia del progreso humano*, Deusto.

8. Simon, J. (1986), *El último recurso*, Editorial Dossat.

9. Von Hayek, F. (2020), *La fatal arrogancia. Los errores del socialismo*. Unión Editorial.

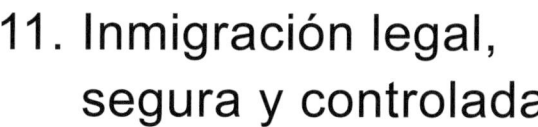

11. Inmigración legal, segura y controlada

Luis de Mergelina
*Analista del Centro de Seguridad Internacional
del Centro para el Bien Común Global (UFV)*

Introducción

EL TRÁFICO ILÍCITO DE MIGRANTES es una preocupación global de gran alcance en el que se ven afectados numerosos países ya sea como puntos de origen, tránsito o destino, siendo la inmigración irregular procedente de países musulmanes y del África subsahariana con destino a la Unión Europea una de las principales amenazas para la seguridad interior que tiene que afrontar, y España, como frontera sur del continente europeo, es uno de los países más expuestos a este fenómeno.

Un gran número de migrantes están dispuestos a asumir riesgos en busca de una vida mejor, y es en estas circunstancias cuando aparecen las redes criminales organizadas para lucrarse a expensas del tráfico ilícito de migrantes para explotar su vulnerabilidad, operando a través de fronteras y entre continentes.

El factor fundamental es la falta de oportunidades en países del continente africano que además presentan unos índices de natalidad muy elevados, y con una población muy joven que sueña con llegar a Europa para tener más ocasiones de prosperar que en sus países de origen, donde existe un gran descontento y malestar social, donde el desempleo aumenta en paralelo al crecimiento demográfico, y las inversiones y proyectos de desarrollo no palían el empobrecimiento general de la población.

A este escenario hay que sumar la degradación que está sucediendo en la zona del Sahel con el éxodo de centenares de miles de personas huyendo de la pobreza y la violencia que asola esa región, y cuyo propósito final es llegar a Europa aunque tenga que atravesar medio continente africano.

La llegada de inmigración sin control provoca pobreza, inseguridad y delincuencia trasladándose a muchos barrios de las periferias de grandes urbes europeas, formándose guetos con un rápido incremento de la delincuencia y de las bandas criminales debido a su falta de integración motivada en gran medida por su bajo nivel formativo y su falta de adaptación al país.

En Suecia, en menos de una década han pasado de tener una de las tasas más bajas de violencia armada en Europa a encabezar el ranking, siendo el mejor ejemplo que años de inmigración excesiva y de integración fallida conducen a crisis nacionales de difícil gestión, y ahora intentan revertir la situación endureciendo las condiciones para pedir asilo y estableciendo programas para aumentar las expulsiones de inmigrantes irregulares.

En Francia, donde los primeros inmigrantes musulmanes llegados hace décadas querían trabajar para tener una vida mejor sin más ambiciones, políticas muy solidarias del estado de bienestar y de «inserción» multicultural y varias generaciones después, exigen ahora no aprender en los colegios e institutos temas que chocan con sus creencias y valores y dominan barrios de las periferias de ciudades como París y Marsella imponiendo sus costumbres contrarias a los valores occidentales.

En España estos fenómenos no se han trasladado todavía de una forma tan visible aunque ya en varias localidades hay mayoría musulmana en determinados barrios, y en los entornos de los centros de acogida de los menores no acompañados surgen protestas y quejas vecinales por el aumento de los robos y la inseguridad que padecen.

El pacto migratorio europeo recientemente acordado restringe las condiciones de acogida de inmigrantes, estableciendo también la obligatoriedad de los países de la UE de ejercer sus responsabilidades de forma solidaria, acogiendo a una tasa de solicitantes de asilo o contribuyendo económicamente con 20 000 euros por cada inmigrante que no acepte, disponiendo de prácticas de control en fronteras antes de determinar su rechazo o aceptación en territorio europeo, en una visión más securitaria para tratar este fenómeno.

Diagnóstico de la situación

La llegada de población inmigrante legal es positiva para nuestro país en términos generales porque compensa la pérdida de población por su crecimiento vegetativo negativo (más muertes que nacimientos) y progresivo envejecimiento que lleva padeciendo desde hace décadas, dotando al mercado laboral de recursos humanos y participando en el sostenimiento del crecimiento económico, como acredita que más del 30 % de la población en España entre 25 y 40 años es extranjera y su tasa de actividad es del 78 %, y en los seis primeros meses de este año cuatro de cada diez nuevos empleos fueron ocupados por extranjeros.

Los inmigrantes representan ya el 18,5 % del total de la población española con un poco más de nueve millones, colocando a España como el cuarto destino del mundo con mayor número de inmigrantes.

Hay que preguntarse entonces porque la cuestión de la inmigración ha pasado a ser la principal preocupación para la población española según una encuesta reciente del CIS, cuando hace menos de un año ocupaba el noveno lugar. Y la respuesta viene dada por los problemas de integración ligados a una inmigración descontrolada que genera una presión en los servicios asistenciales hasta su colapso, dificultades de convivencia en barrios y un aumento de la inseguridad, a lo que hay que añadir la laxitud en la aplicación de la ley que se vulnera sin respetar los procedimientos de entrada en nuestro país, y un Gobierno carente de iniciativas para afrontar la crisis migratoria más allá de los lugares comunes y simplismo que emplea.

En 2024 llegaron por mar a las Islas Canarias 40 000 migrantes, superando en ocho mil los que llegaron también por esta vía en 2006 en la denominada crisis de los cayucos. En 2024 las cifras superaron a las de 2023. Se ha disparado en Canarias la llegada de inmigrantes irregulares por vía marítima, saturando la capacidad de las Islas para atenderles y provocando una división y confrontación política en el tratamiento del fenómeno migratorio, que ha llevado a que la reforma de la Ley de Extranjería que presentó el Gobierno en el Parlamento que pretendía hacer obligatorio entre las Comunidades Autónomas el reparto de menores no acompañados —MENAS— fracasara en primera instancia por no obtener el respaldo suficiente para su aprobación, y que los pactos que mantenía el Partido Popular en las Comunidades Autónomas donde gobierna con Vox se hayan roto por decisión de éste en discrepancia por el último reparto de MENAS y su negativa a acogerles. Ese reparto ha sido finalmente aprobado sin ningún consenso y la oposición de la mayor parte de los gobiernos autonómicos.

En el año 2024 el total de inmigrantes irregulares llegados a España superó en un 90 % las cifras del año pasado, siendo la ruta canaria la escogida mayoritariamente por las mafias que trafican con seres humanos que salen principalmente desde las costas senegalesas y mauritanas.

Otro aspecto a considerar es la fuerte presión migratoria que sufren con carácter regular las ciudades autónomas de Ceuta y Melilla. En 2024 entraron ilegalmente por vía terrestre más de dos mil personas, la mayoría por Ceuta, y es un 151 % más que en el mismo período que el año pasado. En Ceuta se agudiza en la temporada estival con los intentos masivos de entrar por el mar accediendo por el espigón y que son devueltos a Marruecos por la Guardia Civil que controla dicho enclave. Esta ciudad padece también la saturación del Centro de Estancia Temporal de Inmigrantes. En Melilla los intentos de salto masivo de la valla suceden recurrentemente y en ocasiones con funestos resultados como en junio de 2022 cuando fallecieron 27 inmigrantes en su intento.

El panorama que se vislumbra en los próximos meses no invita al optimismo y es muy posible un recrudecimiento en la llegada de más cayucos y pateras por la debilidad mostrada por el gobierno español para abordar este fenómeno. España lideró en 2024 en Europa la llegada de inmigrantes irregulares por vía marítima, mientras que Italia ha reducido en un 65 % la llegada a sus costas, demostrando que su política de endurecimiento respecto a este fenómeno tiene resultados al contrario que en nuestro país, que la ausencia de una política migratoria firme tiene consecuencias en la llegada masiva de la inmigración irregular.

Es necesario también reflejar la llegada constante de MENAS —aunque habría que decir para ser más exactos de chicos menores por que la presencia de chicas es prácticamente testimonial— con especial incidencia de los que llegan al aeropuerto de Barajas en tránsito y después de «extraviar» su documentación comparecen ante los agentes policiales para solicitar el acogimiento. Hasta el pasado mes de julio llegaron de esa manera irregular cerca de 500 menores y la cifra no tiene visos de ralentizarse.

Además, en el mismo aeropuerto han tenido que habilitar una nueva estancia debido al colapso de las dos existentes para la atención de los migrantes que solicitan asilo y que la mayoría llegan desde Mauritania o Marruecos, en las conocidas como «pateras aéreas» que son vuelos con destino a países americanos, y en la escala en España aprovechan para solicitar protección internacional en un ejercicio espurio de dicho mecanismo de asistencia.

También evidencia el fracaso de la política migratoria actual los migrantes expulsados en aplicación de la Ley de Extranjería, cuyo número viene acusando un significativo descenso en estos últimos años. Así en 2023 la cifra de deportados —2760— supuso un descenso de casi el 25 % respecto de los dos años precedentes antes que quedaran suspendidos por la pandemia. El ritmo de las repatriaciones está muy por debajo de los alcanzados en los años anteriores a la declaración de la pandemia, en 2019 fueron 11 153 las personas expulsadas del territorio español.

En este contexto general descrito, y en apoyo del esfuerzo de los países africanos que mayor presión migratoria soportan, España viene concediendo desde el año 2007 ayudas económicas para fortalecer sus capacidades en materia de control fronterizo y lucha contra la inmigración irregular. Así, en 2023, Marruecos recibió una ayuda de 47 millones de euros entre transferencias directas y compra de material, Mauritania 10 millones y Senegal tres millones.

A estas ayudas económicas hay que añadir que la Policía Nacional y la Guardia Civil tienen desplegados de forma permanente en Mauritania y Senegal a más de ochenta efectivos colaborando con las fuerzas de seguridad de esos dos países africanos en la lucha contra la migración irregular y el control fronterizo, y apoyados en su misión con seis embarcaciones patrulleras, un helicóptero y 27 vehículos todoterreno, y periódicamente para reforzar el dispositivo un avión de vigilancia y un buque oceánico.

Un problema complejo como es el de la inmigración irregular no tiene soluciones sencillas ni recetas mágicas. Nos encontramos ante un desafío de primer orden que afecta a ámbitos tan sensibles como la seguridad y la calidad de los servicios públicos, siendo imprescindible que los principales partidos políticos en España encaren la situación con suficiente rigor para llegar a acuerdos transversales que garanticen el sostenimiento de nuestro estado de bienestar, el crecimiento económico y la tranquilidad y convivencia en nuestras ciudades, defendiendo nuestra identidad, la estabilidad y la cohesión social para evitar que el radicalismo prenda la mecha del populismo entre una población ya descontenta con la gestión de la inmigración, porque su llegada masiva y descontrolada y con rápido acceso a las ayudas sociales, impide en muchas ocasiones que los recursos disponibles lleguen también a los españoles que tienen derecho a los mismos.

Además, en el debate de la inmigración es muy fácil acusar de racista o islamófobo a quien propugna un mínimo de control en la entrada de inmigrantes que no cumplen la legislación violentando nuestras fronteras y exigen su expulsión, o muestra su preocupación por el aumento de robos e inseguridad en los barrios donde viven. La tiranía de lo políticamente correcto y la demagogia imperante ahoga en muchas ocasiones una discusión y una reflexión serena a la hora de abordar este fenómeno y afrontar el grave desafío que significa una inmigración descontrolada.

Lamentablemente el escenario actual no invita al optimismo para afrontar esta cuestión por la parálisis que demuestra el Gobierno, que ante la avalancha migratoria que está colapsando los centros asistenciales en toda España, y especialmente aquellos que acogen a los MENAS con particular incidencia en las Islas Canarias con cerca de 6000 menores, la única medida que ha adoptado ha sido la de dar 50 millones de euros al gobierno canario y que evidentemente no soluciona el problema de fondo como así han declarado las autoridades de esa comunidad autónoma.

Otra medida reactiva que adopta es la de enviar periódicamente inmigrantes irregulares en vuelos a la Península desde Canarias, sin comunicarlo previamente a las CCAA como así denuncian muchas de ellas, fomentando el demoledor efecto llamada porque saben que si llegan a las costas canarias tienen muchas posibilidades de ser trasladados a la península, trasladando a sus compatriotas la imagen de un país que premia la conducta por entrar ilegalmente.

El desplazamiento a finales del pasado mes de agosto del presidente del gobierno a Mauritania, Senegal y Gambia para intentar taponar la hemorragia de la inmigración descontrolada, lejos de transmitir un mensaje de firmeza en la defensa de nuestras fronteras y de nuestra integridad territorial, ha presentado un plan de migración circular para formar a los migrantes de Mauritania y Gambia en sus países y trabajar en España en campañas del sector agrícola o textil fundamentalmente, con el compromiso de retornar a su país al finalizar las mismas. Con Senegal ya existe este instrumento desde hace más de tres años y ha fracasado como revela que solo 141 senegaleses se han acogido a este plan.

Es evidente que el efecto llamada de los migrantes irregulares que violentan nuestras fronteras y acceden rápidamente a prestaciones sociales, es más tentador que realizar esos cursos de formación en sus países para trabajar temporalmente en nuestro país.

Por tanto es fundamental no adoptar políticas migratorias basadas en el puro sentimentalismo con el típico discurso sobre problemas de integración, y ante cualquier crítica ser tildados de islamófobos o racistas y que en cuestión de tiempo generará espacios de violencia y de difícil convivencia como sucede actualmente en varios países de Europa, siendo necesario escuchar las inquietudes de los ciudadanos y tener políticas más pragmáticas y menos ideológicas para evitar el aumento de la tensión social, la presión de los servicios públicos y los cambios drásticos que se producen en la vida cotidiana de los ciudadanos como está sucediendo en Canarias actualmente y en otras localidades españolas.

Es imprescindible fortalecer la cooperación con los países norteafricanos por ser enclaves estratégicos en la ruta atlántica de África Occidental que es la de tránsito de los intensos y crecientes flujos migratorios hacia Europa, reforzando las capacidades operativas y de inteligencia de sus fuerzas de seguridad para la lucha contra las redes criminales que se lucran con el tráfico de personas, apoyando su formación continua y con un seguimiento regular de la implementación de la cooperación establecida, además de mayores inversiones económicas en dichos países para permitirles un mayor desarrollo en sus sociedades.

Además, se debe llegar a acuerdos bilaterales con los países africanos emisores de inmigrantes con un fuerte crecimiento de las inversiones para su crecimiento en sectores como la educación y las infraestructuras básicas.

También es perentorio velar por el cumplimiento del Acuerdo alcanzado con Marruecos para la prevención de la emigración ilegal de MENAS y que fue suscrito en 2007 con el objetivo entre otros de buscar el interés superior del menor siendo lo deseable que estén con su familia en su país de origen, y de no ser factible esta opción que reciban la formación y capacitación adecuada para su inserción en el mercado laboral, y en caso contrario y al cumplir la mayoría de edad y no estar recibiendo formación por propia voluntad, ser devueltos a su país porque no puede ser factible una acogida incondicionada.

El nuevo pacto migratorio europeo alcanzado y que deberá aplicarse a partir de junio de 2026, que será el momento en empezar valorar si ha sido un instrumento válido y suficiente o un parche comunitario más, deberá ser el trampolín con el que iniciar medidas innovadoras para evitar la migración irregular, y conseguir la apertura de vías legales y seguras vinculando su llegada a un visado de trabajo otorgado en su país de origen como mejor modelo para tratar el fenómeno migratorio, contribuyendo a desincentivar el modelo de negocio de las organizaciones criminales, porque hasta ahora miles de migrantes se ponen en manos de las mismas como única opción de entrar al continente europeo.

Estrategias

Es primordial cambiar el relato impuesto hasta ahora y que es asumido por la opinión pública acríticamente, y que ante cualquier denuncia por los problemas de integración, formación de guetos, masivo acceso a las ayudas sociales e implantación del modo de vida islámico en localidades y barrios de nuestras poblaciones, son rápidamente etiquetados de islamófobos o ultraderechistas por el mantra progresista instalado, y que frustra cualquier debate en muchas ocasiones por la retirada de las opiniones discrepantes por la corriente mediática impuesta desde las instancias gubernamentales.

Luis de Mergelina

Por ello es imprescindible no rehuir el debate y ser fieles transmisores del malestar ciudadano existente por la llegada descontrolada de miles de inmigrantes irregulares alojados en muchas ocasiones en hoteles turísticos y que rápidamente acceden a ayudas sociales sin contraprestaciones, provocando la impotencia de los ciudadanos que necesitan más requisitos y condiciones para ser beneficiarios de asistencia social, y en muchas ocasiones ven recortados estos derechos y con un sentimiento de agravio que no comprenden ni entienden.

Favorecer los flujos migratorios latinoamericanos que por cultura, lengua y vínculos históricos tienen una mejor integración y una mayor tasa de actividad en nuestro país que los movimientos migratorios de países musulmanes, que vienen dejando atrás la miseria de sus países pero no sus costumbres y sus valores, incompatibles muchos de ellos con los valores occidentales de las sociedades a las que emigran, generando en muchas ocasiones unas dinámicas de difícil convivencia como es palpable en muchas localidades donde su presencia es mayoritaria.

Abrir el necesario debate en relación con la presencia de las fuerzas navales como parte de la Estrategia de Seguridad Marítima aprobada por el Gobierno el pasado mes de marzo, donde la margen atlántica del África Occidental y el Golfo de Guinea son espacios de interés estratégico, y donde su presencia contribuiría a mitigar el tráfico ilegal de migrantes en las rutas que emplean con total impunidad las redes del crimen organizado, con un despliegue de unidades navales y aéreas en misiones de seguridad marítima, con el respaldo y apoyo de la Unión Europea.

Como antecedente de este tipo de operaciones, nuestras FFAA ya participaron en una misión de la UE con un mandato similar, la denominada Operación Sophia de lucha contra el tráfico ilícito de personas en el Mediterráneo sur central, que iniciada en junio de 2015 finalizó en mayo de 2019 por la falta de acuerdo sobre el desembarco de los inmigrantes rescatados.

Apoyar los campos externalizados de gestión migratoria como han solicitado 15 países de la UE entre los que están, salvo España, los que reciben más inmigración irregular por sus costas como Grecia e Italia, y que en el caso del país transalpino ha firmado hace unos meses un Protocolo con Albania que prevé la creación de centros cerrados en territorio albanés y que debe ser el modelo a estudiar para su aplicación, siendo además compatible con el derecho europeo e internacional.

Ampliar las repatriaciones de los inmigrantes económicos y de quienes vean denegado el asilo, mediante expulsiones o con el retorno voluntario a cambio de incentivos incrementando los fondos existentes actualmente, acompañándolo con un sensible incremento de personal y medios para poder hacerlo efectivo con la mayor eficacia sin dilatarse los plazos como actualmente sucede.

Impulsar el control documental en los países de origen para evitar falsificaciones capacitando a sus fuerzas de seguridad para detectarlos.

Condicionar los programas de cooperación y de ayuda al desarrollo a su colaboración efectiva en el control de sus fronteras conteniendo sus flujos migratorios y la readmisión de las personas expulsadas.

MEDIDAS 100 PRIMEROS DÍAS

- Modificación de la Ley de Extranjería para establecer procedimientos fronterizos acelerados en la denegación de entrada, evitando la utilización de la solicitud de protección internacional como impunidad legal que viene realizándose hasta ahora para atravesar la frontera, y en la que salen siempre beneficiadas las organizaciones criminales dedicadas al tráfico de personas.
- Establecimiento de mecanismos efectivos para frenar la llegada de inmigrantes irregulares procedentes de Marruecos por vía aérea exigiendo visados de tránsito aeroportuario, como así se exige a otros 18 países africanos como Senegal, Gambia y recientemente Mauritania.
- Designación de una autoridad de coordinación como un alto mando de fronteras bajo la autoridad del Ministerio del Interior y con una vocación interministerial de los diferentes servicios afectados por la migración.
- Solicitar el despliegue de Frontex en las fronteras exteriores de persistir la fuerte presión migratoria.
- Mayor dotación de personal para una agilización de la tramitación de los procedimientos de expulsión a sus países de origen de

los migrantes internados en los CIES, aumentando los vuelos de deportación para restablecer la dinámica anterior a 2020.

- Responsabilizar a las líneas aéreas en la repatriación de los pasajeros que haya trasladado sin las suficientes garantías documentales y legales.

- Restricciones a las ONGs de rescate marítimo, instándolas a llevar a los inmigrantes rescatados al puerto más cercano, que en muchas ocasiones está en el continente africano.

- Promover campañas en medios de comunicación y también en las de los países de origen y tránsito de la inmigración irregular para concienciar a la población de la peligrosidad del tráfico de migrantes y del alto riesgo que asumen, implicando también a las ONG,s en hacer llegar estos mensajes, además de aumentar la información sobre las formas legales y seguras para migrar.

12. Un futuro para el mundo rural en España

LUIS CALDERÓN
Presidente de Siembra

INTRODUCCIÓN: PLANTEAMIENTO DEL RETO

EL MUNDO RURAL ES AQUEL QUE EXISTE en contraposición al urbano. Hay un mundo rural que, actualmente, tiene un buen desarrollo y un buen futuro. Y hay otro que aún sigue con las secuelas del éxodo rural y cuya principal característica ha sido el declive demográfico y todo lo que esto supone. Aquí me voy a referir a ese medio rural sacudido por la despoblación y que no ha encontrado en estas décadas una solución y no ha progresado de forma que haya podido invertir esa tendencia demográfica. En esta situación se encuentra gran parte del territorio español, cerca del 80 % de la superficie del país donde puede alojarse el 10 % de la población nacional. Y más concretamente, me basaré en la experiencia como alcalde desde el año 2015 en Paredes de Nava, un pueblo de la Tierra de Campos palentina. Es cierto, que cada lugar es distinto y deberá buscar su modelo de supervivencia, pero creo que hay aspectos comunes y situaciones extrapolables.

Son muchos los puntos de vista desde los que podía acometerse un artículo como éste: visión agraria, ambiental, paisajística, industrial, económica, social, etc. Sin embargo, solo voy a referirme al aspecto relacionado con la demografía, más concretamente en cómo enfocar la repoblación.

En la última década la despoblación ha comenzado a figurar en las agendas públicas y políticas. Antes, simplemente, se percibía la situación, pero se evitaba tener una conciencia real del problema. La política esquivaba el asunto con el axioma de que cada uno vive donde quiere y con esa superficialidad sorteaban el introducirse en el meollo. Centrados en otros problemas territoriales, la despoblación no ha sido capaz de calar en las decisiones nacionales ni en el modelo de país. Sin embargo, la situación actual exige una reflexión urgente y una actuación rápida que permita un equilibrio nacional. Y porque bien dirigido puede llegar a resolver otros problemas.

Recientemente, el Banco de España ha anunciado que con nuestro deficiente crecimiento vegetativo, dentro de 30 años harán falta más de 25 millones de emigrantes en edad de trabajar si se quiere mantener la sostenibilidad del sistema de pensiones. El gran reto radica en cómo integrar esas personas en un país europeo como el nuestro. Desde el punto de vista del medio rural el desafío será buscar la fórmula para que un importante porcentaje de esas personas se ubiquen en nuestros pueblos, donde, además, la población está más envejecida. Lograr que varios millones vivan y trabajen en el campo, humanizar esa llegada, conseguir su incorporación con tranquilidad, integrarse en las sociedades rurales. Esa normalización es el gran reto. Ya ocurrió en otros tiempos en otros países como la gran inmigración a Argentina en las primeras décadas del siglo xx. Cien años después y desde el enfoque europeo, organizar bien esa llegada salvará nuestro campo, gran parte de nuestra identidad y, además, permitirá equilibrar España.

Diagnóstico de la situación

El reto de la repoblación va a exigir otro tipo de políticas paralelas a la sustancialmente demográfica.

Por ejemplo, deberá acometerse un trabajo transversal de dispensa legal que exigirá concebir las normas bajo el prisma rural y esto afectará a todo el ámbito administrativo. Es necesario acometer un pensamiento estratégico de determinados sectores económicos que se están abandonando y cuya desaparición puede resultar irreversible. El enfoque desde la sostenibilidad, la biodiversidad, la economía circular y las emisiones de cero carbono exige un planteamiento con los pies en el medio rural, porque de lo contrario no van a tener continuidad. Son muchos los ejemplos de sectores estratégicos donde la distancia de lo rural hace que no se piense en ellos. Una simple muestra puede ser el desvanecimiento del sector ovino en España. Su papel en el medio ambiente y la recuperación de sus líneas productivas como pueden ser la lana, la carne o la leche son el claro ejemplo de la ausencia de una reflexión sobre la importancia de lo rural cuyas consecuencias no se entra a valorar porque los centros de pensamiento desconocen esta posibilidad.

Pero si se logra acometer el asunto del reto demográfico rural, querrá decir que esas otras políticas paralelas también avanzarán. Por lo tanto, el primer punto del diagnóstico es la ausencia de pensamiento sobre la repoblación, falta la mirada que enfoque y dé transversalidad al asunto.

Los niveles de la lucha contra la despoblación

Una vez sobrepasado el debate catastrofista sobre la irreversibilidad de la despoblación, surgen las posibilidades de repoblación y cómo acometer esta tarea, una tarea urgente que exige acción.

Existen tres niveles. El Estatal y europeo donde podrían tener cabida determinadas acciones sobre las que se lleva mucho tiempo hablando: desconcentración de servicios hasta ahora centralizados, medidas de discriminación fiscal para pobladores rurales, apoyo económico diferenciado a funcionarios rurales, una programación de intervenciones en ciudades intermedias, planes estatales de vivienda que incluyan los pueblos y su realidad y todas esas políticas paralelas y transversales que surjan desde el planteamiento estratégico. El panorama nacional no tiene pinta de centrarse en estas políticas. Sin embargo, la emigración puede encontrar en los pueblos un alivio sobre el que aún no se ha comenzado su exploración. Es decir, pensar sobre la emigración puede llevarnos a resolver la repoblación.

El segundo nivel es el autonómico. Estos años se han logrado mantener los servicios básicos en nuestros pueblos. No se ha hecho una política activa de repoblación, pero afortunadamente aún se cuenta con centros de salud, colegios, institutos, unidades veterinarias, comunicaciones, servicios asistenciales, por citar algunos de competencia autonómica u otros de ámbito estatal como ferrocarriles, cuarteles u oficinas de correos. Sin embargo, la población sigue decreciendo lo que hace peligrar a estos servicios que pervivirán hasta un umbral que en algunos lugares ya se ha alcanzado. Aquí radica otra razón de emergencia para que la resolución del reto demográfico no sea irreversible. Si este entramado público se deteriora la repoblación no será posible o lo será de forma mucho más costosa y larga. Aún se puede aprovechar este buen sistema dotacional, especialmente en las cabeceras de zona donde perviven transportes, bancos, comercios y los servicios mencionados. Aquí también han jugado un papel importante las Diputaciones Provinciales.

Afortunadamente, en los últimos años hemos visto avanzar algunas nuevas coberturas. Es el caso de la extensión de la red de alta capacidad de internet o la llegada de la alta velocidad ferroviaria a algunas ciudades intermedias. Son necesidades que si no se acometen no van a permitir el desarrollo, aunque ahora mismo podemos comprobar que donde ha llegado la fibra óptica o el nuevo ferrocarril no se ha producido una reversión demográfica. Cierto, son condiciones necesarias, pero no suficientes. Pero sí han favorecido el teletrabajo y cierta mirada positiva hacia lo rural. De hecho, la mejor noticia seguramente haya sido la demanda de vivienda en muchos pueblos, algo inédito en décadas.

Es inevitable apoyar a las ciudades de tamaño intermedio, buscar medidas para su revitalización, pues son los núcleos donde se concentran determinados servicios y dotaciones fundamentales para el entramado territorial y el éxito de la repoblación. Si caen estas ciudades será muy difícil continuar.

Y el tercer nivel es el municipal. Actualmente se están llevando iniciativas locales para ir aumentando los padrones, pero las limitaciones administrativas y presupuestarias de los ayuntamientos son muy altas. Habrá municipios que quieren repoblar y otros no. Para los que decidan repoblar es necesario articular determinados procesos que permitan esta difícil acción. Es necesario presupuesto, pero también remover ciertas estructuras rígidas que no permiten acometer este nuevo procedimiento administrativo que va a tratar con personas, con nuevos vecinos, algo que exige flexibilidad y humanización. No se trata de servicios sociales, sino de intervenciones en materia de promoción económica, empleo, vivienda y gestión burocrática de una forma innovadora. No es empleo para el que no lo tiene, sino para cubrir huecos que no se consiguen completar con la población local. O generación de emprendimiento. No es vivienda para quien no la tiene, sino para adscribirla a un programa repoblador. No es un programa para sectores vulnerables o dependientes, para eso hay otras líneas. Es la puesta en marcha de nuevos proyectos de vida y la recepción de talento exterior. La idea de la Secretaría de Estado de Reto Demográfico de apoyar con una convocatoria proyectos innovadores para ayuntamientos puede ser un buen lugar para buscar modelos de éxito real. Ya ha habido tres convocatorias y algunas ideas están dando resultado.

Podríamos decir que ha nacido una nueva competencia, no regulada, la repoblación. Todo indica que la administración encargada de su desempeño ha de ser la administración local. Pero habrá que habilitar el cauce para su desarrollo.

ESTRATEGIA

La buena noticia es que actualmente se aprecian ciertos cambios esperanzadores. Los últimos datos de población no han sido a la baja en muchas provincias que llevaban años de retroceso. La llegada de emigrantes y la necesidad de trabajadores han salvado el año 2024. Es necesario organizar esa llegada. Hacer atractivo el medio rural puede ser una de las soluciones para la emigración en el medio urbano. La congestión de servicios e infraestructuras, la ausencia de vivienda digna y la deshumanización de la acogida son motivos suficientes para pensar en otro territorio donde establecer a esta población necesaria. Quienes llegan vienen de lugares donde no existe el complejo por el pueblo ni demás connotaciones culturales peyorativas de nuestra sociedad. La calidad educativa del medio rural español, especialmente en algunas comunidades de interior, la sanidad, la seguridad y la posibilidad de vivienda pueden ser el reclamo para la vida tranquila que esas mujeres y hombres no tienen en sus países de origen. El incrementar aún más la calidad de estos servicios, discriminarlos positivamente, especialmente en el ámbito educativo que es el más sencillo de intervenir, puede ser también un motivo de atracción para familias españolas. La vivienda y su repercusión en los salarios actualmente son otra oportunidad a la hora de decidirse por un pueblo.

Con toda esta población que actualmente está llegando podremos ir cubriendo necesidades laborales que no ocupan los pobladores locales. Esto ha de sistematizarse en la llegada, pero también en origen y por perfiles laborales demandados. Provincias como Palencia (170 000 habitantes) tienen 1200 puestos de trabajo libres, con peligro para la continuidad de muchos negocios. Habría que encontrar a las personas idóneas para esos trabajos y esos pueblos donde van a vivir. Esta sería una primera fase de la labor a desarrollar. El trabajo se puede desarrollar desde los ayuntamientos con la constitución de unidades de repoblación que tienen que tener un enfoque público privado porque el trabajo ha de hacerse en el pueblo, pero también en las ciudades donde hay que captar al repoblador idóneo. Esta fase permitirá el mantenimiento del sistema productivo, especialmente dañado por la falta de relevo generacional autóctono.

La siguiente fase pasa por crear nuevos puestos de trabajo. Y esto es algo que puede ocurrir. En muchas zonas de esa España vacía ha sucedido algo que hacía décadas que no se veía. Las energías renovables han traído inversiones inimaginables en estos territorios produciendo una serie de transformaciones que consiguen llegar a romper la inercia demográfica. Al menos, en ciertos casos. Las renovables no son una fuente de empleo directo abundante, salvo durante el proceso de construcción. En una amplia zona de España la estrategia repobladora puede vincularse a estos proyectos. La energía ha de ligarse también a la producción industrial y al sector agroalimentario que sí demandará mano de obra. Concebir una estrategia industrial en el medio rural allí donde se están aprovechando los recursos naturales parece algo más que razonable. Esta visión conjunta de energía e industria también supondría un mejor encaje entre la población local donde se ubican estos proyectos que afectan al territorio, al paisaje y a tierras de labor. Es fundamental no crear rechazos ni aristas, por lo que deberá trabajarse el mensaje desde el primer momento.

Habrá que hacer un especial esfuerzo por vincular esa soberanía energética que se pretende lograr con una soberanía alimentaria que tendrá como protagonista a nuestro medio rural. Actualmente la subida de precios de los alimentos, algo que según el ex ministro Manuel Pimentel se debe a un cambio de ciclo geopolítico provocado por la aparición de los aranceles en la política americana, puede suponer un cambio en la mirada hacia la agricultura y la ganadería, tras un largo periodo en el que no se ha valorado socialmente a este sector. El renovado interés por las carreras universitarias vinculadas al campo puede suponer una mejora en la innovación y la producción de nuestras tierras, lo que en la mayor parte de los casos deberá ir ligado a la gestión del agua. La energía puede jugar un papel básico en estos procesos de modernización del campo. Hoy por hoy las evaluaciones de impacto ambiental de estos proyectos energéticos no están contemplando medidas compensatorias para la economía y la sociedad rural donde se ubican. Se hace necesario vincular el megavatio producido con un producto industrial local. Habría que empezar a pensar en una etiqueta para esos productos que se generan gracias a la energía paralela. La famosa circularidad aplicada también a la electricidad de forma directa. Deberá articularse una evaluación de impacto no solo ambiental, sino social, agraria e industrial.

Convendrá trabajar determinados sectores estratégicos en la gestión del territorio que conllevan industrias asociadas que en los tiempos recientes han ido desapareciendo de nuestro país como puede ser el textil y las fibras naturales, por poner un ejemplo. La transformación agroalimentaria en origen será el motor industrial al que se añadirán nuevas líneas de trabajo. Infraestructuras como el ferrocarril y la gestión de las mercancías, la logística vinculada a una industria localizada allí donde se producen la energía y las materias primas. La aparición de esas empresas transformadoras demandará una mano de obra para lo que habrá que adaptar nuestros pueblos. Como hemos dicho, especialmente los que son cabecera de municipios, poseen una red de servicios bien dotada que ha visto como estos años disminuían su número de usuarios, pero que aún puede admitir un incremento considerable de población sin necesidad de aumentar el gasto. El centro de salud, el colegio, el cuartel, los bancos existentes se optimizan con ese contingente humano.

Sin embargo, sí será obligatorio trabajar el tema de la vivienda. Actualmente ya se está demandado vivienda en alquiler para lo que existe poca oferta. Sí se encuentran aún viviendas en los pueblos en venta y a un precio relativamente barato, al menos mucho más económico que la nueva construcción. Una posible línea de intervención puede pasar por política municipal de vivienda con apoyo para la compra de estas viviendas adscritas a un programa repoblador, no un programa social ni de solución de los problemas de vivienda en general. También será necesario remover los obstáculos legales para poder introducir en el mercado viviendas abandonadas y enmarañadas por herencias imposibles de resolver. Líneas de apoyo a la rehabilitación para el alquiler podrían poner en circulación muchas viviendas cerradas.

El papel de los ayuntamientos en el proceso repoblador es clave para su éxito. En una primera fase, deberemos ser capaces de determinar el número de emigrantes que pueden llegar a nuestros pueblos y hacer una distribución territorial en función de las demandas laborales. Podemos determinar lo que cuestan las labores de apoyo municipal para que esa acogida sea integradora y exitosa. No es algo especialmente caro, ya hay varias experiencias de los últimos años. Puedo hablar del caso de Paredes de Nava, un pueblo de 1900 habitantes que ha recibido a unos 150 nuevos pobladores en dos años. Gracias a la ayuda ministerial para el reto demográfico pudo generarse una oficina de apoyo a la repoblación que ha trabajado la vivienda, el empleo y la integración en la sociedad local. Sabemos lo que cuesta, aunque no es solo un asunto económico, se trata de voluntad y de cambio de modelo en la política municipal. Es necesario generar cambios en la normativa que flexibilicen los movimientos para atender este nuevo proceso. Se está trabajando con personas y el emprendimiento municipal es básico allí donde no ha desaparecido el del sector privado. La llegada de talento facilita mucho la labor, por eso es importante el proceso de selección de perfiles en origen.

La segunda fase será la de creación de nuevos empleos vinculados al programa de energía renovable. Esa nueva industria, nuevas viviendas y su vinculación con la emigración organizada e integrada permitirá dibujar una nueva etapa en nuestros pueblos, algo que no ocurre desde los años 50 del siglo xx. La población repartida en localidades pequeñas, sin masificación, donde las niñas y niños puedan ir andando al colegio y sus padres puedan empezar un futuro vinculado a la circularidad y la descarbonización. Es un modelo nuevo, innovación social, pero créanme tampoco sería tan difícil de organizar.

Recientemente, hemos comprobado cómo este modelo de oficinas de repoblación se está implantando en varios lugares de España con resultado muy esperanzador. Es más, se están generando resultados favorables más allá de los previsto. La aparición de lugares favorables a una llegada ordenada y humanizada de nuevos vecinos crea un ambiente propicio para la venida de nuevas inversiones y talento emprendedor que puede impulsar focos de progreso de forma que no imaginábamos. La economía de impacto social puede estar ya actuando en el medio rural y produciendo esos cambios demográficos tan deseables.

Medidas a implementar

- Determinación de municipios susceptibles de repoblación.
- Constitución de una línea de financiación para el desarrollo repoblador. Trabajo por objetivos.
- Creación de unidades de repoblación (gestión municipal o provincial).
- Determinación de puestos laborales no cubiertos en el medio rural.
- Política de vivienda municipal: compra de viviendas cerradas, áreas de rehabilitación para el alquiler, reforma legal para adquirir viviendas abandonadas, y gestión de ruinas.
- Creación de una red rural de centros de formación vinculados a las empresas locales demandantes de trabajadores. Gestión municipal de estos centros donde se residirá durante el periodo de formación.
- Programas de formación laboral en sectores demandados en el medio rural, vinculados al traslado e inserción en los centros demandantes.
- Agilización de trámites de convalidación de títulos profesionales, conducción, etc. Unidad provincial de repoblación vinculada a extranjería.
- Trabajo en países de origen en conexión con las unidades de repoblación.
- Definición del procedimiento para la redacción de proyectos de energías renovables y su industria vinculada.

- Apuesta por una educación rural bilingüe y de calidad.
- Programa de impulso de las ciudades intermedias.
- Configuración de legislación económica de impacto.
- Determinación de sectores estratégicos productivos y rurales a potenciar.

13. Claves de una Administración pública proactiva e innovadora al servicio del bien común

José Luis Moreno
Profesor del Máster en Acción Política
de la Universidad Francisco de Vitoria

E L AÑO 2024 PARA MUCHOS CIUDADANOS será recordado como un año que ha supuesto un punto de inflexión en cómo se percibe la Administración pública española por quienes han necesitado sus servicios de gestión en los momentos dramáticos posteriores a una terrible dana. Todos hemos sido testigos directos por los testimonios de los que se han hecho eco los medios de comunicación.

Hemos visto una ausencia manifiesta de empatía de muchos responsables públicos ante una catástrofe natural que se ha visto agravada por una negligencia de conservación y aviso a la población, falta de coordinación inicial entre las diferentes administraciones públicas, incompetencia y soberbia política. Todo ello acompañado de una expresión «si necesitan ayuda que la pidan», que define una administración reactiva ante las necesidades de los ciudadanos, extendiendo un aura de desconfianza en los servicios públicos y de mucho más escepticismo hacia su utilidad como un apoyo financiero cierto en los momentos difíciles que han seguido al desastre.

Tras dicha catástrofe, la participación de la sociedad civil, compuesta de personas y empresas voluntarias, ha sabido anticiparse y colaborar en las tareas urgentes de la mano de las diferentes administraciones. La colaboración público-privada también es una clave para abordar la materia que nos ocupa en el presente documento.

Finalmente, tras varios meses de lo ocurrido y tras las diferentes ayudas publicitadas por las diferentes administraciones, los ciudadanos se quejan de que las cantidades solicitadas no llegan a tiempo por una burocracia cruel que no es capaz de adaptarse del todo a la tragedia de quienes lo han perdido todo incluidos los documentos oficiales de identificación físicos, pólizas y facturas. Los afectados siguen esperando en un contexto donde la moratoria tributaria, esa sí, llega con un automatismo implacable al fin del plazo marcado por la administración tributaria sin nuevas prórrogas.

Todavía hay familias en la Isla de La Palma afectadas por la erupción de un volcán o por un terremoto en Lorca pendientes de recibir ayudas que les permitan volver a la normalidad.

En una etapa de profundo cambio económico, la agilidad en la respuesta de la administración es crucial y determina nuestras perspectivas de futuro sobre todo en los casos de ayudas de emergencia.

Muchas organizaciones públicas en nuestro entorno económico han identificado ya las trabas burocráticas para posteriormente eliminar las barreras y la burocracia. Con ello mejora la economía, ahorra fondos públicos y privados, tiempo y simplifica la vida de todos, sobre todo la vida de aquellos que tienen menos recursos y no pueden paga un gestor que les haga las gestiones donde las barreras tienen más impacto.

Tras la breve descripción de lo ocurrido en nuestra historia reciente, se propone un decálogo no exhaustivo que incorpora herramientas clave para conseguir una mejor administración más proactiva e innovadora que esté al servicio del bien común.

Un liderazgo público valiente, disruptivo y atrevido que incorpore la inteligencia artificial

Los principales ingredientes de una nueva administración proactiva empiezan con permitir el desarrollo de un liderazgo valiente, disruptivo y atrevido que promueva la anticipación de los servicios públicos con una respuesta eficaz a las necesidades, garantizando los derechos de los ciudadanos que deben ser tratados como si fueran clientes de una organización privada y no súbditos de un gobierno todopoderoso, especialmente en lo que se refiere a la accesibilidad a dichos servicios y a la información necesaria para poder utilizarlos en una posición de igualdad de oportunidades de acceso.

Los componentes clave para tener éxito en esta tarea es en primer lugar potenciar el desarrollo de las capacidades digitales de los directivos públicos incluyendo los avances y las opciones de la computación cuántica, el uso de algoritmos, la analítica de los datos y la inteligencia artificial. Algunos municipios utilizan ya agentes virtuales como el «operator» de Open AI que incluye el uso de los *computer using agents* para la gestión personalizada, proactiva, interactiva y autónoma de los principales procedimientos administrativos eliminando de facto la tarea burocrática para el ciudadano que ve como el trámite se lo facilita un gestor virtual sin coste.

Contar con una administración digital fortalece la transparencia y la rendición de cuentas, facilitando el acceso a la información y garantizando una gestión pública más abierta y responsable. También mejora la atención al ciudadano, ofreciendo servicios más ágiles y accesibles, y demuestra una capacidad de adaptación y resiliencia ante los desafíos y las crisis.

Los informes técnicos, jurídicos y económicos que acompañan a los expedientes podrán ser redactados utilizando la inteligencia artificial permitiendo mantener de forma transparente el cumplimiento de los requisitos. Así mismo, debe garantizarse el desarrollo de las capacidades de los sistemas informáticos para poder ser interoperables soportando servicios en la nube con servicios robustos con firma electrónica, garantías de ciberseguridad y protección de los datos. Es clave que los sistemas estén diseñados respetando la privacidad, la ética y las libertades individuales en la utilización de las nuevas tecnologías emergentes.

Formar a los recursos humanos de la Administración pública para lograr ese impulso estratégico y tecnológico es otra clave. Es esencial desarrollar una estrategia de actualización de las habilidades necesarias y la reeducación digital del conjunto del personal para dotarle de las competencias tecnológicas necesarias fomentando una cultura organizacional abierta al cambio y a la innovación.

Es fundamental que los planes de capacitación digital del personal sean accesibles, relevantes y estén alineados con las necesidades reales, para ello debe partirse de un diagnóstico previo de capacidades, de un análisis de necesidades y de un programa intensivo de dotación de capacidades digitales adaptado a las necesidades de cada puesto de trabajo ayudando a la gestión del cambio.

La colaboración con consultoras especializadas, expertos del sector e instituciones académicas asegurará la calidad de las actuaciones y permitirá contar con los materiales más actualizados.

UNA INTEROPERABILIDAD DE LOS SISTEMAS CENTRADOS EN LOS CIUDADANOS

Es clave facilitar y fomentar la colaboración entre los diferentes departamentos y niveles de la administración permitiendo que se pueda interactuar con otras administraciones. De esta forma se obtendrá como fruto unas soluciones más integrales, eficaces y completas.

Para mejorar la eficacia de los servicios públicos, aumentar la transparencia y evitar las duplicidades es necesario desarrollar la capacidad de nuestros sistemas, plataformas y aplicaciones para intercambiar datos, comunicarse y utilizar la información compartida de manera segura y eficiente.

El ciudadano debería poder solicitar un servicio en una administración y la información que facilite con su autorización pueda ser reutilizada por otra administración sin necesidad de repetir trámites o volver a pedir facilitar una documentación que ya ha sido entregada.

Se debe avanzar en la automatización y robótica de los procesos (RPA) para manejar tareas administrativas repetitivas. Esto libera tiempo para que los empleados públicos se concentren en tareas más complejas y de mayor valor.

Para favorecer la omnicanalidad de todos los trámites a realizar por parte de los ciudadanos deben extenderse las ventanillas únicas digitales fomentando los desarrollos de portales web y las aplicaciones móviles que permitan a los ciudadanos y empresas realizar trámites online y acceder a servicios de manera digital con una disponibilidad continua 24x7.

EVALUACIÓN DE PROGRAMAS Y POLÍTICAS PÚBLICAS PARA LA MEJORA CONTINUADA DE LA GESTIÓN

Con el objetivo de ajustar las estrategias y los programas es importante contar con sistemas de control, seguimiento y evaluación de las políticas y los programas públicos.

Las evaluaciones permiten a los gestores fortalecer sus procesos de aprendizaje y la toma de decisiones mediante el seguimiento permanente, la evaluación estratégica, integral y focalizada de sus iniciativas y la incorporación de las lecciones aprendidas a través de la reorientación estratégica y operativa de sus políticas, programas y proyectos.

La incorporación de la evaluación en la gestión pública ofrece instrumentos de juicio que permiten dimensionar la gestión de la Administración en términos de pertinencia, coherencia, eficacia, eficiencia e impacto.

Las evaluaciones de impacto proporcionan múltiples ventajas como el seguimiento y verificación de objetivos, la mejora de la rendición de cuentas ante los organismos decisores, facilita la toma de decisiones sobre determinada política y orienta el diseño de los programas y las decisiones políticas.

La introducción masiva del uso de Big Data y analítica de datos para recopilar, analizar y utilizar datos en la toma de decisiones y la mejora de los servicios públicos. Todo proceso clave debe ser medido y evaluado de forma continuada para poder comprobar su avance o, en su caso, detectar problemas e implementar medidas correctoras.

La evaluación de políticas públicas basada en indicadores para la toma de decisiones permite tener el juicio de mantener aquellos programas e inversiones que sean más necesarios y discontinuar los que no lo son.

Es clave el establecimiento de indicadores de desempeño y resultados definiendo métricas para evaluar el éxito de los proyectos y asegurar que se cumplan los objetivos establecidos.

Para el diseño de unas mejores políticas públicas se deberán realizar estudios económicos preliminares, comunicando y evaluando los resultados en términos de beneficio social y económico.

Finalmente, debe hacerse un esfuerzo por ir trasladando al público en general la información sobre las ventajas que se van obteniendo de las evaluaciones, realizando evaluaciones periódicas de los resultados obtenidos que aporten claridad, transparencia y permitan corregir desviaciones.

Economía del comportamiento en las políticas públicas

No somos seres totalmente racionales y eso afecta a cómo tomamos las decisiones, nuestras decisiones están influenciadas por sesgos cognitivos y emocionales.

La economía del comportamiento es una disciplina que se enfoca en estudiar cómo las personas toman decisiones económicas en la vida real, teniendo en cuenta los aspectos psicológicos y sociales que influyen en su comportamiento y permiten construir políticas públicas que ayudan a llegar a un equilibrio económico en busca del bien común.

La economía del comportamiento se utiliza cada vez más en el diseño de políticas públicas, ya que permite entender cómo las personas responden a diferentes incentivos y cómo el gobierno puede influir en el comportamiento de los ciudadanos para lograr los efectos positivos deseados mediante los denominados empujones de comportamiento.

En este sentido las organizaciones públicas deberían identificar políticas, programas y operaciones donde aplicar las ciencias del comportamiento suponga mejoras en el bienestar, en los resultados de los programas y en la reducción de costes con ejemplos contrastados en la simplificación del acceso a la financiación de estudios para universitarios o la afiliación automática en planes de ahorro para la jubilación. Para el correcto desarrollo de casos de uso el gobierno debería fortalecer las relaciones con los expertos en esta materia y con la comunidad académica.

Datos abiertos, transparencia y rendición de cuentas

Se refiere a la práctica de poner a disposición de la ciudadanía todos los archivos, registros y ficheros de datos de las administraciones públicas, con el máximo respeto a los principios de publicidad y transparencia, sin perjuicio de las limitaciones derivadas del derecho a la intimidad o de otros derechos constitucionales que gozan de una protección específica.

Poner a disposición de los ciudadanos y empresas estos datos, implica que los mismos deben de estar disponibles en formatos que sean fáciles de encontrar, acceder y utilizar por cualquier persona, sin barreras legales, financieras o tecnológicas que pudieran impedir su utilización.

El uso de datos abiertos garantiza el acceso de la ciudadanía a la información que disponen las administraciones públicas sobre aquellos asuntos que les afecten o sean de interés público, fomentando así, la transparencia y la confianza en el sistema de las administraciones públicas. Para ello, las administraciones públicas deben garantizar una adecuada ordenación de sus archivos, registros y ficheros y facilitaran la accesibilidad a los mismos mediante la disponibilidad y acceso de medios, soportes y aplicaciones informáticas en las condiciones que en cada caso se establezcan.

La motivación de una administración pública para el uso de datos abiertos se fundamenta en los principios democráticos y de buen gobierno que buscan fortalecer la relación entre los gobiernos y la ciudadanía. Los datos abiertos son una herramienta clave para la transparencia del gobierno.

Al hacer accesible la información pública, se garantiza que los ciudadanos puedan supervisar y evaluar las acciones del gobierno, lo que fomenta la rendición de cuentas y reduce las posibilidades de corrupción. Esta transparencia es esencial para construir y mantener la confianza de la ciudadanía en sus instituciones.

Los datos abiertos promueven la participación ciudadana y anima a los ciudadanos para que se involucren de una manera más activa en los procesos de toma de decisiones y en la formulación de políticas públicas. Esto no solo fortalece la participación, sino que también asegura que las políticas y programas gubernamentales reflejen mejor las necesidades y aspiraciones de la población. Desde una perspectiva de eficiencia y eficacia gubernamental, los datos abiertos permiten una mejor coordinación y colaboración entre diferentes niveles y sectores del gobierno.

Al compartir información de manera abierta y accesible, también se facilita la cooperación interinstitucional y se optimiza el uso de los recursos públicos, lo que resulta en una administración más ágil y efectiva. En el ámbito económico, los datos abiertos son un catalizador para la innovación y el desarrollo. Al liberar datos, se crean oportunidades para que emprendedores y empresas desarrollen nuevos productos y servicios, impulsando así el crecimiento económico, la innovación y la creación de empleo.

ANTICIPARSE A LAS NECESIDADES DE LOS CIUDADANOS

Se trata de un elemento esencial para el cambio y la mejora continua en la relación entre la administración y los ciudadanos y empresas, adoptar un enfoque preventivo anticipándose tanto a las preguntas como a las necesidades de los ciudadanos.

La proactividad se define como la capacidad de las Administraciones Públicas para que, partiendo del conocimiento adquirido del usuario final del servicio, proporcione servicios precumplimentados y se anticipe a las posibles necesidades de los ciudadanos y empresas permitiendo anticipar sus necesidades e invertir la carga, haciendo que la Administración actúe de oficio, sustituyendo la actuación a instancia de parte del ciudadano.

El principio de proactividad aplicado a la relación de la administración con ciudadanos y empresas permite evitar una serie de ineficiencias que afectan tanto la calidad de los servicios públicos, como a la eficacia en la gestión pública.

Al adoptar un enfoque proactivo, se busca prevenir retrasos en la prestación de servicios, reduciendo las cargas administrativas y aumentando la satisfacción ciudadana al atender de manera anticipada sus necesidades y expectativas.

Ante todo ello, la proactividad es esencial para optimizar servicios y procesos; para mejorar la productividad del personal, y, además, para fomentar una mayor integración y coordinación entre los distintos servicios y niveles de gobierno.

Para la puesta en marcha de este principio, la Administración se debe apoyar en dos grandes palancas de cambio al alcance de la administración. Por un lado, la inteligencia artificial que se puede utilizar para analizar patrones en los datos de los ciudadanos y predecir necesidades futuras y en segundo lugar la automatización de procesos que reduce el tiempo y los errores asociados con las tareas manuales repetitivas. La implantación de chatbots y asistentes virtuales también puede mejorar la atención al ciudadano.

La Administración dispone de una gran cantidad de datos que pueden ser utilizados para implementar herramientas predictivas que permitan la aplicación del principio de eliminación de la redundancia en la recopilación de datos, liberando así a los ciudadanos y empresas de cargas administrativas innecesarias. El análisis de todos estos datos puede ayudar a identificar tendencias y áreas de mejora en los servicios públicos.

COLABORACIÓN PÚBLICO-PRIVADA, ALIANZAS Y COLABORACIONES CON EMPRESAS Y ORGANIZACIONES

La inclusión del sector privado en la toma de decisiones administrativas se refiere a la participación de empresas, organizaciones y actores del sector privado en el proceso de formulación, implementación y evaluación de políticas públicas y decisiones administrativas.

La colaboración con el sector privado ayuda al sector público a adoptar prácticas más ágiles y flexibles, permitiendo una respuesta más rápida a los cambios y desafíos emergentes y más ajustada a las necesidades de las empresas y ciudadanos. Al aprovechar las eficiencias operativas y la experiencia del sector privado y al escuchar y ser receptivos a sus necesidades y expectativas, el sector público puede mejorar, tanto, la eficiencia de sus operaciones y reducir costes como, la eficacia, al estar más volcados a alcanzar los resultados programados.

El objetivo de la inclusión del sector privado en la toma de decisiones administrativas es garantizar la transparencia, racionalidad, fomento de espacios de diálogo y comunicación que ayuden a tejer un ecosistema que cree cultura de colaboración público-privada, como herramienta de transformación y progreso hacia una sociedad innovadora. Un elemento central, cuando se incorpora al sector privado en los procesos de toma de decisiones es que ello no exime del hecho de que la responsabilidad final recae siempre y en todo caso en la propia administración.

Entre las acciones a poner en marcha para fomentar la inclusión del sector privado en la toma de decisiones administrativas tenemos los foros y alianzas público-privadas que fomentan una cooperación estrecha entre sector público y privado en un sector, política o intervención específica, realizando consultas previas o audiencias públicas para permitir que el sector privado facilita sus opiniones y sus sugerencias ante una decisión administrativa.

- Colaborar con el sector privado estableciendo alianzas y colaboraciones con empresas, universidades, organizaciones no gubernamentales y otros actores relevantes para fomentar el uso y la reutilización de los datos abiertos.

- Utilización de las manifestaciones de interés como una forma de recibir propuestas, iniciativas, dudas, inquietudes e información del sector privado en fases previas a la toma de decisiones, lo que aporta mucho valor a este proceso. El desarrollo de consejos asesores con expertos del sector privado y comités de seguimiento no solo en la formulación estratégica de actuaciones públicas sino en su seguimiento y en la evaluación de resultados.

- Uso de incentivos y reconocimientos para motivar y recompensar la implicación del sector privado en las actuaciones públicas a través de este tipo de reconocimientos públicos.

- Fomento de la innovación y la tecnología a través de programas innovadores que involucren al sector privado en el desarrollo y la implementación de nuevas tecnologías y soluciones digitales.

- La capacidad de regulación del sector público es fundamental para establecer las normas y directrices que deben seguirse, garantizando que los objetivos de simplificación administrativa se cumplan de manera coherente y efectiva. Por su parte, el sector privado contribuye con su experiencia técnica, capacidad de innovación, eficiencia operativa y recursos financieros.

- Implantación de esquemas mixtos de financiación, utilizando fondos públicos y privados para cubrir el coste de grandes proyectos, distribuyendo riesgos y beneficios de una manera equitativa, incluyendo el fomento de alianzas estratégicas y consorcios, promoviendo la formación de alianzas entre empresas privadas y entidades públicas para aprovechar sinergias y recursos complementarios.

PARTICIPACIÓN CIUDADANA Y EVALUACIÓN DE LA CALIDAD DE LOS SERVICIOS PÚBLICOS

Calidad de los servicios y participación ciudadana en la administración pública hace referencia a los mecanismos y procesos mediante los cuales los ciudadanos pueden compartir y trasladar a las administraciones públicas sus opiniones, sugerencias y preocupaciones sobre las políticas, decisiones y servicios públicos, así como involucrarse activamente en la toma de decisiones, elaboración y aplicación de las políticas públicas.

Obtener la opinión de los ciudadanos sobre los servicios públicos es una herramienta esencial para que las administraciones públicas conozcan las necesidades y expectativas de la ciudadanía, permitiendo ajustar y mejorar sus acciones y servicios en función de las opiniones recibidas. Las administraciones públicas facilitarán medios para que los ciudadanos puedan proveer de esta información, tales como, diversos canales electrónicos, encuestas, consultas públicas, plataformas digitales, reuniones comunitarias y otros medios que faciliten la comunicación entre la administración pública y los ciudadanos.

La participación ciudadana, por su parte, implica un nivel más profundo de involucración, donde los ciudadanos no solo proporcionan un *feedback* a la administración pública, sino que también colaboran activamente en la formulación, implantación y evaluación de las políticas públicas. La participación ciudadana se desarrollará a través de diferentes instrumentos como las audiencias, los foros de consulta y paneles de opinión.

Creación de aplicaciones móviles, que permitan a los ciudadanos reportar problemas, hacer sugerencias y recibir actualizaciones sobre las acciones de la administración.

SIMPLIFICACIÓN DE LOS FORMULARIOS ADMINISTRATIVOS, USANDO UN LENGUAJE CLARO

El uso de formularios es uno de los medios de interacción entre la Administración y los ciudadanos. Estos documentos, aunque a veces pueden parecer simples, pueden implicar una gestión que no siempre es ágil. Los formularios son esenciales para recopilar información, procesar solicitudes y llevar a cabo diversos trámites administrativos, pero su diseño y manejo influyen en la experiencia del usuario y en la eficiencia del proceso administrativo.

El proceso de rediseño y simplificación de formularios busca no solo reducir la carga administrativa, sino también mejorar la eficiencia operativa y la accesibilidad de los trámites administrativos.

Simplificar formularios implica tanto reducir los campos de datos solicitados a los mínimos necesarios como, además, utilizar un lenguaje claro y comprensible. Al simplificar los formularios, se pretende hacerlos más fáciles de entender y de completar, lo que puede reducir el tiempo y el esfuerzo necesarios tanto para los ciudadanos como para los funcionarios encargados de procesarlos. Además, este proceso fomenta la estandarización de formularios, lo que contribuye a una mayor coherencia y predictibilidad en la prestación de servicios.

Para facilitar el proceso de completar un formulario deberán publicarse tutoriales pedagógicos tanto en formato visual como en texto junto con herramientas de apoyo como las preguntas más frecuentes, las plataformas de resolución de dudas por teléfono o los *chatbots* interactivos.

Simplificación y eliminación de cargas administrativas

La eliminación de trámites innecesarios en la Administración se refiere al proceso de identificar y suprimir aquellos procedimientos que no aportan un valor significativo al objetivo buscado o que son redundantes pues se refieren a documentos de los que ya se dispone o que ya se han cumplido en algún momento anterior.

Abarca la revisión de los trámites y procedimientos existentes, la reestructuración, eliminación o simplificación de aquellos que se consideren innecesarios, utilizando herramientas digitales para agilizar y simplificar los trámites, unificando procedimientos para evitar variaciones innecesarias entre procedimientos semejantes. La eliminación de trámites innecesarios busca crear una administración más eficiente, transparente y centrada en las necesidades de los usuarios.

Se propone la elevación del rango político del responsable de la simplificación administrativa, dando peso político suficiente capacitando al equipo responsable para una más eficaz labor de coordinación dentro de la Administración. Se incluye la revisión y actualización de normativa vigente eliminando disposiciones obsoletas o redundantes.

La publicación de los informes periódicos sobre los avances y resultados del seguimiento de la simplificación administrativa es otra clave importante, así como contar con evaluadores externos e independientes para realizar auditorías independientes sobre el progreso y efectividad de las iniciativas de simplificación administrativa lo que

José Luis Moreno

proporciona una visión objetiva y ayuda a identificar aquellas áreas que requieren una atención adicional.

Hasta aquí una recopilación no exhaustiva de las claves que han de servir como un instrumento para la visión de una Administración proactiva e innovadora centrada en el ciudadano y enfocada al bien común, así como una orientación hacia la acción de mejora interna.

14. Por una España con un suministro de energía seguro, sin emisiones y competitivo

Nemesio Fernández Cuesta
Analista de Energía y Cambio Climático

EN LOGRAR QUE ESTOS TRES ATRIBUTOS caractericen el sistema energético consiste lo que últimamente se ha dado en llamar el *trilema* de la política energética. Desde la primera crisis del petróleo en 1973, la seguridad de suministro forma parte de nuestras preocupaciones primordiales. Nunca se ha producido un desabastecimiento efectivo, pero nunca hemos dejado de tenerlo presente. Los precios, como indicador de escasez, han propiciado, con sus subidas, la necesaria contención de la demanda, lo que ha abocado, a economías como la española, dependiente siempre del suministro exterior de los combustibles fósiles que constituyen el grueso de nuestro consumo energético, a enfrentar, tanto el problema de la transferencia de riqueza al exterior, como el de la competitividad de nuestra economía.

En las últimas dos décadas, tras la entrada en vigor del Protocolo de Kioto y, años más tarde, del Acuerdo de París, la reducción de emisiones de CO_2 forma parte también de los objetivos básicos de la política energética. La correlación entre el contenido de CO_2 en la atmósfera y el aumento de las temperaturas medias, es una evidencia científica. También lo es que la subida de las temperaturas supone un incremento de la frecuencia e intensidad de fenómenos atmosféricos extremos. Sin embargo, la necesidad de reducir emisiones tiene poco que ver con muchas de las políticas que se preconizan al socaire de la *sostenibilidad,* término de uso tan generalizado hoy que corre el riesgo de perder su sentido intrínseco. La primera vez que se usó el término *sostenible* fue en 1987, en el «Informe de la Comisión Mundial de Naciones Unidas sobre Medio Ambiente y Desarrollo: Nuestro Futuro Común». En 1989, Naciones Unidas aprobó la definición de desarrollo sostenible como aquel que satisface las necesidades del presente sin comprometer la capacidad de las generaciones futuras de satisfacer las suyas. Es importante subrayar que el concepto de la sostenibilidad nació unido al de desarrollo económico ahora que el término sostenibilidad se utiliza como punta de lanza para predicar la *apología del decrecimiento* como solución a nuestros males. La Historia nos demuestra que nada bueno ha surgido de las crisis económicas. Propiciar de forma voluntaria la reducción de la riqueza de un país para solucionar un problema medioambiental no tiene sentido alguno. Sólo a través del crecimiento económico basado en el desarrollo de nuevas tecnologías podremos disfrutar de mejores niveles de vida. Ambos factores —crecimiento y tecnología— son los que nos pueden permitir, si hacemos las cosas bien, contar con un suministro energético seguro, competitivo y sin emisiones.

Sistema eléctrico descarbonizado

La energía solar fotovoltaica y la eólica terrestre son hoy las formas más baratas de producir electricidad. España, por primera vez, tiene una ventaja competitiva en el ámbito energético respecto a sus socios europeos. Tenemos una mayor irradiación solar, gracias a nuestra ubicación meridional y un gran recurso eólico, derivado de que nuestro territorio se encuentra entre el Océano Atlántico y el Mar Mediterráneo. En 2024, eólica, fotovoltaica e hidráulica produjeron el 52,5 % de nuestra electricidad. Si sumamos la producción nuclear y la procedente de otras tecnologías renovables, la producción libre de emisiones se situó en el 77,4 %.

El coste de producción de la eólica y la fotovoltaica se sitúa en unos 30-35 euros por megavatio hora. La nuclear, con una carga fiscal elevada, tiene un coste aproximado de 60-65 euros, que puede

Nemesio Fernández Cuesta

reducirse hasta 55 si se amplía su vida útil y se reduce la imposición específica que soportan. Por su parte, la producción eléctrica a partir de gas natural tiene, a los precios actuales del gas, que pueden oscilar entre los 30 y los 50 euros por megavatio hora, un coste entre 80 y 140 euros. Es fácil deducir que, en la medida en la que siga avanzando la implantación de producción renovable que sustituya al gas natural, el precio medio de nuestra producción eléctrica seguirá descendiendo. Esta hipótesis se materializará siempre que el anunciado cierre de nuestra producción nuclear entre 2027 y 2035 no se produzca. La única forma de sustituir una producción eléctrica firme y continua como la nuclear es incrementando la producción con gas natural, que, como ya se ha señalado, es más cara, y genera emisiones de CO_2.

Mantener abierta nuestra actual generación nuclear es indispensable para mantener la ventaja competitiva que nos otorgan la disponibilidad de viento y de sol. La otra condición que debemos cumplir es invertir en almacenamiento de electricidad, bien con baterías, bien con bombeo hidráulico. El viento y el sol son intermitentes. Las horas centrales del día, cuando funciona la fotovoltaica, tienden a ser las horas en las que la electricidad es más barata. Prolongar horas de electricidad barata mediante su almacenamiento con baterías, ayudará a sustituir producción alternativa, normalmente con gas, más cara.

En 2024, el 77 % de la producción española de electricidad se produjo sin emisiones y ha tenido un precio medio inferior al de nuestros socios europeos. Conviene seguir invirtiendo en renovables, pero sabiendo que es difícil, por no decir antieconómico, superar el umbral del 90 % de producción sin emisiones. La rentabilidad decreciente de las últimas inversiones en capacidad renovable desaconseja su ejecución. Hay producción renovable con emisiones, a partir de biomasa, biogás o biometano que pueden completar nuestro sistema. Estas tecnologías pueden dotarse de captura de CO_2. Con tecnología de captura de emisiones también sería posible mantener generación actual a partir de gas natural.

Un sistema eléctrico descarbonizado, capaz de producir electricidad a un precio inferior al de las principales economías europeas constituye una base sólida sobre la que asentar la transformación de nuestro consumo de energía.

Electrificación. Las redes

Un sistema eléctrico descarbonizado y comparativamente barato ofrece la oportunidad de incrementar la participación de la electricidad en el consumo final de energía y mejorar así la competitividad de nuestra economía. La condición indispensable para la consecución de este objetivo es la inversión en redes de transporte y distribución de electricidad. Guste o no, la electricidad se transporta por cable y, además, las líneas eléctricas constituyen un caso paradigmático de monopolio natural: no tiene sentido duplicar o triplicar líneas existentes para que distintos proveedores puedan atender a un mismo cliente. La regulación administrativa establece, como requisito indispensable, el acceso de terceros a las redes propiedad de una compañía de forma que exista competencia en el mercado. Como es lógico, el precio cobrado por el propietario monopolista debe ser también fijado administrativamente. El paso último es regular también la expansión y crecimiento de las redes, dado que el coste de transporte de electricidad forma parte de la factura que pagamos todos y es un servicio que, como se ha señalado, se presta en condiciones de monopolio.

La regulación vigente en España es absolutamente intervencionista. De entrada, existe una planificación de las inversiones a efectuar que se establece en ciclos de cuatro años. Si una empresa quiere contratar potencia adicional o contratar nueva potencia para suministrar un nuevo emplazamiento industrial, la empresa distribuidora debe remitirle al nuevo ciclo de planificación, sin poder tampoco adelantarle si la respuesta será entonces positiva o no. Una vez efectuadas las inversiones incluidas en la planificación, son sometidas a auditoría. Sin que sea posible entrar en los detalles, el hecho es que todas las liquidaciones de los pagos efectuados a las empresas propietarias de las redes están recurridas en los tribunales desde el año 2016. Sin entrar en motivos o razones de estos recursos, el hecho es que, sin una modificación profunda de los sistemas de planificación y retribución de las redes eléctricas, no es posible abordar el necesario proceso de electrificación de nuestra economía. Si un cliente plantea la necesidad de un nuevo acceso o la ampliación de uno existente, debe obtener una inmediata respuesta positiva, con las únicas dudas de cuándo y en qué condiciones podrá acceder al suministro.

La modificación profunda de nuestra regulación es una condición indispensable para el necesario proceso de electrificación. Es necesario liberalizar las inversiones y que las empresas asuman el riesgo de equivocarse, inherente a cualquier negocio. Cualquier inversión en líneas o infraestructura eléctrica que no alcance un grado de utilización suficiente quedará sin ser retribuida. Siempre es mejor el binomio libertad y riesgo que una planificación estricta que limite el crecimiento de una infraestructura indispensable para el futuro.

ELECTRIFICACIÓN. CONDICIONES EXTRÍNSECAS

Electrificar es posible siempre que existan tecnologías disponibles que lo permitan, que el acceso a dichas tecnologías se realice en condiciones económicas aceptables y que las inversiones que en su caso se efectúen alcancen una rentabilidad razonable.

Hay tecnologías disponibles en muchos ámbitos de actividad económica: todo tipo de vehículos eléctricos en el transporte, bombas de calor en la calefacción y refrigeración de edificios, arcos voltaicos en la industria siderúrgica, producción y almacenamiento de calor a partir de energía renovable o de una caldera eléctrica en otras industrias. La segunda cuestión es si existe acceso a esas tecnologías en condiciones económicas aceptables. Es necesario subrayar que el concepto de accesibilidad económica no se refiere sólo al importe de la inversión concreta. Un coche eléctrico es más caro que un coche equipado con un motor de combustión interna, pero, además, la electrificación del transporte privado requiere el desarrollo de una red de cargadores públicos de alta capacidad que hoy no existe. Reflexión adicional merece el hecho de que España sea el segundo productor europeo de automóviles europeo y el octavo del mundo. No es posible optar por una transformación acelerada de nuestro parque de vehículos que puede dejar fuera de juego una parte sustancial de nuestra industria. Por último, debe existir una rentabilidad razonable. Si el coche eléctrico es más caro, debe producirse un ahorro en el consumo de energía que mueve el coche. Si no, la inversión carece de sentido. Un motor eléctrico es tres veces más eficiente que un motor de combustión interna. Expresado en términos de megavatio hora, un litro de gasóleo que cuesta 1,5 euros tiene un precio de 150 euros. Si el precio de la electricidad a un consumidor doméstico es de 180 euros por megavatio hora, la mayor eficiencia del motor eléctrico hace que el cambio sea rentable, siempre que el kilometraje efectuado sea lo suficientemente elevado. Lo que no tiene solución es el problema inicial: si un coche eléctrico es un 50 % más caro, es necesario tener los ahorros o la capacidad de endeudamiento necesaria para acometer la inversión. Todas estas consideraciones llevan a una conclusión: el tiempo es imprescindible. Tiempo para que el coste de las baterías descienda y con él el precio de los coches eléctricos. Tiempo para poder disponer de una red pública de cargadores eléctricos. Tiempo para adaptar nuestra industria automovilística. No tiene sentido que, para aprovechar una ventaja competitiva en la generación eléctrica, pongamos nuestra industria en riesgo.

Estas reflexiones sobre disponibilidad tecnológica, accesibilidad económica en sentido amplio y rentabilidad razonable son aplicables a todo el proceso de transformación de nuestro sistema energético. Sin una respuesta positiva a estas tres cuestiones, no tiene sentido alguno forzar transformaciones que acaban deteriorando nuestro tejido económico. Todo el espectro industrial dedicado a tecnologías limpias debería ser objeto de especial atención por parte de las autoridades españolas y comunitarias. Cuando las inversiones son rentables, no hay problema en allegar fondos privados para su materialización. Cuando faltan mejoras tecnológicas, reducciones de costes o economías de escala es cuando el apoyo público tiene sentido.

LOS LÍMITES DE LA ELECTRIFICACIÓN. COMBUSTIBLES ALTERNATIVOS

Incluso con un sistema eléctrico descarbonizado, con tecnologías que permitan la electrificación disponibles, accesibles y rentables, existen restricciones técnicas que impiden que la participación de la electricidad en el consumo final de energía, que hoy se sitúa en el entorno del 20-25 %, supere el 50-55 %. El transporte aéreo y el marítimo y quizás el transporte pesado por carretera van a requerir una alternativa diferente a la electricidad. El peso de las baterías y la autonomía que proporcionan limitan la opción eléctrica. La alternativa son los combustibles alternativos, fabricados a partir de una fuente de carbono no fósil e hidrógeno.

Las primeras iniciativas en este campo surgieron hace décadas: el etanol producido a partir de maíz, remolacha o caña de azúcar se usó y se sigue usando como componente de las gasolinas. El biodiesel, fabricado con metanol y aceite de girasol o colza se ha mezclado con gasóleo desde hace años. Estos biocombustibles clásicos utilizan como materia prima productos agrícolas que se usan también en la alimentación humana o animal. Una demanda creciente de estas materias primas podría incidir en los precios de la alimentación. Aunque es un tema debatible, este problema ha frenado el desarrollo de estos biocombustibles clásicos. Una solución son los llamados biocombustibles avanzados, que utilizan materias primas sin incidencia en la alimentación humana o animal, como todo tipo de residuos agrícolas o incluso algas. En general, existen procedimientos técnicos ya probados para, a partir de cualquier materia orgánica, producir cualquier combustible. La hidrogenación de ácidos grasos permite sustituir al gasóleo y al keroseno de aviación. La digestión anaerobia permite fabricar biogás, y, a partir de éste, puede obtenerse biometano. La gasificación junto con la tecnología Fischer-Tropsch permite producir cualquier tipo de combustible líquido. Con CO_2 e hidrógeno puede producirse metanol, que, además de usarse como combustible, puede utilizarse para producir gasolina e incluso materias primas plásticas. Una posibilidad adicional es capturar CO_2 del aire y mezclarlo con hidrógeno producido a partir de electrólisis del agua utilizando electricidad renovable. Entraríamos en la gama de los e-combustibles o combustibles sintéticos.

El hidrógeno, además de ser parte esencial en todos los procesos descritos, también puede utilizarse directamente como combustible. Hoy en día el hidrógeno se utiliza por la industria de refino, para purificar los productos petrolíferos, para fabricar amoníaco y a partir de esta materia prima toda la cadena de fertilizantes y para fabricar metanol, materia prima para la industria química. Se fabrica a partir de gas natural, lo que genera emisiones. La idea es producir un hidrógeno de bajas emisiones, bien sea incorporando captura de CO_2 al proceso tradicional de producción, bien sea, como ya se ha dicho, a partir de electrólisis del agua con electricidad renovable. El problema de este último proceso es que el coste del hidrógeno producido es varias veces superior al del procedimiento clásico, y también bastante más elevado que el coste del hidrógeno tradicional con captura de CO_2.

El problema de su coste es el lastre que arrastran todos estos combustibles alternativos. Pueden resultar entre dos y cinco veces más caros que el gas natural, la gasolina y el gasóleo convencionales. La clave está en darse el tiempo necesario para que todas estas tecnologías mejoren sus prestaciones y reduzcan sus costes. Entre tanto, no se deben forzar los plazos de su adopción. Incidirán directamente en la competitividad de nuestra economía. La otra cuestión relevante es dilucidar el volumen de materia prima de que disponemos. Cuando se habla de materia orgánica podemos considerar cualquier resto o residuo agrícola, excrementos animales, lodos de depuradoras de agua, residuos sólidos urbanos, desechos plásticos, o todo tipo de aceites usados. Todo ese volumen de materia prima debería ser el límite cuantitativo para el desarrollo de esta economía circular consistente en producir combustibles a partir de residuos.

Neutralidad tecnológica y plazos

Todo este mundo del hidrógeno, los combustibles alternativos, los límites de la electrificación y sus costes, está en plena efervescencia. Siempre será imprescindible esperar al proceso de decantación de todas estas tecnologías: unas se impondrán sobre otras debido a sus mejoras en términos de productividad o de costes. La decisión apriorística por parte de las autoridades administrativas sobre la tecnología que debe aplicarse con carácter general y, lo que es aún más arriesgado, sobre sus fechas de implantación, puede convertirse en un error notable, cuyas consecuencias se pueden prolongar en el tiempo. Si España quiere que cinco millones y medio de coches eléctricos circulen por sus calles y carreteras en 2030 y, además, prohibir la venta de coches equipados con motor de combustión interna en 2035, la única solución es importar coches chinos, con el consiguiente destrozo para nuestra industria automovilística. Tendría mucho más sentido adecuar plazos y objetivos a las capacidades efectivas de nuestra industria. Sabiendo que el objetivo a largo plazo no puede ser otro que la descarbonización, habría que trasladar los objetivos de la industria a la normativa, y no al revés, y dando siempre margen a que las distintas tecnologías compitan entre sí.

COMPETITIVIDAD Y RIQUEZA

Será un proceso largo en cuyo recorrido se pueden cometer errores, pero si España lo hace medio bien, tendremos un precio de la electricidad inferior al de Alemania, Francia e Italia, lo que supone una capacidad competitiva de la que hasta ahora hemos carecido. Italia y Alemania, al carecer de generación nuclear, tienen una participación del gas en su generación eléctrica que encarece su factura. Francia, con un 70 % de su generación de origen nuclear y con el proyecto de construir seis nuevas centrales, no tiene la flexibilidad suficiente para aprovechar el menor coste de las renovables. Nuestro posible error, que nos dejaría en una posición similar a la de Italia o Alemania, sería cerrar la generación nuclear.

Gracias al turismo y a la exportación de otros servicios, la balanza por cuenta corriente española arroja un saneado superávit, superior a dos puntos de nuestro PIB. Sin embargo, este superávit se produce a pesar del déficit de nuestra balanza comercial, en la que las importaciones de petróleo y gas tienen un notable peso negativo. Si a lo largo de los próximos diez o veinte años somos capaces de disminuir las importaciones de combustibles fósiles gracias al proceso de descarbonización de nuestro sistema eléctrico, y a la subsiguiente electrificación de nuestro sistema productivo y de transporte, una de las restricciones históricas de la economía española habría desaparecido: la persistente transferencia de riqueza al exterior, impuesta por un sistema energético absolutamente dependiente del exterior, sería parte del pasado. Supondría un horizonte desconocido para nuestra economía.

15. El desafío de la Educación

Luis Peral

ExConsejero de Educación de la Comunidad de Madrid

Introducción

N ADA CONTRIBUYE MÁS AL FUTURO de una nación como la educación que reciben sus ciudadanos y especialmente los más jóvenes de ellos.

Como recuerda Alicia Delibes[1], Nicolás de Condorcet (1743-1794), filósofo, científico y político francés, defendió que la condición *sine que non* del progreso estaba en la instrucción del pueblo y que el objetivo de la educación era formar ciudadanos libres. La instrucción de los ciudadanos es competencia del Estado, pero la formación en ideas, valores y principios morales y religiosos corresponde a la familia de los alumnos. «El individuo debería recibir en la escuela aquellas enseñanzas que le permitieran continuar por sí solo su propia educación, desarrollar su espíritu crítico y formar sus ideas y opiniones sobre el mundo que le rodea».

Una orientación similar se recoge en el informe presentado el 9 de septiembre de 1813 por Manuel José de la Quintana y otros cinco diputados de las Cortes de Cádiz, miembros de la Junta de Instrucción Pública. Considera el posteriormente conocido como Informe Quintana que la Educación es un medio idóneo e indiscutible para la evolución y el progreso de la sociedad. Como cita el informe, «la instrucción desenvuelve nuestras facultades y talentos y los engrandece y fortifica con todos los medios acumulados por la sucesión de los siglos en la generación y en la sociedad de que hacemos parte. Ella enseñándonos cuales son nuestros derechos, nos manifiesta las obligaciones que debemos cumplir...». El Informe Quintana estableció que la instrucción debe ser tan igual y completa como las circunstancias lo permitan, uniforme en todos los estudios y, en la primera enseñanza, universal y gratuita. Defiende el informe que la educación sea libre y la libertad de elección de centro docente, pues el Estado, no pudiendo llegar a toda la nación, necesitará recurrir a centros privados: «No basta que el Estado proporcione a los ciudadanos escuelas... es preciso que tenga cada uno el arbitrio de buscarlos en donde en donde, como y con quien le sea más fácil y agradable sus adquisición... la libertad de enseñar, declarada a todos los que tengan discípulos que quieran ser instruidos por ellos, suple por la insuficiencia de medios para universalizar la instrucción».

El futuro de Europa va a depender en buena medida de la educación que hoy reciben los jóvenes en los distintos Estados miembros de la Unión Europea. En mayor o menor medida, todas las grandes naciones europeas han sido víctimas en su sistema educativo del fundamentalismo pedagógico de la enseñanza comprensiva, lo que aquí llamaríamos el modelo de la LOGSE. Se ha minusvalorado el esfuerzo, se ha reducido la exigencia, se ha despreciado la transmisión de conocimientos y valores y se ha socavado la autoridad del profesor. Como consecuencia de todo esto, se ha deteriorado la convivencia en las aulas y los alumnos terminan la enseñanza obligatoria (los que la terminan sin abandonar antes) con un insuficiente nivel de conocimientos.

Este cúmulo de errores ha perjudicado especialmente a aquellos alumnos provenientes de sectores sociales desfavorecidos, alumnos que no tendrán otra formación que la que puedan adquirir en el sistema educativo sostenido con fondos públicos.

Diagnóstico

a) El sistema educativo español

El reciente informe de la OCDE/OECD *Education at a Glance 2024*[2] presenta datos muy relevantes sobre el sistema educativo español:

- El 26 % de los jóvenes de 25 a 34 años no ha completado la segunda etapa de la educación secundaria (Bachillerato o Formación Profesional de Grado Medio). En 2016 esa proporción era el 35 %. La media de la OCDE es el 14 %.

- El 30 % de los niños menores de 2 años y el 64 % de los que tienen 2 años asiste a Escuelas Infantiles de 0-3 años. La media de la OCDE es del 18 % y del 42 %, respectivamente. Sin embargo, hay una «brecha de cuidado infantil» (periodo entre el final del permiso de maternidad o paternidad remunerado y el acceso a una escuela infantil de 0-3 años) que perjudica a las familias más desfavorecidas: el 39 % de los niños de las familias del tercil de ingresos más bajo acude a escuelas infantiles de 0-3 años, frente al 59 % del tercil de ingresos más alto.

- La probabilidad de estar empleado aumenta con el nivel educativo alcanzado. El 63 % de los jóvenes de 25 a 34 años que no ha terminado el Bachillerato o la Formación Profesional Superior está trabajando. Ese porcentaje aumenta al 71 % en los que han completado el Bachillerato o la Formación Profesional de Grado Medio y al 84 % de los que tienen educación terciaria (Universidad o Formación Profesional de Grado Superior).

- Un 17,8 % de los jóvenes de 18 a 24 años ni estudian ni trabajan. En 2016 eran el 23,2 %. La media de la OCDE es el 13,8 %. En 2016 era el 15,8 %.

- Han repetido algún curso el 2,1 % de los alumnos de Primaria, el 7,8 % de los de ESO y el 6,5 % de los de la segunda etapa de educación secundaria (Bachillerato o Formación Profesional de Grado Medio).

- España destina a Educación (desde Primaria a Terciaria, incluyendo I+D) el 4,9 % de su PIB, lo mismo que la media de la OCDE. El 88 % de ese gasto en España procede de financiación pública.

- La educación de los progenitores tiene un fuerte impacto en el nivel educativo de sus hijos. El 77 % de las personas de 25 a 64 años, y que alguno de sus progenitores tenía un título universitario o de F.P. Superior, logró obtener también un título similar, frente al 31 % de las personas de la misma edad cuyos progenitores no habían cursado más que la primera etapa de la educación secundaria (ESO o equivalente).

- Las niñas y las mujeres obtienen mejores resultados educativos que los niños y los hombres.

La OCDE publica también cada tres años los resultados de las pruebas PISA (acrónimo en inglés del Programa Internacional para la Evaluación de Estudiantes) para evaluar las capacidades y destrezas de los alumnos de 15 años en Matemáticas, Ciencias y Lectura.

En ninguna de esas pruebas se observa mejoría en España en los últimos 22 años, como se acredita en el gráfico adjunto, incluido en la publicación *Indicadores comentados sobre el estado del sistema educativo español 2024*, elaborada por la Fundación Europea Sociedad y Educación y por la Fundación Ramón Areces.[3]

	Lectura	Matemáticas	Ciencias
2000	493	476	491
2003	481	485	487
2006	461	480	488
2009	481	483	488
2012	488	484	496
2015	496	486	493
2018	485	481	483
2022	474	473	485

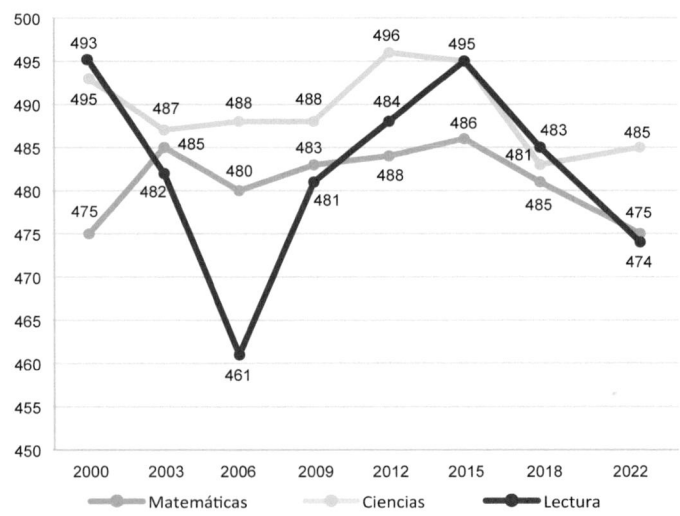

Nota: no se ofrece el dato de lectura de la prueba de 2018 porque la OCDE lo considera poco confiable y no comparable con otras oleadas.

Gráfico 1. Evolución de los resultados en PISA, por competencia. Años 2000 2022. Fuente: elaboración propia a partir de PISA data explorer: https://pisadataexplorer.oecd.org/ide/idepisa/

En la prueba de Matemáticas del 2022 España obtuvo 473 puntos, algo superior al promedio de la OCDE (472), pero lejos de los países con mayor puntuación: Estonia (510), Países Bajos (493) e Irlanda (492). En Ciencias España obtuvo 485 puntos, igual al promedio de la OCDE (485), pero lejos de los países con mayor puntuación: Estonia (526), Finlandia (511) e Irlanda (504). En Lectura España obtuvo 474 puntos, algo inferior al promedio de la OCDE (476), pero lejos de los países con mayor puntuación: Irlanda (516) y Estonia (511).

Los resultados en las evaluaciones PISA no son homogéneos entre las Comunidades Autónomas españolas y reflejan preocupantes diferencias entre ellas, un síntoma más de la desvertebración educativa de España. En Matemáticas (media de España 473 puntos), Castilla y León (499), Asturias (495), Cantabria (495) y Madrid (494) tienen los mejores resultados, frente a los peores de Canarias (447), Andalucía (457), Murcia (463) y Castilla-La Mancha (454). La distancia de 52 puntos entre Castilla y León y Canarias representa aproximadamente un curso y medio de diferencia. En Ciencias (media de España 485 puntos), Castilla y León (506), Galicia (506), Cantabria (504) y Asturias (503) tienen los mejores resultados, frente a los peores de Canarias (473), Andalucía (473), Castilla-La Mancha (475) y Cataluña (477). En Lectura (media de España 474 puntos), Castilla y León (498), Asturias (497), Madrid (496) y Cantabria (494) tienen los mejores resultados, frente a los peores de Andalucía (461), Cataluña (462), Canarias (463) y País Vasco (466). El bajo rendimiento en comprensión lectora en Cataluña y País Vasco, que además experimenta una evolución negativa desde el 2012, se debe sin duda a que las pruebas PISA se llevan a cabo en el idioma predominante en la escuela donde los alumnos están matriculados y, cuando ese idioma no es el que se habla en el hogar, aparece una barrera lingüística en perjuicio de los castellanohablantes.

Para Francisco López Rupérez[4], la transferencia de competencias educativas en el ámbito local no ha tenido efectos positivos sobre el rendimiento de los alumnos y, dos décadas después de los traspasos de esas competencias a las Comunidades Autónomas en España, es el territorio el principal factor de desigualdad educativa.

b) La financiación de la Educación no universitaria en España

En el curso 2023-2024 los alumnos se distribuyeron de la forma siguiente:

Tabla 1. Alumnos (miles). Curso 2023-2024

	Total	Centros públicos	%	Centros privados	%
Educación infantil 0-3	484	260	54	224	46
Educación infantil 3-6	1.106	746	67	360	33
E. Primaria	2.751	1.864	68	887	32
ESO	2.103	1.409	67	694	33
Bachillerato	691	500	72	192	28
F.P. Básica	82	63	77	19	23
F.P. Media	455	312	69	143	31
F.P. Superior	602	377	63	224	37
E. Especial	43	27	63	16	37
Total	**8.338**	**5.575**	**67**	**2.763**	**33**

El Gasto Público en educación no universitaria en 2023 fue de 67 253,7 millones de euros.[5] De esa cantidad, el 82,6 % se destinó a los centros públicos (55 551,6 millones de euros) y el 11,9 % a los centros privados concertados (8003,2 millones de euros).

Según los datos del Consejo Escolar del Estado[6], en la Enseñanzas en Régimen General estaban matriculados 5526 miles de alumnos (66,9 %) en Centros Públicos, 2047 miles de alumnos en Centros Concertados (24,8 %) y 681 miles de alumnos en Centros Privados (8,3 %).

Aplicando esos datos al Gasto Público en educación no universitaria, se obtiene un gasto público anual por alumno de los Centros Públicos de 10 053 euros y de 3910 euros en los Centros Concertados (un 61 % inferior que en aquellos)[7].

Esta diferencia en la financiación pública de los centros concertados refleja el menor coste para el erario público de la enseñanza de iniciativa social, pero no se debe ocultar que es consecuencia del incumplimiento sistemático, desde hace muchos años, de los artículos 88.2 y 117.1, 2 y 3 de la Ley Orgánica de Educación, que disponen que «Las Administraciones educativas dotarán a los centros de los recursos necesarios para hacer posible la gratuidad de las enseñanzas de carácter gratuito» y que «La cuantía global de los fondos públicos destinados al sostenimiento de los centros privados concertados, para hacer efectiva la gratuidad de las enseñanzas objeto de concierto, se establecerá en los presupuestos de las Administraciones correspondientes». Esos presupuestos fijarán anualmente el módulo económico por unidad escolar, en el que la parte correspondiente a otros gastos cubrirá los de personal de administración y servicios, las cantidades ordinarias de mantenimiento, conservación y funcionamiento, así como las cantidades que correspondan a la reposición de inversiones reales.

El Módulo de Otros Gastos no sólo no ha cubierto, como prescribe la Ley, el coste de la educación que se declara gratuita, sino que ni siquiera ha sido ajustado cada año de acuerdo con la inflación, como se demuestra en los gráficos adjuntos:

Informe de Save the Children «Equidad e igualdad de oportunidades educativas: gratuidad, inclusión, no discriminación y escolarización equilibrada en la regulación de los conciertos educativos», Anabelén Casares Marcos, Catedrática de Derecho Administrativo, Universidad de León y Carlos Vidal Prado, Catedrático de Derecho Constitucional, UNED.

La insuficiencia reiterada del módulo de otros gastos para cubrir los costes de dichos servicios (en torno al 60 % del coste total), obliga a los colegios concertados a establecer aportaciones voluntarias de los padres. Éstas son permanente objeto de crítica por la izquierda política y pedagógica, defensora de avanzar hacia la exclusividad de la escuela pública. De esta forma se pone en peligro la efectividad de lo dispuesto en el artículo 27 de la Constitución sobre la libertad de enseñanza y el derecho de los padres a elegir la educación de sus hijos.

El derecho de elección de los padres sobre la educación de sus hijos está amparado no solo por el artículo 27 de la Constitución Española sino por seis tratados internacionales[8], a los que el artículo 96 de nuestra Constitución otorga rango de ley interna.

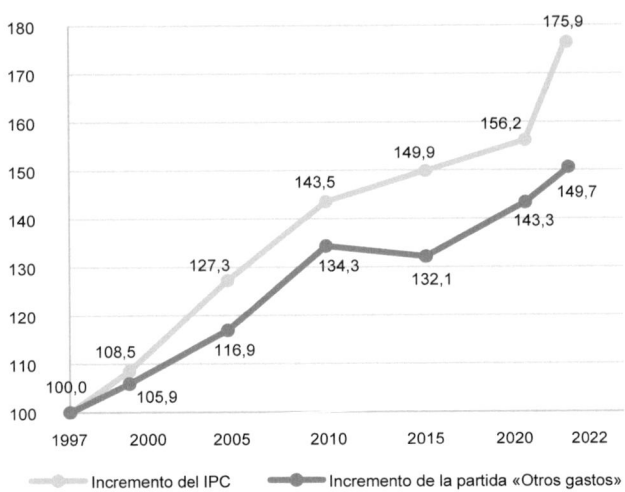

Gráfico 2. Evolución de la partida «Otros gastos» en la enseñanza concertada obligatoria desde diciembre de 1997 hasta diciembre de 2022 y comparación con el IPC (1997=100). Fuente: elaboración propia a partir de los datos proporcionados por la Subdirección General de Centros, Inspección y Programas del Ministerio de Educación y Formación Profesional y de los datos del Instituto Nacional de Estadística.

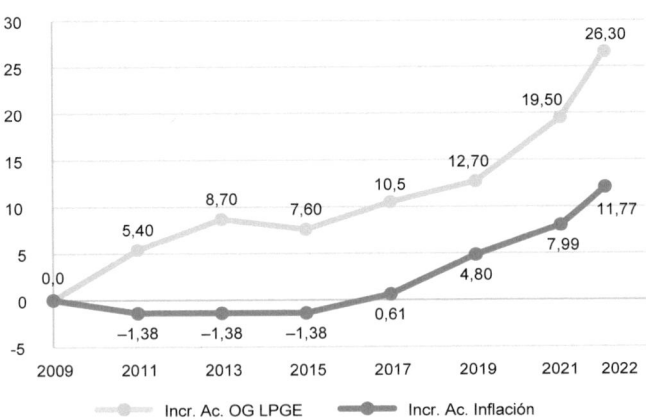

Gráfico 3. Evolución incremento acumulado «Otros gastos» en LPGE en relación con la inflación. Período 2009-2022. Fuente: Escuelas Católicas.

Ese derecho de elección del centro docente por los padres no está igual de garantizado en todas las Comunidades Autónomas de España. Según el Consejo Escolar del Estado,[9] los Centros Concertados escolarizan al 27 % de los alumnos de España en Enseñanzas en Régimen General, con diferencias regionales muy importantes que dificultan en la práctica el derecho de los padres de elegir centro para sus hijos:

Tabla 2. Alumnos en centros concertados (%)

País Vasco	48 %	Aragón	26 %
	Incluye las ikastolas	C. Valenciana	26 %
C. de Madrid	35 %	Asturias	24 %
Navarra	33 %	Galicia	23 %
La Rioja	30 %	Andalucía	22 %
Castilla y León	30 %	Ceuta	19 %
Islas Baleares	29 %	Extremadura	18 %
Cataluña	28 %	Canarias	17 %
Cantabria	27 %	Melilla	16 %
Murcia	27 %	Castilla-La Mancha	15 %

Las diferencias entre Comunidades Autónomas en la oferta de centros concertados son importantes y, en buena medida, reflejan el papel accesorio o residual que algunos Gobiernos regionales socialistas han querido reservar, durante muchos años, a la iniciativa social en la Educación, en perjuicio del derecho de elección de los padres.

Incluso en Comunidades como Cataluña, con un porcentaje de alumnos en centros concertados algo superior a la media de España, se está produciendo un problema grave de recolocación de alumnos por parte de la Generalitat, destinando a un colegio concertado a alumnos de familias que no comparten, e incluso son opuestas, al ideario del centro. En este sentido, sería conveniente que todas las familias firmen un documento aceptando el ideario del centro.

La educación en España es un mundo de diversidad difícil de explicar más allá de nuestras fronteras y muy perjudicial para el derecho constitucional de los ciudadanos de fijar libremente su residencia y de elegir con libertad la educación que desean para sus hijos. Y todo esto con un Ministerio de Educación y Ciencia que carece de los recursos necesarios para impulsar políticas nacionales que fomenten eficazmente la calidad, la equidad y la cohesión en nuestro sistema educativo.

c) La concertación de la Educación Diferenciada

La Educación Diferenciada es una opción que, en su derecho amparado por el artículo 27 de la Constitución Española, elige una muy pequeña minoría de padres. En el curso 2021-2022 los centros diferenciados concertados escolarizaban a 54 078 alumnos, el 0,6 % del total, con el mismo derecho que asiste al resto de las familias a la hora de elegir el centro que desean para sus hijos. Los colegios de educación diferenciada constituyen un modelo presente en los países de nuestro entorno cultural que no genera ninguna controversia de carácter ideológico. La experiencia nos dice que la educación diferenciada puede aportar respuestas positivas y que es una manifestación legítima del pluralismo educativo.

Así lo entendió durante muchos años, en la práctica y a pesar de soflamas parlamentarias, el PSOE, que concertó 30 de los 103 colegios concertados de educación diferenciada que existían en España (12 en Andalucía, 3 en Aragón, 8 en Castilla-La Mancha, 2 en Extremadura y 5 en Madrid). Y, por si no fuera poco lo expuesto, en los debates parlamentarios de la Ley Orgánica de Educación promovida por el Gobierno de José Luis Rodríguez Zapatero, el PSOE tumbó, votando en contra, sendas enmiendas de Izquierda Unida en Diciembre de 2005 en el Congreso (nº 1066) y Marzo de 2006 en el Senado (nº 459) que, de haber sido aceptadas, hubieran prohibido concertar centros de educación diferenciada.

d) La LOMLOE (Ley Celaá)

La Ley Celaá / LOMLOE constituye un grave paso atrás en la libertad, la equidad y la calidad de la Educación, un ámbito donde, al contrario que en la Economía, los errores se perciben al cabo de algún tiempo, cuando ya han causado daños irreparables a los jóvenes y a su futuro y cuando a los responsables de esas equivocadas reformas sólo les queda buscar coartadas o eximentes por sus erróneas decisiones.

Entre los mayores defectos de la LOMLOE cabe citar:

1. Se vulnera el derecho de los padres a elegir la educación de sus hijos. Un derecho amparado no solo por el artículo 27 de la Constitución

Española sino por seis tratados internacionales, a los que el artículo 96 de nuestra Constitución otorga rango de ley interna:

2. El español deja de ser lengua vehicular en todo el territorio de España. Semejante barbaridad, inconcebible en otros países occidentales, no se encontraba tampoco en la Constitución de la II República, tan añorada por algunos,

3. Se reduce a la Enseñanza Concertada a un papel subsidiario y pronto marginal, despreciando no sólo el derecho de elección de los padres sino el empleo eficiente de los fondos públicos.

4. Hay además una falta de empatía con los padres y los menores con discapacidad, a los que se quiere sacar de los centros de educación especial, para llevarlos a centros ordinarios, inadecuados para muchos de ellos. Nadie como los padres de estos menores sabe dónde están más felices y mejor escolarizados, según sus necesidades.

5. Se desalienta el esfuerzo en los alumnos, olvidando que la exigencia en la educación obligatoria es la mejor garantía de la igualdad de oportunidades para aquellos alumnos de familias y entornos desfavorecidos, cuyos padres no podrán compensar como otros con más recursos los defectos de la enseñanza oficial. Ahora los suspensos no serán un obstáculo para pasar de curso e incluso para terminar la ESO o el Bachillerato.

e) La enseñanza de la Historia

La enseñanza de la Historia en nuestra educación secundaria ha sufrido los efectos letales, por un lado, del nacionalismo excluyente —que ha convertido a muchos jóvenes en pequeños «hobbits» que nada conocen más allá de los límites de «La Comarca»— y, por otro, de una concepción «progre» de la Historia que considera que toda la evolución del Mundo anterior a la Revolución Francesa es una mera antesala de lo que realmente importa: las grandes transformaciones sociales, las revoluciones y los enfrentamientos ideológicos de los siglos xix y xx. Un análisis de los contenidos de la asignatura «Historia de España», obligatoria en Bachillerato, y especialmente de los manuales con los que se estudia en cada Comunidad Autónoma, pone de manifiesto una diversidad territorial difícil de comprender más allá de nuestras fronteras.

Con la Ley Celaá, la asignatura de Historia queda absolutamente desvirtuada. Desaparece cualquier criterio cronológico, pero se intenta excluir del currículo todo lo que no haya ocurrido en los últimos siglos. Esto es dañino en cualquier país, pero en España es verdaderamente letal. Parece que no se quiere que los jóvenes españoles conozcan una parte especialmente gloriosa y decisiva de la Historia de su Patria.

Por otra parte, el currículo de Historia se convierte en una selva pedagógica impenetrable donde se mezclan el revisionismo histórico, el buenismo, el arrepentimiento por lo que hicimos o dejamos de hacer hace cinco siglos, la ideología de género, la alianza de las civilizaciones y, por qué no decirlo, una innegable cursilería.

f) LOS LIBROS DE TEXTO

El coste de los libros de texto ha alcanzado en España unos niveles inaceptables para las familias en la presente coyuntura económica. Esto se debe, por un lado, a la diversidad inducida, en determinadas materias, no sólo por el nacionalismo excluyente sino también por localismos incomprensibles en un mundo globalizado. Por otra parte, ese coste se ha incrementado mucho por el desmesurado número de libros exigidos en cada curso, la escasa permanencia en el tiempo de los mismos y unos contenidos e ilustraciones que no se limitan a lo imprescindible.

Sería necesario plantear a toda la comunidad educativa (Administraciones, patronales, sindicatos, asociaciones de padres…) y a las editoriales la necesidad de una racionalización del contenido, el coste y la duración de los libros de texto, pues España no puede permitirse, como en otros ámbitos, mantener la situación actual.

g) EL DESEADO PACTO EDUCATIVO

Las líneas básicas del Pacto Educativo deberían ser las siguientes:

1. La Educación española necesita mejorar, promoviendo la calidad, la exigencia, las evaluaciones, la autonomía de los centros, la

rendición de cuentas, la información pública y transparente y la homogeneidad del sistema educativo español. Todos estos objetivos figuran en el Preámbulo de la Ley Orgánica de Educación (LOE) del 2006, por lo que no deberían ser rechazados por la izquierda que tanto defiende dicha ley.

2. Las libertades educativas — y especialmente el derecho de los padres a elegir la educación de sus hijos y la viabilidad de la educación concertada— deben ser promovidas y amparadas en toda España, no sólo por dar cumplimiento efectivo a la Constitución sino porque juegan un papel fundamental en la mejora de la calidad educativa y en la eficiencia del gasto público destinado a la Educación.

3. En contrapartida de lo anterior, todos los partidos deben comprometerse a reforzar la inversión educativa, a través del aumento progresivo de presupuestos del Ministerio de Educación, para el impulso de programas de calidad y equidad que ejecutarían, previa transferencia, las Comunidades autónomas. De esta forma, se avanzaría en la vertebración y homogeneidad de nuestro sistema educativo, que hoy sufre diferencias inaceptables entre Comunidades Autónomas.

Estrategia

1. La educación no debe ser, como piensan algunos, un coto reservado a la izquierda política y pedagógica, donde toda iniciativa de otros ámbitos políticos o de la sociedad civil es sistemáticamente rechazada y denigrada. La educación es la garantía del futuro de nuestros jóvenes y del bienestar de una nación y, por eso, con las legítimas discrepancias, todos debemos contribuir a su mejora.

2. La Educación necesita más transparencia, más comparación de datos y más asunción de responsabilidades por los resultados de centros y alumnos. No ha ayudado a esta mayor transparencia, que tanto demandan los padres de los alumnos, el que la Educación haya constituido desde hace años una de las trincheras de un debate ideológico donde la izquierda —que abandonó hace tiempo sus dogmatismos en política económica— ha abrazado con fervor los dogmas de la pedagogía comprehensiva y el

fundamentalismo de lo público en la Educación, discriminador en general, y excluyente en ocasiones, con todo lo que provenga de la iniciativa social en la Educación.

3. Al abordar los desafíos básicos del sistema educativo, Francisco López Rupérez[10] no oculta la llamada paradoja del gasto: un incremento del gasto educativo no siempre produce una mejora en los resultados educativos, especialmente a partir de un determinado nivel de gasto. Recoge también una reveladora cita de Tony Blair y Gerard Schroeder[11]: «La conciencia social no se puede medir por el gasto público», sin considerar la eficacia de ese gasto y su capacidad para aumentar la autonomía de la gente Considera también López Rupérez que en la Educación no hay calidad sin equidad, ni equidad sin calidad, y que los sistemas educativos de alto rendimiento suelen ser muy inclusivos.

4. La exigencia en la educación obligatoria es la mejor garantía de la igualdad de oportunidades en la Educación, y en consecuencia en la vida, para aquellos alumnos de familias con menos recursos económicos y que no pueden, como otras familias con rentas más altas, compensar con clases particulares, estancias en el extranjero y otros recursos privados las carencias de la educación obligatoria. Como dijo Nicolas Sarkozy, Presidente de la República Francesa, «la convicción de que gracias a la exigencia es como se obtiene lo mejor de la infancia, y no por la facilidad, fue la clave del éxito de los profesores de la Tercera República».

5. Las condiciones socioeconómicas de los alumnos de un colegio pueden tener una determinada influencia en los resultados de los alumnos, pero lo que resulta decisivo es el proyecto educativo del centro y la capacidad de la dirección y de los docentes para estimular a sus alumnos a alcanzar las metas que se propongan.

6. La Educación en España es algo demasiado importante para dejarlo en manos de 17 Comunidades Autónomas. Si algún día se reforma nuestra Constitución deberá considerarse este asunto y buscar el consenso con el nacionalismo razonable para que todos los niños y jóvenes de España tengan las mismas oportunidades de recibir una educación de calidad, con equidad y en libertad, para favorecer la movilidad de las familias.

Medidas urgentes

a) Centros Públicos

1. Se debe fomentar una visión positiva e integradora de todo el sistema educativo y de las iniciativas públicas y privadas que se promueven para la mejora de la calidad educativa al alcance de todos.
2. Es necesario favorecer la autonomía de los centros públicos para que puedan impulsar proyectos educativos adaptados a las necesidades de cada centro y que impliquen a toda la comunidad educativa.
3. Es imprescindible crear centros de atención prioritaria en entornos desfavorecidos, dotándoles de más recursos y promoviendo que el personal más capacitado trabaje en ellos, evitando la gran rotación que tienen.

   Se debe recuperar el texto del 2º párrafo del artículo 71.1 LOE (establecido en 2013 por la LOMCE y suprimido por la Ley Celaá): «Las Administraciones educativas podrán establecer planes de centros prioritarios para apoyar especialmente a los centros que escolaricen alumnado en situación de desventaja social».
4. Se promoverá la jornada escolar partida, por sus efectos beneficiosos para la conciliación familiar y para el aprendizaje de los alumnos.
5. Se promoverá que los centros públicos de educación infantil y primaria incluyan también la educación secundaria obligatoria (ESO). De esta forma, los alumnos no tendrían que cambiar de centro a los 12 años.

b) Centros Concertados

1. La Educación Concertada no sólo es una opción que da sentido al derecho de elección de los padres, amparado por el artículo 27 de la Constitución, sino también una alternativa que en estos tiempos de dificultades presupuestarias debería considerar todo político responsable.

2. Los Centros Concertados suponen una participación de la iniciativa social en la atención a la demanda educativa con un gasto público por alumno inferior al de los centros públicos. Además, los Ayuntamientos se ahorran un gasto importante en limpieza, conservación y vigilancia, gastos que corren de su cargo en un Colegio Público. Un centro concertado de nueva creación supone una inversión media de 15 millones de euros, que no recae sobre el presupuesto público, y la creación de unos 100 nuevos empleos.

3. Es absolutamente imprescindible, si se quiere de verdad cumplir la Constitución y garantizar ese derecho de los padres, proceder en todas las Comunidades Autónomas (y en el Estado para Ceuta y Melilla) a la elevación progresiva del módulo de otros gastos, para recuperar lo perdido respecto a la inflación durante muchos años y hacer frente al problema demográfico, que está teniendo consecuencias negativas para los centros concertados en muchas Comunidades Autónomas.

4. Concertación del Bachillerato y de la Formación Profesional Superior.

   La no concertación del Bachillerato y de la Formación Profesional Superior condiciona en buena medida la elección de centro por los padres con menos recursos económicos, que hubieran optado por que sus hijos siguieran en un centro concertado para cursar esos estudios si pudieran pagar las cuotas. Los conciertos en Bachillerato y F.P. Superior son una mejor solución que el sistema de becas.

5. Concursos públicos sobre suelo público dotacional para construir nuevos centros concertados.

   Esta iniciativa permitió en la Comunidad de Madrid, entre 2005 y 2013, la creación de 57 nuevos colegios concertados en zonas de nuevo desarrollo urbanístico o en localidades donde la oferta de educación concertada no existía o era insuficiente, como han hecho ya muchos municipios de Madrid, incluyendo Parla (PSOE) y Rivas (IU). De esta forma las familias vieron incrementadas notablemente las posibilidades de elegir centro para sus hijos.La Ley Orgánica para la Mejora de la Calidad Educativa (LOMCE), de Diciembre de 2013, incluyó en el Artículo 116.8 de la Ley Orgánica de Educación el texto siguiente: «Las Administraciones educativas podrán convocar concursos públicos para la construcción y gestión de centros concertados sobre suelo público dotacional». Éste fue uno de los artículos que el sectarismo educativo de la Ley Celaá (LOMLOE) suprimió del texto actual.

c) *Inclusión de la demanda social en la programación de la red de centros*

Es necesario que la escolarización atienda la demanda social, de tal manera que se tenga en cuenta la voluntad de los padres como criterio para la obtención de plaza escolar. Sus objetivos son hacer efectiva la libertad de los padres de elegir el colegio de sus hijos y promover la participación de la iniciativa social en el sistema educativo.

La Ley Orgánica para la Mejora de la Calidad Educativa (LOMCE), de Diciembre de 2013 incluyó en el artículo 109, apartados 2 y (Programación de la red de centros) de Ley Orgánica de Educación (LOE) esa mención a la demanda social, mención que fue suprimida por la Ley Celaá (LOMLOE). Ésta ya sólo habla de garantizar una oferta suficiente de plazas públicas, especialmente en las zonas de nueva población y de que las Administraciones educativas promoverán un incremento progresivo de puestos escolares en la red de centros de titularidad pública.

d) *El español o castellano debe volver a ser lengua vehicular en toda España*

Se debe recuperar en la Ley Orgánica de Educación las disposiciones que introdujo la LOMCE en 2013, como, entre otras, las que disponen: «Las Administraciones educativas garantizarán el derecho de los alumnos y alumnas a recibir las enseñanzas en castellano, lengua oficial del Estado, y en las demás lenguas cooficiales en sus respectivos territorios. El castellano es lengua vehicular de la enseñanza en todo el Estado y las lenguas cooficiales lo son también en las respectivas Comunidades Autónomas, de acuerdo con sus Estatutos y normativa aplicable (…) Las Administraciones educativas adoptarán las medidas oportunas a fin de que la utilización en la enseñanza de la lengua castellana o de las lenguas cooficiales no sea fuente de discriminación en el ejercicio del derecho a la educación (…) Los padres, madres o tutores legales tendrán derecho a que sus hijos o pupilos reciban enseñanza en castellano».

No parece ocioso recordar aquí que la Constitución de la Segunda República incorporó en su artículo 50 una enmienda defendida por D. Claudio Sánchez Albornoz (del partido de Azaña) y apoyada por otros 14 diputados, de los que seis eran nacionalistas catalanes: Lluis Companys, Josep Xirau, Antoni Mª Sbert, Pere Coromines (todos ellos de Esquerra Republicana de Catalunya), Lluis Nicolau D'Olwer (de Acció Catalana Republicana) y Joan Estelrich (de la Lliga Catalana). Su texto era: «Las regiones autónomas podrán organizar la enseñanza en sus lenguas respectivas, de acuerdo con las facultades que se concedan en sus Estatutos. Es obligatorio el estudio de la lengua castellana, y ésta se usará también como instrumento de enseñanza en todos los centros de instrucción de primer y segundo grado de las regiones autónomas. El Estado podrá mantener o crear en ellas instituciones docentes de todos los grados en el idioma oficial de la República. El Estado ejercerá la suprema inspección en todo el territorio nacional para asegurar el cumplimiento de las disposiciones contenidas en este artículo».

e) La asignatura de religión debe estar equiparada a las demás asignaturas de cada nivel educativo, pues contribuye a la formación religiosa, cultural, ética y ciudadana de los estudiantes. En este sentido, debe estar presente con un número de horas digno, tener una alternativa real, y que su calificación sirve para computar la nota media a todos los efectos. En caso de consolidarse una asignatura de enseñanza no confesional de cultura de las religiones, debería valorarse que se planteara como una alternativa a la enseñanza religiosa confesional. Asimismo, debe impartirse con un afán realmente formativo, sin que sirva como pretexto para ofrecer una visión sesgada o negativa de la religión.

f) La educación afectivo-sexual es hoy más necesaria que nunca con el fácil acceso de los menores a contenidos muy inadecuados, e incluso pornográficos, a través de las nuevas tecnologías y con los riesgos que plantea la ideología de género. Como afirma la Fundación Solidaridad Humana, que lleva muchos años impartiendo educación afectivo-sexual, ésta debe promover una visión positiva e integral, una ética relacional que incluya valores tan fundamentales como el respeto, el valor de los vínculos afectivos, la sinceridad, la ternura, la comunicación y la responsabilidad compartida.

Citas bibliográficas

1. Alicia Delibes Liniers, *El suicidio de Occidente*, Ediciones Encuentro, Madrid, 2024, pp. 19-33.

2. *OECD, Education at a Glance 2024. Country note. España.*
    OECD Indicators, OECD Publishing, Paris, https://doi.org/10.1787/c00cad36-en.

3. *Indicadores comentados sobre el estado del sistema educativo español 2024*, Fundación Europea Sociedad y Educación y Fundación Ramón Areces, Madrid, 2024, pp. 163-194.

4. *La Gobernanza de los Sistemas Educativos. Fundamentos y orientaciones.* Narcea S.A. de Ediciones y Universidad Camilo José Cela, Madrid, 2021, p. 146.

5. Ministerio de Educación, Formación profesional y Deportes. Datos y Cifras curso 2023-2024. P. 12.

6. Consejo Escolar del Estado. Informe 2023 sobre el estado del sistema educativo (Curso 2021-2022). P. 417.

7. En el reciente informe *Education at a Glance* de la OCDE, el gasto público en Primaria es en España de 9720 euros por alumno en los centros públicos, mientras que en los centros concertados es 4557 euros (un 53 % inferior).

8. Declaración Universal de los Derechos Humanos, artículo 28.3; Pacto Internacional de Derechos Civiles y Políticos, artículo 18.4; Pacto Internacional de Derechos Económicos, Sociales y Culturales, artículo 13.3; Convención de la UNESCO de Lucha Contra la Discriminación en la Enseñanza, artículo 5.b); Consejo de Europa. Protocolo número 1 de la Convención Europea de Derechos Humanos, artículo 2; Carta de los Derechos Fundamentales de la Unión Europea, artículo 14.3; Declaración de los Derechos del Niño (1959), principio VII; Convención UNESCO 1960, art. 2, a) en relación con la educación diferenciada.

9. Consejo Escolar del Estado. Informe 2023 sobre el estado del sistema educativo (Curso 2021-2022), p. 419.

10. *La Gobernanza de los Sistemas Educativos. Fundamentos y orientaciones.* Narcea S.A. de Ediciones y Universidad Camilo José Cela, Madrid, 2021, p. 48 y 53-57.

11. *La Gobernanza de los Sistemas Educativos. Fundamentos y orientaciones.* Narcea S.A. de Ediciones y Universidad Camilo José Cela, Madrid, 2021, p. 69. Cita de Tony Blair y Gerard Schroeder, *Europe: The Third Way.* Working Documents No. 2, Friedrich Ebert Foundation.

16. La España del conocimiento: IA, innovación y tecnología

Ana Lazcano
Directora de la Cátedra de Inteligencia Artificial
del Centro para el Bien Común (UFV)

Introducción

Los avances de la sociedad están estrechamente ligados con el desarrollo tecnológico, con un carácter altamente transformador las olas de innovación descritas por Joseph Schumpeter, provocan un gran impacto en las economías.

Hasta el momento se han identificado 6 olas, desde el desarrollo de las primeras tecnologías partiendo en 1785, en donde la energía hidráulica se volvió fundamental en industrias que marcarían la época, pasando por las comunicaciones mediante la expansión del ferrocarril, la invención de la electricidad y los motores de combustión interna, la creación de las tecnologías de la información, el microprocesador y en último lugar, la 6ª ola: El desarrollo de las energías renovables, la importancia de la eficiencia energética, la movilidad eléctrica, la robótica y la automatización.

Todos los ciclos se caracterizan por suponer un gran impulso en el desarrollo de las economías, en cada uno de ellos se pone en práctica metodologías innovadoras destinadas a facilitar las tareas propiamente humanas optimizando el tiempo y recursos, lo que supone un gran beneficio económico.

Cada una de estas etapas no ha estado exenta de polémicas que hacían necesaria la aplicación de regularizaciones que garantizasen los derechos humanos y la protección de la sociedad.

La revolución industrial trajo consigo un aumento sin precedentes en las producciones, sin embargo, esto también se tradujo en unas condiciones de trabajo extremas especialmente en las fábricas con maquinaria peligrosa. Ante la prácticamente inexistente regulación en el ámbito laboral comenzaron a surgir las primeras demandas para las mejoras de las condiciones laborales y como consecuencia las primeras regulaciones.

Con el aumento de las comunicaciones y el transporte impulsado con vapor, la expansión del ferrocarril transformó el comercio y la movilidad, facilitando la urbanización y el desarrollo económico, hecho aprovechado por las grandes empresas para desarrollar distintos monopolios, derivando en problemas de competencia y precios desorbitados. Las leyes antimonopolio hicieron su aparición, como la ley de Ferrocarriles del Reino Unido en 1844, tratando de equilibrar los intereses públicos y privados.

La electricidad y el motor de combustión no estuvieron exentos de riesgos, mientras la industria vivía un crecimiento acelerado la producción en masa y la expansión de la electricidad requirieron de la creación de estándares de seguridad para evitar accidentes.

En la cuarta y quinta ola la preocupación es común, con la expansión de la radio, la televisión, la digitalización e internet el foco de las preocupaciones está en los contenidos que se difunden y en la privacidad de los datos de los usuarios, obligando a establecer mecanismos reguladores como la Comisión Federal de Comunicaciones en EEUU para gestionar la emisión de contenidos o la regulación relativa a la protección de datos, GDPR en Europa, como respuesta clave para proteger la privacidad de los datos.

Ahora los ojos están centrados en la sexta ola, en la que sistemas de automatización, creados para imitar el comportamiento humano y con capacidad para generar sus propios contenidos se ven como una oportunidad y como una amenaza.

De nuevo es necesario aplicar el sentido común y las regulaciones para evitar los riesgos que pueda suponer, sin embargo, en esta ocasión se teme que la propia regulación lleve asociado otro riesgo: el freno en la innovación.

La necesidad de dominar los avances tecnológicos es patente desde que durante la Guerra Fría la carrera espacial fue una manifestación de la competencia ideológica y política entre Estados Unidos y la Unión Soviética, cada país quería demostrar su superioridad tecnológica, científica y militar. Sin embargo, en esta nueva carrera por dominar la IA no solo compite Estados Unidos, en este caso con China, si no que se involucran nuevos actores como Europa y otras naciones tecnológicamente avanzadas. La competencia es tanto estratégica como económica, centrada en quién liderará la próxima revolución industrial.

En esta ocasión los avances de la IA, como el aprendizaje automático, la robótica, análisis del Big Data, etc. Están siendo liderados tanto por el sector privado como por instituciones públicas, con un claro protagonismo de gigantes tecnológicos como Google, OpenAI y Microsoft. Lo que complica la tarea de conocer exactamente el estado actual de las tecnologías y su alcance.

DIAGNÓSTICO DE LA SITUACIÓN

La regulación de la IA es uno de los puntos clave en las agencias globales. Los gobiernos tratan de equilibrar la innovación con la seguridad y los derechos fundamentales, tomando forma distintas normativas a aplicar por regiones.

Estados Unidos adopta un enfoque flexible, basado en la innovación hacia la regulación. Se trata de un sistema que fomenta la autorregulación por parte de la industria, con especial cautela a la hora de imponer restricciones estrictas. El principal objetivo es permitir que las empresas tengan la libertad de innovar sin contar con excesivas restricciones, promoviendo la creación de estándares y directrices voluntarias. Algunas agencias gubernamentales han comenzado a desarrollar una serie de directrices sectoriales a aplicar en campos específicos, tratando de establecer frentes comunes por sectores. Esta falta de un marco regulatorio robusto no está exento de polémica, en donde la preocupación por la privacidad, los sesgos y el impacto en el empleo se encuentra entre los asuntos más relevantes.

El 21 de mayo de 2024 se aprueba en Europa la primera regulación sobre IA (IA Act), una iniciativa pionera con la que la UE quiere erigirse como líder en esta materia de forma similar a lo que ya ocurrió con el Reglamento General de Protección de Datos (RGPD). La UE quiere marcar una pauta que sea referente internacional en la regulación de la IA, poniendo el foco en aquellos sistemas que puedan constituir un riesgo para la sociedad y dejando fuera al resto de soluciones de IA para tratar de no incurrir en un exceso de regulación.

El hecho de que esta ley se desarrolle dentro de la UE no implica que esté limitada a los creadores de sistemas internos, sino que esta legislación también se aplicará a los proveedores de fuera de la UE si sus sistemas son utilizados en el territorio europeo.

Políticas

Para lograr entender el funcionamiento de IA Act primero debemos establecer qué es considerado un sistema de IA.

Se define como un sistema basado en una máquina que está diseñado para funcionar con distintos niveles de autonomía y que puede mostrar capacidad de adaptación tras el despliegue y que tras recibir información de entrada será capaz de generar resultados de salida que puede incluir recomendaciones, predicciones, contenidos o decisiones.

Esta definición parte de la OCDE y es adoptada por el reglamento con el objetivo de facilitar conceptos a nivel internacional.

La nueva legislación se centra en algunos aspectos clave y cuyo principal objetivo es promover una IA fiable y centrada en el ser humano asegurando un alto nivel de protección, especialmente de los derechos fundamentales. Algunos de los usos se prohíben totalmente por considerarse de riesgo inaceptable para el ser humano, por lo que se categorizan los diferentes riesgos derivados del uso de la Inteligencia Artificial, estableciendo requisitos y obligaciones en cada una de las categorías.

Se establece la transparencia como una prioridad absoluta, especialmente en aquellos con mayor interacción humana.

Para garantizar el cumplimiento de estas premisas se establecen elevadas sanciones por parte de un sistema institucional de gobernanza y supervisión.

Diseñar el reglamento ha resultado una tarea complicada en la que era necesario detallar aquellas prácticas terminantemente prohibidas, tratando de no impedir el desarrollo tecnológico dentro de Europa. Algunas de estas prácticas que no están admitidas son las siguientes:

- Técnicas subliminales, manipuladoras o engañosas con el objetivo de alterar el comportamiento de una persona.
- Explotar la vulnerabilidad de una persona o colectivo por su edad, situación económica o social.
- *Social Scoring*: práctica caracterizada por evaluar o clasificar personas físicas o colectivos atendiendo a su comportamiento social o características.
- Tratar de predecir el riesgo de que una persona cometa un delito basándose únicamente en su perfil o características de su personalidad.
- Creación o ampliación de bases de reconocimiento facial a partir de extracción indiscriminada de recursos de internet.
- Sistemas para inferir emociones en puestos laborales o educativos.
- Clasificación de personas a partir de sus datos biométricos.
- Identificación biométrica en espacios públicos salvo excepciones.

Además, se establece una clasificación de los sistemas que se consideran de alto riesgo:

- Sistemas de identificación biométrica.
- Infraestructuras críticas.
- Educación y formación profesional.
- Empleo, gestión de los trabajadores y autoempleo.
- Servicios públicos y servicios esenciales.
- Garantía del cumplimiento de derecho.
- Migración, asilo y control fronterizo.
- Administración de justicia y procesos democráticos.

Aunque existen excepciones, en el caso de algún sistema incluido en esta clasificación pero que no entrañe un riesgo importante para la salud, no se considerará de alto riesgo.

Mantener la competitividad frente a EEUU y China supone un reto cuando se tiene en vigor la única regulación sobre la IA. No es un hecho negativo que Europa aplique más regulaciones que sus competidores, pero sí supone un riesgo no poder desarrollar ciertos sistemas por miedo a las sanciones a aplicar, por lo que es necesario establecer estrategias que permitan invertir y desarrollar soluciones basadas en IA en distintos ámbitos mediante el equilibrio entre la regulación y la innovación ya que las leyes y regulaciones son importantes, pero es necesario que todos los actores puedan «jugar en la misma liga», mientras en otros mercados avanzan en innovación, en Europa las regulaciones son complicadas y dificultan los avances.

Esta controversia hace más necesario generar una estrategia que permita el desarrollo de la IA, pero contando con el entorno seguro que proporciona la regulación.

En España, poco después de la aprobación de IA Act, se ha dispuesto una revisión de la Estrategia Nacional para la Inteligencia Artificial dando continuidad a la publicada en 2020.

El plan estratégico abarca los años 2024 y 2025 y está dotado con 1500 millones de euros y se ajusta a 3 ejes fundamentales:

Eje 1

Fortalecer el despliegue de la IA a toda la economía: reforzando las capacidades para hacer frente a una demanda creciente de productos y servicios fomentando el talento especializado. A continuación, se presentan los puntos principales:

1. Inversión en capacidades: se busca dotar al país de las capacidades necesarias para satisfacer la creciente demanda de productos y servicios de IA. Esto incluye la inversión en áreas críticas que faciliten la expansión de la IA en diversos sectores.
2. Cuatro ámbitos de refuerzo:

   a) Supercomputación: mejorar la infraestructura de supercomputación para soportar aplicaciones avanzadas de IA.

b) Infraestructuras en la nube: Desarrollar capacidades de almacenamiento y procesamiento en la nube que sean sostenibles y eficientes.

c) Corpus y modelos: crear y mantener los corpus y modelos que son fundamentales para el desarrollo de la IA.

d) Talento: fomentar la formación y atracción de talento especializado en IA para asegurar un crecimiento sostenido en este campo.

3. Políticas públicas: se enfatiza la necesidad de diseñar políticas públicas adecuadas que faciliten el desarrollo tecnológico y maximicen los beneficios de la IA en términos de productividad, innovación y crecimiento económico.

4. Colaboración público-privada: se destaca la importancia de la colaboración entre el sector público y privado para abordar los desafíos y oportunidades que presenta la IA.

En este eje está prevista la creación de un modelo de lenguaje español, el proyecto denominado ALIA, que generará una familia de modelos de lenguaje. Tiene como objetivo desarrollar una familia de modelos de lenguaje en español y lenguas cooficiales. Se centra en la creación de modelos que reflejen la cultura y las tradiciones de las lenguas habladas en España, abordando las limitaciones de los modelos existentes que están entrenados principalmente en inglés.

Eje 2

Facilitar la aplicación de la IA en los sectores público y privado: se impulsará, a través de un laboratorio de innovación, proyectos piloto de soluciones IA y de desarrollará un modelo común de gobernanza de datos desarrollando un marco de ciberseguridad robusto.

1. Facilitación de la IA en sectores: Se busca promover la adopción de tecnologías de IA en diversas industrias, asegurando que tanto el sector público como el privado puedan beneficiarse de sus ventajas.

2. Fomento de la innovación: Se implementarán iniciativas que estimulen la innovación a través de la IA, apoyando el desarrollo de

nuevas soluciones y servicios que mejoren la competitividad y la eficiencia en diferentes sectores.

3. Ciberseguridad: se enfatiza la importancia de integrar la ciberseguridad en el desarrollo y la implementación de tecnologías de IA. Esto incluye garantizar que las soluciones de IA sean seguras y que se protejan los datos y la privacidad de los usuarios.

4. Colaboración y sinergias: se promoverá la colaboración entre diferentes actores, incluyendo empresas, instituciones académicas y organismos gubernamentales, para crear sinergias que potencien el desarrollo y la aplicación de la IA.

5. Regulación y normativa: se trabajará en el marco regulatorio que guíe el uso de la IA, asegurando que se respeten los principios éticos y de responsabilidad en su implementación.

Eje 3

Fomentar una IA transparente, responsable y humanística: se quiere lograr un consenso social sobre los usos de la IA, sus límites y sus formas de interacción, siendo responsable y respetuoso con los derechos humanos.

1. Transparencia: se busca asegurar que los sistemas de IA sean comprensibles y que sus decisiones sean explicables. Esto implica que los usuarios y las partes interesadas puedan entender cómo y por qué se toman ciertas decisiones por parte de la IA.

2. Responsabilidad: se enfatiza la necesidad de establecer marcos de responsabilidad claros para el uso de la IA. Esto incluye definir quién es responsable de las decisiones tomadas por sistemas de IA y cómo se pueden abordar los posibles errores o sesgos.

3. Enfoque humanístico: La estrategia promueve un enfoque centrado en el ser humano, asegurando que la IA se desarrolle y utilice de manera que beneficie a la sociedad en su conjunto. Esto implica considerar el impacto social y ético de la IA en la vida de las personas.

4. Ética en la IA: Se fomentará la integración de principios éticos en el desarrollo y la implementación de tecnologías de IA, garantizando que se respeten los derechos humanos y se promueva el bienestar social.

5. Participación ciudadana: Se promoverá la participación de la sociedad en el debate sobre la IA, buscando un amplio consenso social sobre su uso y desarrollo. Esto incluye la consulta y el diálogo con diferentes grupos de interés.

MEDIDAS PRIMEROS 100 DÍAS

El ritmo frenético en el avance de la Inteligencia Artificial hace imprescindible establecer acciones inmediatas que consoliden las bases para un desarrollo ágil y responsable. Estas medidas deben ir más allá de las estrategias generales y enfocarse en aspectos operativos concretos que permitan una rápida movilización de los recursos.

Es prioritaria la creación de un Comité de coordinación interministerial, cuyo objetivo deberá ser garantizar que todos los Ministerios involucrados trabajen de forma coordinada en la implementación de las políticas de IA, definiendo las competencias de cada área y estableciendo cronogramas con objetivos a corto plazo.

Tan importante como la regulación y el impulso económico a la innovación es la sensibilización para involucrar al sector privado y a la sociedad, siendo necesario lanzar una campaña de sensibilización nacional que ponga en valor los puntos claros de la regulación y el potencial de la IA, además de recoger las preocupaciones de la ciudadanía. De esta forma no solo se educará sobre las oportunidades que ofrece la IA si no que se mitigará el temor al cambio tecnológico, asegurando una adopción más generalizada y colaborativa.

Apéndice.
Informe España 2040:
8 retos y 83 ideas para
un proyecto de Bien Común

CON LA MIRADA PUESTA EN EL HORIZONTE del año 2040, hemos identificado diez grandes retos que consideramos esenciales para el futuro de España. Son desafíos de carácter estructural que, si bien no han sido jerarquizados por orden de prioridad, comparten una importancia estratégica innegable. Su identificación parte de una concepción del bien común anclada en tres pilares fundamentales: la seguridad, la prosperidad y la justicia, entendidas como condiciones indispensables para el orden social, el progreso económico y la estabilidad institucional.

Hemos optado por alejarnos de debates coyunturales o partidistas, que con frecuencia distorsionan la discusión pública, para centrar el análisis en cuestiones de fondo que comprometen el porvenir de la Nación. Así, los ámbitos que hemos considerado prioritarios incluyen la fortaleza de la democracia, la vigencia del Estado de Derecho, la solidez de la economía, la cohesión territorial, la seguridad interior, la política exterior, la defensa nacional, el desafío demográfico, el sistema educativo y el impulso a la innovación tecnológica.

Somos conscientes de que no están recogidos todos los asuntos que afectan al futuro del país. Sin embargo, sí creemos que estos diez retos constituyen un núcleo fundamental que debe ser abordado con responsabilidad, visión de largo plazo y un firme compromiso con los principios que han dado estabilidad y prosperidad a España en las últimas décadas. Afrontarlos con claridad, rigor y determinación será clave para preservar nuestras instituciones, fortalecer nuestra posición internacional y garantizar un marco de convivencia basado en el orden, la libertad y el respeto a la legalidad.

1. Regenerar nuestra democracia

España ha sufrido un deterioro en la calidad democrática especialmente agudizado en la última década. Una degradación política reflejada en la corrupción, la polarización política y la creciente desconfianza ciudadana en las instituciones. La división de poderes se ha debilitado, especialmente con la politización del Poder Judicial y con la falta de transparencia en el proceso legislativo. Se ha normalizado el uso del discurso divisivo y la manipulación de la verdad en el debate público, lo que mina la confianza en la política. La corrupción se ha convertido en algo rutinario que cada vez causa menos indignación. Vivimos la paradoja de que siendo la libertad un valor ampliamente reivindicado en España, su comprensión se ha distorsionado, reduciéndola a una visión individualista sin vínculo con la comunidad ni con la responsabilidad cívica. La sobreprotección estatal y la expansión de un Estado paternalista han debilitado la autonomía del individuo y la participación ciudadana en la vida política. La crisis de valores ha llevado a una sociedad más dependiente de los subsidios y menos comprometida con el deber ciudadano.

2. Fortalecer nuestro Estado de Derecho

No puede haber democracia ni libertad si no existe Estado de Derecho. La Justicia en España se enfrenta a dos grandes problemas: su falta de independencia y su ineficacia estructural. La politización del Consejo General del Poder Judicial y del Tribunal Constitucional ha generado desconfianza en la imparcialidad de la Justicia. El uso partidista de la Fiscalía General del Estado ha sobrepasado todas las líneas rojas. Además, el sistema judicial está colapsado, con una elevada congestión de casos y tiempos de espera excesivos. La digitalización es insuficiente y las reformas aprobadas han sido parches sin abordar el problema de fondo.

3. Una España próspera

La prosperidad de la Nación es otro requisito fundamental del Bien Común. La economía española muestra signos de debilidad estructural debido a una baja productividad, una carga fiscal elevada y una falta de reformas profundas. El desempleo sigue siendo uno de los más altos de Europa y el tejido empresarial sufre por la falta de incentivos para la inversión. El endeudamiento público es insostenible y la inflación ha afectado gravemente el poder adquisitivo de los ciudadanos.

Sin un sector público dinámico y eficiente, que no lastre la actividad económica, es imposible abordar el proyecto de modernización de España que proponemos. La burocracia en España es excesiva y ralentiza la gestión pública. Muchas normativas son obsoletas y generan trabas innecesarias a ciudadanos y empresas. La digitalización ha avanzado, pero sigue habiendo retrasos en la implementación de soluciones tecnológicas eficientes. La falta de evaluación de políticas públicas también impide la mejora continua del sistema administrativo.

4. Una España Unida

El desafío territorial es sin duda uno de los más urgentes y trascendentes para el futuro de España porque pone en jaque nuestra propia supervivencia como Nación y como Estado. Nuestro país ha llevado la descentralización al extremo, generando desigualdades entre comunidades autónomas y debilitando la cohesión nacional. El sistema autonómico ha fomentado un clientelismo político que afecta la eficiencia de la administración. La falta de coordinación entre administraciones ha generado duplicidades y un gasto público descontrolado. Todo ello alimentado por un nacionalismo desleal que busca la independencia como solución final a todo este proceso y pone en cuestión la viabilidad de nuestro proyecto común.

5. Una España fuerte en el mundo

El cambio de época que afrontamos globalmente añade desafíos externos cruciales a los que tenemos internamente. España ha perdido influencia en la escena internacional. Su diplomacia ha sido reactiva en lugar de estratégica y ha mostrado excesiva debilidad ante las grandes potencias y frente a rivales estratégicos. La falta de una política exterior coherente ha afectado el posicionamiento del país en conflictos internacionales y en la defensa de sus intereses nacionales y económicos.

En particular es necesario redefinir el papel de nuestro país en el futuro de la Unión Europea. España ha perdido influencia en las decisiones clave de la Unión y se ha convertido en un actor secundario dentro del bloque. La falta de una estrategia clara y la debilidad diplomática han impedido que el país juegue un papel de liderazgo. Además, el modelo europeo enfrenta crisis como la falta de cohesión fiscal, la tensión migratoria y la incertidumbre geopolítica derivada del conflicto con Rusia. España, en lugar de impulsar soluciones, ha sido reactiva, dejando pasar oportunidades para liderar reformas.

6. Una España segura

La seguridad es otro de los pilares fundamentales del Bien Común. En relación con su seguridad exterior España ha subestimado la importancia de la defensa durante décadas, lo que ha provocado una pérdida de capacidades militares y una dependencia excesiva de nuestros aliados sin asumir nuestras propias responsabilidades. La falta de inversión ha dejado a las Fuerzas Armadas con equipos obsoletos, una plantilla insuficiente y una insuficiencia crónica de recursos para la operatividad de las unidades. Además, el país carece de una cultura de defensa que conciencie a la población sobre la importancia de la seguridad nacional en un mundo cada vez más peligroso.

Por otro lado, el reto energético se puso de máxima actualidad como consecuencia del apagón que dejó sin luz a toda España durante varias horas a finales de abril de 2024. Nuestro país depende en exceso de la importación de energía, lo que encarece los precios y genera vulnerabilidad ante crisis internacionales. La transición a energías renovables es fundamental, pero debe realizarse sin comprometer la estabilidad del sistema eléctrico. La política energética de la UE ha impuesto regulaciones que no siempre se adaptan a la realidad española, dificultando la competitividad del sector.

7. Educación de calidad en libertad

En la base de todo este proyecto de Bien Común para España se encuentra la educación como pilar más estratégico. El sistema educativo español sufre problemas estructurales como el fracaso escolar, la baja calidad en la enseñanza y la desconexión con el mercado laboral. La falta de libertad de elección de centro educativo y la excesiva burocracia limitan la capacidad de innovación en la educación. La educación universitaria no está alineada con las necesidades del sector productivo, lo que genera una sobre cualificación en algunas áreas y déficit de talento en otras.

8. Una España inteligente

Sería imposible cerrar esta propuesta sin hacer referencia a la innovación tecnológica, y en particular a la Inteligencia Artificial, que marcan esta nueva era. España está rezagada en innovación tecnológica y en el desarrollo de inteligencia artificial (IA). Falta una estrategia nacional clara para fomentar la digitalización y la inversión en I+D. La burocracia y la regulación excesiva dificultan el crecimiento de startups y empresas tecnológicas. Además, el país depende demasiado de tecnologías extranjeras, lo que limita su competitividad en sectores estratégicos.

Hay sin duda algunos retos que han quedado fuera de este proyecto, pero es indudable que todos los desafíos abordados resultan pilares fundamentales para un proyecto de bien común en nuestro país. En todos los capítulos de este libro no solo hay un diagnóstico preciso de donde se encuentra España en este 2025 sino sobre todo adónde quiere llegar en los próximos años.

83 IDEAS PARA UN PROYECTO DE BIEN COMÚN

UNA ESPAÑA DEMOCRÁTICA

1. **Fortalecer al Parlamento.** Es imprescindible equilibrar el poder entre el Ejecutivo y el Legislativo. Así, si el Gobierno fracasa en su intento de sacar en tiempo y forma dos presupuestos en una Legislatura, debe disolver las Cortes y convocar elecciones. Hay que delimitar y circunscribir exhaustivamente por ley los contenidos y requisitos para impulsar un decreto ley. Es preciso fijar por ley el plazo y forma en que el presidente del Gobierno debe dar cuenta al Parlamento. Devolver al Senado la facultad de vetar los objetivos de estabilidad presupuestaria.

2. **Mejorar la calidad legislativa.** La calidad de las leyes emanadas del Parlamento es cada vez más deficiente. Las exposiciones de motivos deben tener un carácter técnico y no doctrinario. Hay que establecer una prohibición expresa de incluir en leyes destinadas a un objeto medidas que no tienen que ver con el objeto de regulación.

3. **Lucha contra la corrupción.** Supresión de la posibilidad de aprobar indultos a personas condenadas por delitos cometidos durante el ejercicio de una actividad pública. Endurecimiento de las penas por delitos de malversación y tráfico de influencias. Limitación de mandatos a dos para el Gobierno de la nación y los autonómicos.

4. **Reforma completa del modelo de RTVE** para convertirla en un servicio público de calidad que ofrezca a los ciudadanos información rigurosa y contribuya a la difusión de nuestra cultura, huyendo del uso partidista, la manipulación y la vulgaridad que caracteriza la televisión pública actual.

5. **Pacto de Estado por la Justicia**, que la despolitice, y la deje al margen de los avatares partidistas. Incluiría una reforma del sistema de elección de los vocales del Consejo General del Poder Judicial directamente por los jueces y al margen de los partidos políticos que garantizase una plena independencia judicial.

6. **Reforma del Estatuto del Ministerio Fiscal** con el fin de reforzar su autonomía frente al mandato del Gobierno. Introducción de un riguroso examen parlamentario a la propuesta de nombramiento del Gobierno.

7. **Plan de choque frente al atasco judicial**: creación de unidades procesales de apoyo a órganos jurisdiccionales unipersonales con excesivo volumen de trabajo. Aumentar el número de juzgados por ciudadano, para acercarnos a la media europea. Ampliar el número de funcionarios en las oficinas de tramitación judicial, evitando la temporalidad en las mismas, y creando un plan de formación que redunde en la agilización de la tramitación procesal. Hacer realidad la implantación del expediente judicial electrónico, o Carpeta Justicia, que permita tener acceso a los profesionales a los autos de forma telemática. Crear un hábitat de relación telemática y de acceso a notificaciones común en todo el territorio nacional. Nueva Ley de asistencia jurídica gratuita, con equiparación de manera inmediata a todo el territorio, mejorando las compensaciones económicas a los profesionales del turno de oficio. Ampliar las funciones de los procuradores, con mayor intervención en las ejecuciones y con acceso al Punto Neutro Judicial.

UNA ESPAÑA PRÓSPERA

8. **Flexibilizar el mercado laboral**. Sería necesario liberalizar el mercado laboral para facilitar la contratación de los trabajadores. Es imprescindible contar con un mercado laboral dinámico, que elimine trabas a la contratación, que la incentive sin elevados costes que disuadan a las empresas de realizar dichas contrataciones. Es esencial, dentro de una reforma amplia del sistema tributario, de la Seguridad Social y del sistema de pensiones, rebajar la carga de cotizaciones sociales, para lograr, así, incentivar la contratación y el aumento del empleo. Del mismo modo, hay que abandonar toda tentación de reducir la jornada laboral semanal sin disminución de salarios, porque sólo destruiría empleo por aumento de costes laborales, que serían inasumibles para muchas empresas, especialmente para las pymes. Hay que replantear el actual sistema de salario mínimo interprofesional.

9. **Lograr equilibrio presupuestario.** Es necesario ajustar el gasto público a lo necesario y conseguir equilibrar el presupuesto e incluso alcanzar superávit para reducir la deuda en valores

absolutos, ya que dichos niveles de endeudamiento son insostenibles sin el respaldo del BCE y generan un claro efecto expulsión de la economía, como demuestra el hecho de que mientras que el gasto público ha crecido exponencialmente, en términos constantes, desde el IV TR-2019, la inversión todavía no ha recuperado, en esos términos constantes, su nivel anterior a la pandemia.

10. **Disminuir las cargas impositivas** —además de las de las cotizaciones a la Seguridad Social—, porque generan un elevado coste laboral y empresarial, que encarece productos y servicios y merma competitividad, haciendo perder a las empresas españolas los nuevos mercados o cuota en los ya existentes. Es importante dar un mayor protagonismo a los ciudadanos rebajando notablemente los impuestos a las familias y empresas y ampliando su capacidad de elección en todos los ámbitos como sea posible (hay que dar total libertad para que puedan optar por sistemas de pensiones, educativos y sanitarios privados o públicos). En definitiva, habría que incrementar bastante el actual nivel de libertad económica de España y reforzar el derecho de propiedad privada de los ciudadanos.

11. **Unidad de mercado** que impulse la eficiencia y que acabe con el intrincado mundo burocrático de distintas licencias, autorizaciones y permisos para una misma actividad según se esté en una región de España o en otra. Con la unidad de mercado se podrá ayudar a la generación de economías de escala y, con ello, a las ganancias de competitividad.

12. **Crear un clima de confianza para la inversión**, tanto nacional como extranjera. La economía española necesita inversión y la inseguridad jurídica actual y las numerosas trabas y elevados costes derivados de impuestos y burocracia improductiva está ahuyentando la generación de inversión, tanto nacional como extranjera —que ha caído de manera intensa—. Es imprescindible allanar el camino a las inversiones productivas y transmitir seguridad jurídica que haga atractiva a la economía española para llevar a cabo una inversión, que generará actividad y puestos de trabajo.

13. **Iniciar un proceso de desregulación** que termine con el problema de la «hiperregulación» típica de los sistemas socialistas/estatistas que tanto lastra la actividad empresarial.

14. **Restaurar una cultura del esfuerzo, trabajo y sacrificio** que persigan incrementar la actividad económica y evitar, así, deslizarse por una actitud resignada, basada en el subsidio, que empobrecería a la economía.

15. **Liberalizar el mercado de la vivienda** reforzando el derecho de propiedad para que los inquilinos que no paguen sus alquileres o quienes ocupan viviendas sean desalojados en un plazo de tiempo breve. Proteger los derechos de los propietarios permitiría poner a disposición del mercado gran parte del actual parque de viviendas desocupadas. Al mismo tiempo hay que aumentar el suelo edificable y agilizar las licencias para nuevos proyectos.

16. **Incrementar la productividad.** Hay que mejorar la eficiencia de la estructura económica nacional para conseguir notables incrementos de productividad, mal crónico del que adolece la economía española.

17. **Una administración digital que incorpore la Inteligencia Artificial.** Contar con una administración digital fortalece la transparencia y la rendición de cuentas, facilitando el acceso a la información y garantizando una gestión pública más abierta y responsable. También mejora la atención al ciudadano, ofreciendo servicios más ágiles y accesibles, y demuestra una capacidad de adaptación y resiliencia ante los desafíos y las crisis. Los informes técnicos, jurídicos y económicos que acompañan a los expedientes podrán ser redactados utilizando la inteligencia artificial permitiendo mantener de forma transparente el cumplimiento de los requisitos. Así mismo, debe garantizarse el desarrollo de las capacidades de los sistemas informáticos para poder ser interoperables soportando servicios en la nube con servicios robustos con firma electrónica, garantías de ciberseguridad y protección de los datos. Es clave que los sistemas estén diseñados respetando la privacidad, la ética y las libertades individuales en la utilización de las nuevas tecnologías emergentes. Hay que potenciar el desarrollo de las capacidades digitales de los directivos públicos.

18. **Interoperabilidad de los sistemas centrados en los ciudadanos.** Para mejorar la eficacia de los servicios públicos, aumentar la transparencia y evitar las duplicidades es necesario desarrollar la capacidad de nuestros sistemas, plataformas y aplicaciones para intercambiar datos, comunicarse y utilizar la información

compartida de manera segura y eficiente. Se debe avanzar en la automatización y robótica de los procesos (RPA) para manejar tareas administrativas repetitivas. Esto libera tiempo para que los empleados públicos se concentren en tareas más complejas y de mayor valor. Extender las ventanillas únicas digitales fomentando los desarrollos de portales web y las aplicaciones móviles que permitan a los ciudadanos y empresas realizar trámites online y acceder a servicios de manera digital con una disponibilidad continua 24x7.

19. **Evaluación de programas y políticas públicas para la mejora continua de la gestión.** Contar con sistemas de control, seguimiento y evaluación de las políticas y los programas públicos. La incorporación de la evaluación en la gestión pública ofrece instrumentos de juicio que permiten dimensionar la gestión de la Administración en términos de pertinencia, coherencia, eficacia, eficiencia e impacto. La introducción masiva del uso de Big Data y analítica de datos para recopilar, analizar y utilizar datos en la toma de decisiones y la mejora de los servicios públicos. Todo proceso clave debe ser medido y evaluado de forma continuada para poder comprobar su avance o, en su caso, detectar problemas e implementar medidas correctoras. Es clave el establecimiento de indicadores de desempeño y resultados definiendo métricas para evaluar el éxito de los proyectos y asegurar que se cumplan los objetivos establecidos.

20. **Economía del comportamiento en las políticas públicas.** Las organizaciones públicas deberían identificar políticas, programas y operaciones donde aplicar las ciencias del comportamiento que suponga mejoras en el bienestar, en los resultados de los programas y en la reducción de costes, con ejemplos contrastados en la simplificación del acceso a la financiación de estudios para universitarios o la afiliación automática en planes de ahorro para la jubilación. Para el correcto desarrollo de casos de uso, el gobierno debería fortalecer las relaciones con los expertos en esta materia y con la comunidad académica.

21. **Transparencia y rendición de cuentas.** Poner a disposición de la ciudadanía todos los archivos, registros y ficheros de datos de las administraciones públicas, con el máximo respeto a los principios de publicidad y transparencia, sin perjuicio de las limitaciones

derivadas del derecho a la intimidad o de otros derechos constitucionales que gozan de una protección específica. Poner a disposición de los ciudadanos y empresas estos datos, implica que los mismos deben de estar disponibles en formatos que sean fáciles de encontrar, acceder y utilizar por cualquier persona, sin barreras legales, financieras o tecnológicas que pudieran impedir su utilización.

22. **Anticiparse a las necesidades de los ciudadanos.** Para la puesta en marcha de este principio, la Administración se debe apoyar en dos grandes palancas de cambio: la inteligencia artificial que se puede utilizar para analizar patrones en los datos de los ciudadanos y predecir necesidades futuras y en segundo lugar la automatización de procesos que reduce el tiempo y los errores asociados con las tareas manuales repetitivas. La implantación de chatbots y asistentes virtuales también puede mejorar la atención al ciudadano.

23. **Colaboración público-privada.** Colaborar con el sector privado estableciendo alianzas y colaboraciones con empresas, universidades, organizaciones no gubernamentales y otros actores relevantes para fomentar el uso y la reutilización de los datos abiertos. Utilización de las manifestaciones de interés como una forma de recibir propuestas, iniciativas, dudas, inquietudes e información del sector privado en fases previas a la toma de decisiones, lo que aporta mucho valor a este proceso. El desarrollo de consejos asesores con expertos del sector privado y comités de seguimiento no solo en la formulación estratégica de actuaciones públicas sino en su seguimiento y en la evaluación de resultados. Uso de incentivos y reconocimientos para motivar y recompensar la implicación del sector privado en las actuaciones públicas a través de este tipo de reconocimientos públicos. Implantación de esquemas mixtos de financiación, utilizando fondos públicos y privados para cubrir el coste de grandes proyectos, distribuyendo riesgos y beneficios de una manera equitativa, incluyendo el fomento de alianzas estratégicas y consorcios, promoviendo la formación de alianzas entre empresas privadas y entidades públicas para aprovechar sinergias y recursos complementarios.

24. **Participación ciudadana.** Obtener la opinión de los ciudadanos sobre los servicios públicos es una herramienta esencial para que las administraciones públicas conozcan las necesidades y expectativas de la ciudadanía, permitiendo ajustar y mejorar sus

acciones y servicios en función de las opiniones recibidas. Las administraciones públicas facilitarán medios para que los ciudadanos puedan proveer de esta información, tales como canales electrónicos, encuestas, consultas públicas, plataformas digitales, reuniones comunitarias y otros medios que faciliten la comunicación entre la administración pública y los ciudadanos. Creación de aplicaciones móviles, que permitan a los ciudadanos reportar problemas, hacer sugerencias y recibir actualizaciones sobre las acciones de la administración.

25. **Simplificación y eliminación de cargas administrativas.** Identificar y suprimir aquellos procedimientos que no aportan un valor significativo al objetivo buscado o que son redundantes pues se refieren a documentos de los que ya se dispone o que ya se han cumplido en algún momento anterior. Revisión de los trámites y procedimientos existentes, la reestructuración, eliminación o simplificación de aquellos que se consideren innecesarios, utilizando herramientas digitales para agilizar y simplificar los trámites, unificando procedimientos para evitar variaciones innecesarias entre procedimientos semejantes. La eliminación de trámites innecesarios busca crear una administración más eficiente, transparente y centrada en las necesidades de los usuarios. Se propone la elevación del rango político del responsable de la simplificación administrativa, dando peso político suficiente capacitando al equipo responsable para una más eficaz labor de coordinación dentro de la Administración. Revisión y actualización de la normativa vigente eliminando disposiciones obsoletas o redundantes. La publicación de los informes periódicos sobre los avances y resultados del seguimiento de la simplificación administrativa es otra clave importante, así como contar con evaluadores externos e independientes para realizar auditorías independientes sobre el progreso y efectividad de las iniciativas de simplificación administrativa.

Una España unida

26. **Reforma del modelo autonómico.** La peculiaridad del Estado de las Autonomías que hemos construido durante casi medio siglo

no es jurídica sino política y reside en la existencia en España de fuerzas nacionalistas. Como consecuencia de esa dinámica política el Estado ha vivido sin tregua un proceso de descentralización permanente e interminable. Es necesario una reforma que ponga fin a ese proceso estableciendo con claridad un reparto de competencias claro entre el Estado y las Comunidades Autónomas que estabilice el sistema.

27. **Reforma electoral.** Hay que reducir el poder de los partidos minoritarios territoriales en nuestro sistema electoral. Una opción sería una reforma tipo Ley electoral griega que concede una prima de hasta 50 escaños al partido ganador.

28. **Mantener la presencia del Estado en todo el territorio** y de forma especial garantizar un despliegue de Fuerzas Armadas y Fuerzas de Seguridad en todas las comunidades autónomas suficiente para cumplir sus funciones constitucionales.

29. **El español o castellano debe volver a ser lengua vehicular en toda España.** Se debe recuperar en la Ley Orgánica de Educación las disposiciones que introdujo la LOMCE en 2013, como, entre otras, las que disponen: «Las Administraciones educativas garantizarán el derecho de los alumnos y alumnas a recibir las enseñanzas en castellano, lengua oficial del Estado, y en las demás lenguas cooficiales en sus respectivos territorios. El castellano es lengua vehicular de la enseñanza en todo el Estado y las lenguas cooficiales lo son también en las respectivas Comunidades Autónomas, de acuerdo con sus Estatutos y normativa aplicable (…) Las Administraciones educativas adoptarán las medidas oportunas a fin de que la utilización en la enseñanza de la lengua castellana o de las lenguas cooficiales no sea fuente de discriminación en el ejercicio del derecho a la educación (…) Los padres, madres o tutores legales tendrán derecho a que sus hijos o pupilos reciban enseñanza en castellano».

UNA ESPAÑA FUERTE EN EL MUNDO

30. **Restablecer el papel de la diplomacia.** El proceso de toma de decisión tiene que volver a recaer en profesionales al servicio del estado. El ministerio de Asuntos Exteriores tiene que recuperar

su papel en la coordinación de la política exterior española, asumiendo las funciones de captación de información, análisis, asesoramiento al presidente y gestión diplomática.

31. **Potenciar el Consejo de Seguridad Nacional.** El actual Consejo de Seguridad Nacional no ha llegado a adquirir el peso que cabía esperar en el proceso de toma de decisiones. Este Consejo debe liderar para finalmente tener una auténtica acción exterior.

32. **Definir nuestros intereses nacionales.** Sigue pendiente establecer intereses nacionales, describir riesgos, retos y amenazas, fijar objetivos y determinar capacidades. Sin asumir la necesidad de realizar el complejo proceso de llegar a una auténtica estrategia difícilmente podremos dotar a la acción exterior de la necesaria consistencia.

33. **Recuperar una posición de equilibrio en el Magreb.** Marruecos constituye la prioridad de nuestra política exterior. El cambio de posición respecto al Sahara Occidental, reconociendo expresamente la soberanía marroquí sobre ese territorio, nos coloca en una situación difícil. Mantener una buena relación con Rabat es fundamental, pero es necesario recuperar la posición de neutralidad activa en ese conflicto. Es preciso al mismo tiempo restablecer una disuasión eficaz respecto a cualquier reclamación territorial que afecte a nuestra soberanía. Recomponer nuestra relación con Argelia favoreciendo nuestros intereses energéticos y económicos. Asegurar en la Unión Europea el apoyo a la posición española en sus relaciones con Marruecos. Fortalecer la relación con Estados Unidos como aliado esencial en el flanco sur de la OTAN. Reforzar policialmente la frontera de Ceuta y Melilla y ejercer un control más eficaz de la inmigración ilegal. Potenciar nuestra presencia en el Sahel para favorecer la estabilidad y contener la expansión del yihadismo.

34. **Recomponer la relación con Estados Unidos.** Recuperar la relación con Estados Unidos es otra de las tareas urgentes. No será fácil porque la imagen de España está muy dañada y nos hemos convertido en un aliado en buena medida insignificante a la par que incómodo para Washington. Para ello es fundamental restablecer una interlocución política a la altura de la relevancia geoestratégica que España tiene para Estados Unidos. Alinear nuestra posición respecto a China con la de Washington y

defender esa política en el seno de la Unión Europea. Una política coordinada en Latinoamérica basada en la promoción de la democracia, el respeto a los derechos humanos y la cooperación económica con estos países. Apostar por un mercado de defensa transatlántico y la cooperación tecnológica e industrial de nuestro sector de defensa y seguridad con la industria norteamericana. Poner en valor la lengua y la cultura hispana en nuestra relación.

35. **Reconstruir una comunidad hispánica.** Iberoamérica es la palanca estratégica natural para que España gane peso geopolítico global. En un momento geopolítico de competencia entre grandes potencias, desarrollar un espacio hispánico propio resulta fundamental para mantener la proyección de España en el mundo. Para ello es preciso establecer una cooperación más robusta en materia de seguridad, especialmente en la lucha contra el narcotráfico y el crimen organizado. Recuperar la inversión y la presencia de las empresas españolas en Iberoamérica. Favorecer la inmigración latinoamericana, la captación de inversiones y la integración de sus comunidades. Buscar nuevas fórmulas de cooperación política y económica más allá de las cumbres iberoamericanas. Mantener una política activa en defensa de la democracia. Defender nuestra identidad cultural común.

36. **Normalizar nuestra relación con Israel.** Las relaciones con Israel se han deteriorado enormemente como consecuencia de la radicalidad y la ideologización de la posición del Gobierno de Sanchez tras los atentados de Hamas, con posturas más próximas a una organización terrorista que a un estado democrático. Esta ruptura de relaciones atenta contra nuestros intereses estratégicos y de seguridad. Hay que recuperar nuestra posición tradicional como un interlocutor reconocido por todas las partes en Oriente Medio y mantener una relación más acorde con el consenso europeo.

37. **Recuperar el liderazgo en Europa.** España debe ponerse en situación de poder influir en Europa, lo que pasa por la tarea, titánica, de poner la casa en orden, devolver el poder al pueblo español, dotar a Europa de un instrumento público auténtico y poner a España en el centro. El grado de influencia que requiere España para hacer oír una voz potencialmente diferente en las instituciones europeas se reduce a su poder de pesar en las decisiones iniciales de la Comisión. Construir un entramado de relaciones

bilaterales con Portugal, Italia y Alemania, entre otros, que permita una defensa efectiva de nuestras posiciones en la Unión.

38. **Aplicar el principio de subsidiariedad**, que lleva, en aquellos supuestos en donde la UE no goza de la competencia exclusiva, a ponderar si la solución jurídica debe ser comunitaria o nacional o incluso regional o local.

39. **Paz y seguridad europeas.** España debe promover una Unión Europea que vuelva a sus objetivos fundacionales: la paz y la prosperidad de Europa, siendo las instituciones y sus dirigentes un medio para lograr estos fines y no un fin en sí mismos. Exigir una política europea para el Mediterráneo que sea realmente eficaz. Europa no puede solo mirar al Este. Apostar por una industria de defensa europea que salvaguarde los intereses de nuestro sector nacional.

UNA ESPAÑA SEGURA

40. **Aumentar nuestra inversión en Defensa.** Para ello es preciso aprobar una Ley Programa para la Defensa que dote de estabilidad la inversión en las Fuerzas Armadas y permita una planificación de las adquisiciones a más largo plazo. Hacer una revisión completa de nuestra programación de adquisiciones a medio y largo plazo poniendo mayor prioridad en ciberdefensa, inteligencia y sistemas de comunicación, mando y control.

41. **Incrementar la dimensión de nuestras Fuerzas Armadas.** Es necesario aumentar en 20 mil efectivos el personal militar y mejorar la formación, el adiestramiento y la motivación del personal de las Fuerzas Armadas, incluyendo el aumento de las retribuciones y la potenciación de la promoción interna. Sería aconsejable la creación de una Universidad de las Fuerzas Armadas para dar un nuevo impulso a la formación militar.

42. **Desarrollar un sistema eficaz de reserva y movilización**, aumentando significativamente la reserva voluntaria, dotándola de un carácter complementario y no solo suplementario y poniendo en marcha un servicio militar voluntario de corta duración que permita un adiestramiento militar básico de todo ciudadano que lo solicite.

43. **Desarrollar una industria de defensa competitiva** y avanzada que nos asegure una mínima autonomía estratégica y la sostenibilidad de nuestras Fuerzas Armadas en caso de conflicto. Esta industria podría tener además un efecto muy positivo en el desarrollo tecnológico e industrial de nuestro país.

44. **Potenciar nuestra inteligencia,** aumentando de forma sustancial los recursos humanos y presupuestarios de nuestros servicios. Es preciso poner en marcha un plan de innovación tecnológica y desarrollar la Inteligencia Militar y nuestras capacidades en el nuevo dominio cognitivo. Crear un servicio de inteligencia interior que permita al CNI centrarse en la inteligencia exterior, la contrainteligencia y la inteligencia de señales. Mejorar el sistema de captación, selección y formación del personal de inteligencia. Generar una verdadera comunidad de inteligencia de la que formen parte todos los organismos públicos que generan inteligencia, incluyendo el CNI, el nuevo servicio de inteligencia interior y el CIFAS. Esta comunidad debería ser coordinada por un Asesor de Seguridad Nacional que mantendría la interlocución entre los servicios y el presidente del Gobierno. Desarrollar la inteligencia económica y la comunicación con las empresas españolas que operan en el mercado internacional para la defensa de los intereses nacionales y la seguridad económica.

45. **Crear una Agencia Nacional de Ciberseguridad** que integre el Centro Criptológico Nacional y el Instituto Nacional de Ciberseguridad. Desarrollar nuevas capacidades para la lucha contra la desinformación, tanto para la detección y atribución de esta como para emprender acciones de respuesta y neutralización. Generar un sistema de colaboración público-privada en materia de inteligencia y lucha contra la desinformación.

46. **Potenciar y reforzar la figura de los miembros de todas las Policías de España** reforzando la veracidad de sus actuaciones, impidiendo que se vean menospreciados o mermada su capacidad de actuación y garantizando su seguridad como agentes de la autoridad.

47. **Diseño de un modelo básico homogéneo para Policías Locales de grandes ciudades** que incluya: salas de emergencia compartida, colaboración en oficinas de denuncia, colaboración en seguimiento de víctimas de VIOGEN, análisis de datos de

pequeña delincuencia. Este modelo incluiría un sistema de Coordinación de Policías Locales a nivel nacional. Si esta coordinación funcionase lograríamos de una forma sencilla dos grandes objetivos: reducción de gastos e incremento de la eficacia policial. Confección y redacción de un Estatuto Básico de Policías Locales como así regula la Disposición Final tercera de la Ley de Bases de Régimen Local.

48. **Unificación de las Bases de datos de las diferentes Fuerzas y Cuerpos de Seguridad,** en especial las bases de los dos Cuerpos Estatales. Es inconcebible que después de múltiples intentos y propuestas esa unificación sea todavía un objetivo y no una realidad.

49. **Creación de la Escuela Superior de Seguridad Pública.** Sin perjuicio de la homogeneización de programas en los Centros de formación, promoción y perfeccionamiento, abogamos por la conveniencia de crear un centro de referencia para las Escalas de mando, con el objeto de contribuir a la formación de los mandos superiores de los distintos Cuerpos de Seguridad, para favorecer una cultura profesional basada en la coordinación, colaboración y confianza, e impulsar el conocimiento mutuo y el intercambio de experiencias profesionales.

UNA ESPAÑA ABIERTA Y POBLADA

50. **Establecer un programa de visados de trabajo** que permita que puedan llegar a España jóvenes de todo el mundo en busca de empleo. Sería conveniente facilitar la llegada de jóvenes iberoamericanos debido a razones históricas y a la mayor proximidad cultural lo que facilitaría la integración. En la selección de estas personas sería necesario excluir a quienes tuvieran antecedentes penales y facilitar la obtención del visado a quienes poseyeran algunas cualidades destacadas (titulación académica, experiencia profesional, cultural o deportiva...). Todos ellos deberían pagar sus pasajes de llegada a España e ingresar una fianza equivalente al pasaje de regreso para el caso de que tuvieran que ser repatriados. Esta fianza sería devuelta a los inmigrantes después de dos años de trabajo en España. Igualmente, se debería exigir a

los inmigrantes que pagaran una tarifa que les permitiera tener acceso a una atención sanitaria básica en los sistemas público o privado. Canalizar las ofertas de trabajo en países de origen en conexión con las unidades locales de repoblación.

51. **Formación para inmigrantes.** Se propone apoyar la integración de los inmigrantes con residencia legal mediante el acceso a programas educativos, favoreciendo así su inclusión social. Asimismo, podrían contemplarse mecanismos de regularización administrativa vinculados al cumplimiento de determinados objetivos formativos, en el marco de una política de inmigración ordenada y basada en méritos.

52. **Habría que facilitar los movimientos circulares de los inmigrantes**: aquellos que hayan tenido un empleo en España de al menos un año de duración tendrían derecho a marcharse y regresar en los próximos 5 años sin necesidad de volver a solicitar un visado de trabajo.

53. **Atención a inmigrantes.** El Gobierno central, en colaboración con las comunidades autónomas y ayuntamientos, debería diseñar un sistema de atención a las personas en situación de vulnerabilidad, especialmente, si son menores de edad. Este programa debería cubrir las necesidades más básicas de alojamiento, alimentación, vestido, educación y sanidad. Este programa debe ser lo suficientemente digno y sostenido en el tiempo para asegurar el desarrollo e integración social de los inmigrantes y lo suficientemente bajo y corto en el tiempo para desincentivar a quienes prefieren vivir de las ayudas públicas en lugar de incorporarse al mercado laboral.

54. **Modificación de la Ley de Extranjería** para establecer procedimientos fronterizos acelerados en la denegación de entrada, evitando la utilización de la solicitud de protección internacional como impunidad legal que viene realizándose hasta ahora para atravesar la frontera, y en la que salen siempre beneficiadas las organizaciones criminales dedicadas al tráfico de personas.

55. **Reforzar control de Fronteras.** Establecimiento de mecanismos efectivos para frenar la llegada de inmigrantes irregulares por vía aérea, exigiendo visados de tránsito aeroportuario, como ya se exige a 18 países como Senegal, Gambia y recientemente Mauritania. Responsabilizar a las líneas aéreas en la repatriación de los pasajeros que haya trasladado sin las suficientes garantías

documentales y legales. Solicitando el despliegue de Frontex en las fronteras exteriores mientras persista la fuerte presión migratoria. Creando una Autoridad de coordinación como un alto mando de fronteras bajo la autoridad del Ministerio del Interior y con una vocación interministerial de los diferentes servicios afectados por la migración.

56. **Devoluciones cualificadas.** Cualquier inmigrante que fuera condenado por algún delito de determinada gravedad debería ver revocado su permiso de trabajo y residencia y ser inmediatamente expulsado. Es necesaria una mayor dotación de personal para una agilización de la tramitación de los procedimientos de expulsión a sus países de origen de los migrantes internados en los CIES, aumentando los vuelos de deportación para restablecer la dinámica anterior a 2020.

57. **Supervisión de la actividad de las ONGs de rescate marítimo,** instándolas a llevar a los inmigrantes rescatados al puerto más cercano, que en muchas ocasiones está en el continente africano.

58. **Campaña de prevención de la inmigración irregular.** Promover campañas en medios de comunicación y también en las de los países de origen y tránsito de la inmigración irregular para concienciar a la población de la peligrosidad del tráfico de migrantes y del alto riesgo que asumen, implicando también a las ONG,s en hacer llegar estos mensajes, además de aumentar la información sobre las formas legales y seguras para migrar.

59. **Elaboración de un mapa de municipios susceptibles de repoblación** y constitución de una línea de financiación para el desarrollo repoblador. Trabajo por objetivos.

60. **Creación de unidades de repoblación** (gestión municipal o provincial) en los municipios más afectados por el problema con el objetivo de determinar puestos laborales no cubiertos en el medio rural. Política de vivienda municipal: compra de viviendas cerradas, áreas de rehabilitación para el alquiler, reforma legal para adquirir viviendas abandonadas y gestión de ruinas. Agilización de trámites de convalidación de títulos profesionales, conducción, etc. Unidad provincial de repoblación vinculada a extranjería.

61. **Establecer una red rural de centros de formación** vinculados a las empresas locales demandantes de trabajadores. Gestión municipal de estos centros donde se residirá durante el periodo de

formación. Programas de formación laboral en sectores demandados en el medio rural, vinculados al traslado e inserción en los centros demandantes.

62. **Determinación de sectores estratégicos productivos rurales a potenciar.** Definición del procedimiento para la redacción de proyectos de energías renovables y su industria vinculada. Configuración de legislación económica de impacto.

UNA ESPAÑA EN MARCHA

63. **Garantizar la seguridad energética.** Mantener nuestra actual generación nuclear es indispensable para mantener la ventaja competitiva que nos otorgan la disponibilidad de viento y de sol. Invertir en almacenamiento de electricidad, bien con baterías, bien con bombeo hidráulico.

64. **Incrementar la participación de la electricidad en el consumo final de energía.** La condición indispensable para la consecución de este objetivo es la inversión en redes de transporte y distribución de electricidad. Un sistema eléctrico descarbonizado y comparativamente barato ofrece la oportunidad de mejorar la competitividad de nuestra economía.

65. **Liberalizar las inversiones en energía** haciendo que las empresas asuman el riesgo de equivocarse, inherente a cualquier negocio.

66. **Disminuir las importaciones de combustibles fósiles** gracias al proceso de descarbonización de nuestro sistema eléctrico, y a la subsiguiente electrificación de nuestro sistema productivo y de transporte. Este proceso acabaría con una de las restricciones históricas de la economía española: la persistente transferencia de riqueza al exterior, impuesta por un sistema energético absolutamente dependiente de las importaciones supondría un horizonte desconocido para nuestra economía.

UNA ESPAÑA DEL CONOCIMIENTO Y LA CULTURA

67. **Mejorar la Educación española**, promoviendo la calidad, la exigencia, las evaluaciones, la autonomía de los centros, la rendición

de cuentas, la información pública y transparente y la homogeneidad del sistema educativo español

68. **Ampliar las libertades educativas**, especialmente el derecho de los padres a elegir la educación de sus hijos y la viabilidad de la educación concertada, no sólo por dar cumplimiento efectivo a la Constitución sino porque juegan un papel fundamental en la mejora de la calidad educativa y en la eficiencia del gasto público destinado a la Educación.

69. **Reforzar la inversión educativa,** a través del aumento progresivo de presupuestos del Ministerio de Educación, para el impulso de programas de calidad y equidad que ejecutarían, previa transferencia, las Comunidades Autónomas. De esta forma, se avanzaría en la vertebración y homogeneidad de nuestro sistema educativo, que hoy sufre diferencias inaceptables entre comunidades.

70. **Favorecer la autonomía de los centros públicos** para que puedan impulsar proyectos educativos adaptados a las necesidades de cada centro y que impliquen a toda la comunidad educativa.

71. **Crear centros de atención prioritaria en entornos desfavorecidos**, dotándoles de más recursos y promoviendo que el personal más capacitado trabaje en ellos, evitando la gran rotación que tienen. Se debe recuperar el texto del 2º párrafo del artículo 71.1 LOE (establecido en 2013 por la LOMCE y suprimido por la Ley Celaá): «Las Administraciones educativas podrán establecer planes de centros prioritarios para apoyar especialmente a los centros que escolaricen alumnado en situación de desventaja social».

72. **Promover que los centros públicos de educación infantil y primaria incluyan también la educación secundaria obligatoria (ESO).** De esta forma, los alumnos no tendrían que cambiar de centro a los 12 años.

73. **Mejorar la financiación de los centros concertados,** elevando el módulo de otros gastos de estos centros, para recuperar lo perdido respecto a la inflación durante muchos años y hacer frente al problema demográfico, que está teniendo consecuencias negativas para los centros concertados en muchas Comunidades Autónomas.

74. **Concertar el Bachillerato y la Formación Profesional.** La no concertación del Bachillerato y de la Formación Profesional condiciona en buena medida la elección de centro por los padres con menos recursos económicos, que hubieran optado por que sus

hijos siguieran en un centro concertado para cursar esos estudios si pudieran pagar las cuotas. Los conciertos en Bachillerato y F.P. son una mejor solución que el sistema de becas.

75. **Aumentar el número de centros,** promoviendo concursos sobre suelo público dotacional para construir nuevos centros concertados. Esta iniciativa permitió en la Comunidad de Madrid, entre 2005 y 2013, la creación de 57 nuevos colegios concertados en zonas de nuevo desarrollo urbanístico o en localidades donde la oferta de educación concertada no existía o era insuficiente, como han hecho ya muchos municipios de Madrid. De esta forma las familias vieron incrementadas notablemente las posibilidades de elegir centro para sus hijos. La Ley Orgánica para la Mejora de la Calidad Educativa (LOMCE), de Diciembre de 2013, incluyó en el Artículo 116.8 de la Ley Orgánica de Educación el texto siguiente: «Las Administraciones educativas podrán convocar concursos públicos para la construcción y gestión de centros concertados sobre suelo público dotacional». Éste fue uno de los artículos que el sectarismo educativo de la Ley Celaá (LOMLOE) suprimió del texto actual.

76. **Inclusión de la demanda social en la programación de la red de centros**. Es necesario que la escolarización atienda la demanda social, de tal manera que se tenga en cuenta la voluntad de los padres como criterio para la obtención de plaza escolar. Sus objetivos son hacer efectiva la libertad de los padres de elegir el colegio de sus hijos y promover la participación de la iniciativa social en el sistema educativo. La Ley Celaá (LOMLOE) sólo habla de garantizar una oferta suficiente de plazas públicas, especialmente en las zonas de nueva población y de que las Administraciones educativas promoverán un incremento progresivo de puestos escolares en la red de centros de titularidad pública.

77. **Equiparar la asignatura de religión a las demás asignaturas** de cada nivel educativo, pues contribuye a la formación religiosa, cultural, ética y ciudadana de los estudiantes. En este sentido, debe estar presente con un número de horas digno, tener una alternativa real, y que su calificación sirve para computar la nota media a todos los efectos. En caso de consolidarse una asignatura de enseñanza no confesional de cultura de las religiones, debería valorarse que se planteara como una alternativa a la enseñanza religiosa confesional. Asimismo, debe impartirse con un afán

realmente formativo, sin que sirva como pretexto para ofrecer una visión sesgada o negativa de la religión.

78. **Reforzar la educación afectivo-sexual**, más necesaria que nunca con el fácil acceso de los menores a contenidos pornográficos, a través de las nuevas tecnologías y con los riesgos que plantea la ideología de género. Como afirma la Fundación Solidaridad Humana, que lleva muchos años impartiendo educación afectivo-sexual, ésta debe promover una visión positiva e integral, una ética relacional que incluya valores tan fundamentales como el respeto, el valor de los vínculos afectivos, la sinceridad, la ternura, la comunicación y la responsabilidad compartida.

79. **Apuesta por una educación rural bilingüe y de calidad.** Uno de los factores de atracción que pueden tener los pueblos para luchar contra la despoblación es una discriminación positiva en materia educativa. Actualmente las escuelas rurales españolas ya ofrecen unos magníficos resultados en las pruebas internacionales.

Una España inteligente

80. **Impulso a la Inteligencia Artificial.** El ritmo frenético en el avance de la Inteligencia Artificial hace imprescindible establecer acciones inmediatas que consoliden las bases para un desarrollo ágil y responsable. Estas medidas deben ir más allá de las estrategias generales y enfocarse en aspectos operativos concretos que permitan una rápida movilización de los recursos.

81. **Creación de un Comité de coordinación interministerial de Inteligencia Artificial**, cuyo objetivo deberá ser garantizar que todos los Ministerios involucrados trabajen de forma coordinada en la implementación de las políticas de IA, definiendo las competencias de cada área y estableciendo cronogramas con objetivos a corto plazo.

82. **Concienciar sobre el potencial de la Inteligencia Artificial.** Lanzar una campaña de sensibilización nacional que ponga en valor el potencial de la IA, además de recoger las preocupaciones de la ciudadanía. De esta forma no solo se educará sobre las oportunidades que ofrece la IA si no que se mitigará el temor al cambio tecnológico, asegurando una adopción más generalizada y colaborativa.

Conclusión.
Esperanza de España

ESPAÑA HA DEMOSTRADO a lo largo de la historia ser un país fuerte. Su identidad se forjó en buena medida a lo largo de ocho siglos de reconquista tras la invasión musulmana de la Península Ibérica a principios del siglo VIII. Esta larga lucha, que culmina con la unificación de la Península Ibérica con los Reyes Católicos, hace que la raíz cristiana y la vocación europea sean dos elementos esenciales de nuestra identidad.

El descubrimiento de América, su posterior conquista y la integración de esos vastos territorios en la monarquía hispánica constituyen el otro gran hito histórico que contribuyó de manera decisiva a forjar una identidad nacional caracterizada por su vocación abierta, mestiza y con aspiraciones de proyección internacional. Sin embargo, la paulatina pérdida del Imperio dejó una profunda huella de frustración y sentimiento de decadencia, que encontraría su punto de inflexión con la invasión napoleónica en el siglo XIX.

A finales de ese mismo siglo, el denominado Desastre del 98 situó a España como un actor debilitado, empobrecido y relegado a una posición marginal en el contexto internacional. Ya en el siglo XX, la Guerra Civil fracturó a la sociedad en bandos enfrentados, y el régimen surgido de ella impuso un modelo autoritario que, especialmente en sus primeras décadas, supuso un grado significativo de aislamiento diplomático. No obstante, este aislamiento fue dando paso, a partir de los años 50, a una progresiva apertura económica y a una inserción parcial en el sistema internacional, particularmente a través de acuerdos estratégicos con Estados Unidos y de la participación en organismos multilaterales.

La transición democrática, culminada con la aprobación de la Constitución de 1978, abrió un periodo de medio siglo de estabilidad política, libertad y prosperidad, con la reintegración en Europa como objetivo estratégico central. No obstante, en la actualidad, ese legado se ve amenazado por la creciente tensión territorial, la polarización ideológica y una inestabilidad política que pone en entredicho los consensos fundamentales sobre los que se ha sostenido la España democrática.

A pesar de esta inquietante coyuntura que atravesamos, España sigue siendo un país fuerte. España ocupa una posición destacada en la economía mundial, situándose como la 12ª mayor economía del mundo por Producto Interior Bruto. Somos la cuarta potencia europea por peso demográfico y económico. Somos la segunda potencia turística del mundo con cerca de 100 millones de visitantes internacionales en 2024. España se sitúa entre los principales países en capacidad instalada de energías renovables, segundo en Europa. Nuestras empresas son líderes mundiales en el sector de la moda, las infraestructuras o el sector financiero. El español es la segunda lengua más hablada en el mundo con casi 500 millones de personas. Somos la segunda potencia en patrimonio cultural y tenemos una gran fuerza en la literatura, el arte y la música universal. Tenemos la segunda red ferroviaria de alta velocidad del mundo y somos el tercero en kilómetros de autopistas.

Sin embargo, España enfrenta hoy numerosos desafíos. El *primero* de ellos es el fortalecimiento de nuestra democracia y nuestro Estado de Derecho. Para regenerar nuestra democracia, proponemos garantizar un mayor control parlamentario sobre el Ejecutivo, mejorar la calidad de la representación política, una lucha más eficaz contra la corrupción, fortalecer el periodismo de calidad y reducir la influencia de la propaganda partidista en los medios públicos. Aún más importante es recuperar un concepto de libertad que implique tanto derechos como responsabilidades, reforzar la participación cívica y la cultura del esfuerzo. Es clave reducir la dependencia estatal y promover un marco legal que garantice mayor autonomía individual.

Para fortalecer nuestro Estado de Derecho es fundamental una reforma del sistema de nombramientos judiciales para garantizar su independencia y aumentar la dotación de recursos humanos y tecnológicos para mejorar la eficacia y agilidad de la justicia. Es necesario garantizar que el Ministerio Fiscal actúe con autonomía del Gobierno y que el Tribunal Constitucional sea un órgano estrictamente jurídico y no político.

Pero para que haya democracia y Estado de Derecho debe primero haber España. Es una obviedad que hoy se encuentra cuestionada por las posiciones secesionistas del nacionalismo periférico y la permanente cesión por parte de las grandes fuerzas políticas nacionales desde la Transición. La cuestión territorial es hoy existencial para cualquier proyecto de bien común en España. Para hacer frente a este formidable desafío proponemos reformar el modelo territorial para garantizar un reparto de competencias definido que no facilite el constante proceso de cesión de nuevas competencias por parte del Estado, una reforma del sistema electoral que no someta al gobierno de turno al permanente chantaje de las minorías territoriales y reforzar el papel del Estado en competencias estratégicas como seguridad, educación, sanidad y justicia. Es fundamental finalmente revisar el sistema de financiación autonómica para evitar privilegios a determinadas regiones y asegurar la cohesión territorial.

El *segundo* gran desafío es aumentar la prosperidad de los españoles. Un crecimiento económico sano y sostenible exigiría reducir la carga fiscal a empresas y trabajadores para fomentar la inversión y el empleo. Es imprescindible flexibilizar el mercado laboral, permitiendo contratos más adaptados a la realidad del mercado. Necesitamos reducir el gasto público ineficiente, reducir la insostenible deuda pública y priorizar la inversión en sectores estratégicos. Es clave mejorar la formación profesional y la educación para garantizar que la mano de obra española sea más competitiva.

Nuestra prosperidad pasa a su vez por una profunda reforma del sector público. Para lograr esta reconversión debemos reducir los trámites innecesarios y mejorar la eficiencia de los servicios públicos. Es clave impulsar la digitalización total de la administración y simplificar la regulación para hacerla más clara y accesible. También se plantea un modelo de gestión basado en la evaluación de resultados para optimizar el uso de los recursos. La formación de los funcionarios en nuevas tecnologías y en atención al ciudadano debe ser una prioridad.

Las energías renovables suponen una oportunidad histórica para nuestro país para recuperar competitividad y reducir nuestra dependencia, pero para ello tenemos que impulsar su producción sin afectar la competitividad de la industria. Es fundamental prolongar la vida de las centrales nucleares para garantizar una transición energética sin sobresaltos. Es precisa una reforma en la regulación del mercado eléctrico para reducir costes y garantizar precios estables. Es clave fomentar la inversión en almacenamiento de energía, infraestructura y nuevas tecnologías que mejoren la eficiencia del sistema y garanticen su seguridad.

España no puede llegar tarde a esta cuarta revolución industrial que está en marcha impulsada por la inteligencia artificial. Se hace necesario por tanto diseñar una estrategia nacional de inteligencia artificial y digitalización. Se deben incentivar fiscalmente la innovación y la inversión en tecnología. Proponemos reducir las trabas burocráticas para la creación de empresas tecnológicas y reforzar la colaboración entre las universidades y el sector privado. España debe aspirar a ser líder en ciertos nichos tecnológicos, como energías renovables y biotecnología.

El *tercer* gran reto es cómo garantizar nuestra seguridad en un mundo más inestable, conflictivo y peligroso. España no puede seguir siendo un enano estratégico. España debe recuperar un papel activo en la geopolítica global y definir una estrategia exterior basada en sus intereses nacionales. Se debe reforzar la presencia diplomática en América Latina y el mundo anglosajón. Es imprescindible recuperar el protagonismo en Europa mediante una diplomacia más activa y la construcción de alianzas estratégicas con países clave. Fortalecer la presencia española en las instituciones europeas y negociar una política fiscal y energética que beneficie a la economía nacional. También se debe defender una mayor transparencia en la toma de decisiones y garantizar que la voz de España se escuche en asuntos clave como la transición energética, la política migratoria y la autonomía estratégica de Europa.

Es urgente poner fin a la tradicional anemia militar española. La primera condición es aumentar el presupuesto de defensa, en línea con los compromisos internacionales adquiridos en la OTAN y en la Unión Europea. Pero más allá del aumento de la inversión militar es necesario transformar nuestras Fuerzas Armadas para garantizar una disuasión eficaz. Para ello es preciso potenciar los dominios de tierra, mar y aire, a la vez que se desarrollan nuevas capacidades en los nuevos dominios cibernético, espacial y cognitivo. También es preciso reforzar la industria de defensa española y garantizar así una mayor autonomía estratégica nacional. Se debe impulsar la educación en seguridad y defensa para generar una mayor conciencia ciudadana sobre estos temas. Pero sobre todo es preciso un cambio de mentalidad en los ciudadanos para afrontar este nuevo desorden mundial que viviremos en la próxima década.

Simultáneamente debemos hacer frente a las amenazas a la seguridad dentro de nuestras fronteras. Para afrontar este reto sería precisa la creación de una Agencia Nacional de Ciberseguridad para coordinar esfuerzos y mejorar la resiliencia digital. También debemos fortalecer la cooperación entre organismos de inteligencia y aumentar los recursos destinados a la seguridad pública. Es clave mejorar la formación y dotación de las fuerzas de seguridad para que puedan hacer frente a nuevas amenazas. Además, planteamos una revisión del Código Penal para endurecer penas contra el crimen organizado y el terrorismo.

Un *cuarto* reto existencial para nuestra Nación es la demografía. La primera condición para superar este desafío es una estrategia integral para fomentar la natalidad, incluyendo incentivos fiscales para las familias, mayor apoyo a la conciliación laboral y la ampliación de las ayudas para la crianza. También se propone reformar el sistema de pensiones para hacerlo más sostenible a largo plazo. Es clave que las políticas demográficas sean una prioridad nacional.

En cuanto a la inmigración, se plantea un modelo basado en la cualificación y la integración efectiva en el mercado laboral. Es imprescindible reformar la Ley de Extranjería para agilizar los procedimientos de expulsión y mejorar la capacidad de acogida de inmigrantes legales. Se debe reforzar la cooperación con los países de origen para establecer mecanismos de migración regulada. También se plantea endurecer las sanciones contra las organizaciones de tráfico de personas y mejorar la seguridad en las fronteras.

Dentro de este reto demográfico la lucha contra la despoblación en el ámbito rural debe ser prioritaria. Para ello es necesaria una estrategia de repoblación que incluya incentivos fiscales para quienes decidan trasladarse a zonas rurales y mejorar la infraestructura y la digitalización para atraer empresas y trabajadores a estas áreas. También se plantea fomentar la agricultura y la ganadería sostenible como motores económicos del mundo rural. Es imprescindible impulsar programas de vivienda y educación que faciliten la llegada de nuevas familias a nuestros pueblos.

Un *quinto* reto, pero quizá el más esencial, es la educación, que está en la base de todo nuestro proyecto de bien común para España. Sin una educación libre, de calidad y que transmita los valores fundamentales de nuestra convivencia y nuestra historia común, será imposible que España pueda superar ninguno de los desafíos expuestos con anterioridad. Como elementos esenciales para la necesaria reforma educativa que España necesita se propone mejorar la calidad del profesorado mediante una mayor exigencia y formación continua. Reforzar la formación profesional y adaptar la universidad a las necesidades del mercado laboral. Se debe fomentar la educación en valores y el pensamiento crítico, así como garantizar la libertad de elección de centro educativo. Es imprescindible reducir la burocracia en el sistema educativo para permitir mayor autonomía a los centros.

Es evidente que hay otras cuestiones que merecerían también atención, pero los desafíos aquí tratados constituyen los pilares sobre los que debe sostenerse un proyecto serio y realista de bien común para España. Sabemos que muchas de las reformas propuestas exigirán consensos amplios y decisiones valientes, pero el tiempo apremia: España se enfrenta a una encrucijada histórica.

Este documento se ha elaborado guiado por una convicción profunda: la esperanza. La esperanza en una España que, a lo largo de cinco siglos de historia común, ha demostrado capacidad de resistencia, sentido de unidad y vocación de superación ante cada crisis. Hoy no es diferente.

En este nuevo proyecto para el bien común, hay dos tareas decisivas: la primera, recuperar el control sobre nuestro destino; la segunda, redescubrir un propósito histórico como Nación. Recuperar el dominio sobre nuestro futuro implica asumir nuestra historia, fortalecer nuestras instituciones y ejercer nuestra libertad. Redescubrir un propósito nacional implica mirar hacia la comunidad hispánica con liderazgo, valores compartidos y vocación de permanencia en este cambio de era.

El mundo, más que nunca, necesita a España. Y España, más que nunca, necesita estar a la altura de su historia.